Peter Leuschner

Romanische Kirchen
in Bayern

Fotos von Heinz Leuschner

WLV

W. Ludwig Verlag

ISBN 3-7787-3184-X
© 1981 W. Ludwig Verlag Pfaffenhofen
Satz und Druck: Ilmgaudruckerei Pfaffenhofen
Printed in Germany
Nachdruck, auch auszugsweise, nur mit Genehmigung des Verlages
Fotoaufnahmen: Heinz Leuschner, Hofstetten

Inhalt

Vorwort

In Bayern sind wahrscheinlich mehr romanische Kirchen erhalten oder zumindest bezeugt, als irgendwo sonst im Südosten Mitteleuropas. Allerdings treten sie nicht überall in gleicher Dichte auf. Sieht man von Regensburg und der Oberpfalz ab, dann war das Gebiet nördlich der Donau – Eichstätt ausgenommen – so gut wie leer. Im Alpenvorland sind zwar schon in romanischer Zeit zahlreiche Klöster und Kirchen überliefert, das politische und kulturelle Zentrum Altbaierns war indessen nicht München, das erst 1156/58 gegründet wurde, sondern Regensburg, dessen Welthandel im 12. Jahrhundert bis Kiew und Konstantinopel ausgriff. Dies bezeugen nicht zuletzt die erhaltenen oder überlieferten Sakralbauten dieser Stadt, von denen freilich nur Fragmente bis in das erste Jahrtausend zurückreichen. Dafür entstand dann in der Blütezeit Regensburgs im 12. Jahrhundert die Schottenkirche St. Jakob, eine Säulenbasilika mit prachtvollen figuralen Kapitellen und einem der reichsten Portale jener Zeit im Südosten. Aus derselben Zeit stammt die in der inneren und äußeren Erscheinung fast vollständig erhaltene Michaelskirche in Altenstadt, die älteste Gewölbebasilika Bayerns mit vierpaßförmigen Säulen und zwei gewaltigen Chorflankentürmen ähnlich wie in Perschen bei Nabburg; romanisch ist ferner die turmlose Basilika am Petersberg und schließlich die großartige vierschiffige Krypta in Freising, deren Zentrum durch die prachtvolle Bestiensäule zugleich akzentuiert und verstellt ist.
Entwicklungsgeschichtlich ungleich wichtiger jedoch sind die romanischen Hallenkirchen in Walderbach und davon abhängig in Tepl (Westböhmen), die den spätmittelalterlichen Hallenbau vorbilden. Soviel zu den monumentalen, mehrschiffigen Anlagen.
Weit zahlreicher, fast ein halbes Hundert, sind die einschiffigen Dorfkirchen und Kapellen, die meistens mit einer halbrunden Apsis oder einem Chorquadrum schließen, das dann häufig von einem Turm überhöht wird (Chorturmkirche); ein Typus, der wie fast alle einverleibten Kirchentürme in Italien nahezu ganz fehlt.

Professor Dr. Erich Bachmann, München

Einleitung

Der Begriff „Romanik" war lange heftig umstritten. Namhafte Kunsthistoriker zweifelten sogar an, ob es in der Architektur so etwas wie einen „romanischen Stil" überhaupt gab.

Geprägt hat die Bezeichnung „romanische Kunst" 1824 ein Franzose. Er verstand darunter die Kunst des hohen Mittelalters. Doch als romanisch wurde auch noch danach all das bezeichnet, was im heutigen Europa zwischen dem 8. und 13. Jahrhundert entstanden war.

Neuere Forschungen haben die Romanik zeitlich genauer fixiert. Außerdem wurden die karolingische (8. bis Anfang 10. Jahrhundert) wie auch die ottonische Kunst (10. Jahrhundert) als eigener Architekturstil erkannt.

Allgemein gilt das 12. Jahrhundert als Blütezeit der Romanik. Doch von Land zu Land, sogar von Region zu Region treten zeitliche Verschiebungen auf. Als schöpferischste Epoche der Romanik zeigten sich die Jahre ab 1050 bis 1150 – dazu kommen etwa ein halbes Jahrhundert der Vorbereitung und weitere 50 Jahre des langsamen Übergangs zur Gotik.

Schon vor 1150 hatten französische Baumeister die gotische Architektur entwickelt. Englands erste gotische Kirche, der Chor der Kathedrale von Canterbury, wurde bereits 1174 entworfen – zu einer Zeit, da in Bayern viele romanische Kirchen noch gar nicht gebaut waren.

Verständlich wird der Baumboom der Romanik, der ohne Vorbild und kaum nachvollziehbar ist, nur aus der politischen Lage heraus. Nach dem Zerfall des Karolingerreichs und der folgenden unruhigen Epoche erlebte Deutschland unter den Ottonen eine Stabilisierung der politischen und sozialen Ordnung. Unter Otto dem Großen kamen sich Deutschland und Italien näher, wurden die Beziehungen zu Bayern erneuert – alles Impulse für Baukunst, Malerei und Bildhauerei.

Vorbei war auch die Zeit der Ungewißheit, der Angst vor dem Ende der Welt. Das Jahr 1000 hatte vielen Menschen als magische Zahl gegolten. Viele glaubten, daß die Welt genau tausend Jahre nach der Geburt Christi untergehen müsse. Als die düsteren Prophezeiungen nicht eintraten, warteten die Menschen gebannt auf das Jahr 1033. Doch auch tausend Jahre nach dem Tod Christi ging die Welt nicht unter.

Überwiegend diente die Romanik der Religion. Auftraggeber der romanischen Kirchen waren vor allem die Orden. Aber auch der Adel spendete riesige, für heutige Begriffe fast unvorstellbare Summen zum Bau und zur Ausstattung der Gotteshäuser – wenn auch oft aus recht profanen Motiven und Überlegungen heraus.

Der monumentale Kirchenbau – in Bayern war seit der Herrschaft der Römer nicht mehr in diesen Dimensionen gebaut worden – stellte die Architekten vor gewaltige Probleme. Immer wieder neue Techniken der Wölbung wurden erprobt, Pfeiler durch Säulen ersetzt, die Grundrisse der Kirchen verändert. Malerei und Bildhauerei erlebten einen ungeahnten Aufschwung. Obwohl lokal sehr unterschiedlich waren viele romanische Gotteshäuser ausgesprochen bunt, farbig ausgemalt, figural geschmückt. Der Glanz des Himmels sollte sich in den Kirchen widerspiegeln. Eine Art Erkennungszeichen der romanischen Baukunst wurde der Rundbogen. Ihn verwendeten die Baumeister sowohl zur Lösung statischer Probleme wie auch als dekoratives Gestaltungsmittel. Rundbogen kommen im Innern der Gotteshäuser genauso vor wie an der Fassade, an Fenstern, Türen, Arkaden. Der Rundbogen symbolisiert das ausgewogene Auf- und Niedersteigen der Kräfte.

Was sich an Romanik erhalten ist, ist oft vom Zufall bestimmt. Gerade in Bayern haben Barock und Rokoko einen Großteil der romanischen Kirchen vernichtet. Wo sich auf kleineren Dörfern romanische Gotteshäuser herübergerettet haben, spielte oft die Armut eine wesentliche Rolle. Vielfach waren die Einwohner eines Ortes so arm, daß sie sich nie einen Umbau ihrer Kirche leisten konnten.

Trotz aller regionalen Unterschiede, Abwandlungen und Besonderheiten entwickelte sich der romanische Stil zu einem internationalen Stil, wurde die Romanik zur Kunst des christlichen Westens. Einendes Band war die alle Bauherren und Baumeister verbindende römische Kirche.

Tholbat

St. Leonhard

„Vor vielen hundert Jahren lebten in der Gegend um Ingolstadt zwei bauwütige Riesen." So beginnt eine schon 1844 aufgezeichnete Sage. Sie erzählt weiter, daß der eine Riese eines Tages in Tholbat eine Kirche errichten wollte, der andere Riese hatte ähnliches im nahen Weißendorf vor. Die beiden schlossen eine Wette ab. Wer zuletzt mit seinem Gotteshaus fertig würde, müsse zeitlebens dem Sieger als Sklave dienen. Als der Weißendorfer Riese hörte, daß die Tholbater Kirche schon fast vollendet sei, schleuderte er voller Zorn seinen Maurerhammer hinüber. Das Werkzeug traf den Sieger und riß ihm den linken Fuß ab.

Die Kirche von Tholbat – zwischen Theißing und Kasing – ist der Rest einer mittelalterlichen Burganlage, mit der sie durch eine Holzbrücke verbunden war. Das Gotteshaus birgt außen Überraschungen: hochkrabbelnde Löwen am Portal, einen Wächterkopf und vermutlich eine der ältesten Sonnenuhren Deutschlands.

Am Türgewände des schmucken Portals kriechen unförmige Tierkörper hinauf zum Tympanon, zum lehrenden Christus und den beiden Aposteln. „Es sind junge Löwen auf dem Weg zu Christus und seiner Lehre. Je näher sie kommen, desto mehr werden sie Menschen; darum trägt die oberste Tierfigur im Scheitelbogen auf dem Rücken ein voll ausgebildetes Menschengesicht. Ist etwa hier das Eingangslied der Messe zum Weißen Sonntag, genommen aus Psalm 80, 2, dargestellt: ‚Wie neugeborene Kindlein, doch schon voll Einsicht, verlangt ohne Falsch nach der Milch!' Die lebensspendende Milch wäre hier das lebendige Wort Christi, wo doch der Mensch nicht vom Brot allein lebt, sondern von jedem Wort, das aus dem Munde Gottes kommt. Die junge Menschenseele, die von Natur nach Gott hungert, wäre hier unter der Gestalt junger Löwen dargestellt" (Franz Dietheuer). Durch Unverstand sind die unteren Tierkörper abgeschlagen. Es blieben nur Bruchstücke. Nur im Tympanon mit seinen roten Farbresten sind sie noch als Löwen erkennbar.

Eine runde Aushöhlung, ein kleiner Kopf darauf, das Ganze links über dem Portal – Dietheuer hat es als vierteilige Sonnenuhr identifiziert, bei der nur der Schattenstab fehlt. Die vier Zeitstriche, mutmaßt er, waren nur aufgemalt. Sie gaben jeweils drei Stunden an. Den edlen Kopf des jungen Mannes mit dem demütigen Blick, der in die Ferne geht, fast weltabgewandt, hat Dietheuer als „Sonnengucker" gedeutet: „Bei mittelalterlichen Bauten benützte man nicht wie beim Kompaß die Nord-, sondern die Südweisung. Der Südweiser an großen Bauten wie Kirchen und Brücken wurde personifiziert und durch einen jungen Mann dargestellt, der genau nach Süden in die Sonne blickte, dergestalt, daß er meist die eine Hand vor die Augen schlug, um ohne Blendung genau den Höchststand der Sonne zu erspähen, eben die genaue Mittagszeit für den betreffenden Ort."

Rechts über dem Portal, am zugemauerten romanischen Fenster, blickt finster ein bärtiger Wächterkopf herab. Solche Köpfe an Fenstern sind äußerst selten.

Imposant ist die Apsis mit den 15 Tier- und Menschenköpfen und dem vermauerten, reich gestalteten Fenster. Unter den Steinarbeiten heben sich ein Doppelkopf und ein Raubtier ab, das gerade ein Schaf verschlingt. Schafe im Rachen eines Raubtieres symbolisieren Seelen im Fegefeuer.

Die Eisenkette, die das Gotteshaus umspannt, erinnert an die jahrhundertelange Leonhardi-Wallfahrt. Auch heute noch ist hier jährlich am 6. November ein Festgottesdienst.

Noch im letzten Jahrhundert hatte Tholbat einen Dachreiter. 1907 wurde auf der Westseite ein Turm angebaut. Gelb getüncht, mit neubarocker Zwiebelhaube, stört er die Harmonie und lenkt ab von der grauen Schlichtheit. Im Osten vor der Apsis stehend, wünscht man sich den Turm einfach wegzaubern zu können.

Im Gegensatz zu vielen anderen romanischen Kirchen ist das Weihedatum in Tholbat bekannt. Denn kurioserweise hat nicht der zuständige Bischof von Regensburg, sondern der Eichstätter Oberhirte das Gotteshaus konsekriert. Der Grund: der Regensburger Bischof war auf einem Kreuzzug im Heiligen Land. So nahm Bischof Otto von Eichstätt, der im Spätsommer 1190 wegen „wichtiger Amtsgeschäfte" die Kreuzfahrt unterbrochen hatte, die Weihe vor.

War es in Plankstetten die Armut des Klosters, in Weißendorf das Unvermögen der Bauern – in Tholbat hat die Heimattreue der wenigen Einwohner das romanische Kirchlein über die Zeiten gerettet. Eigentlich sollte das Gotteshaus ein Opfer der Säkularisation

11

werden. Denn der bayerische Staat lehnte es ab, die Baulast zu tragen. Da verpflichteten sich die Bauern, ihr Gotteshaus selbst zu unterhalten.

Zwei Kunsthistoriker zur Tholbater Kirche: „Der bildnerische Schmuck, Portal, figürliche Konsolen am Rundbogenfries der Apsis und das Bruchstück einer Figur auf der Westseite ist von tiefster Bescheidenheit formaler Gestalt" (Hans Karlinger). „Besonders reichen charakteristischen Ausdruck hat die bayerische Phantastik an der kleinen Kirche von Tholbat bei Ingolstadt gefunden" (Berthold Riehl). Abb. 24/25

WEISSENDORF

St. Margarethe

Völlig unerwartet steht sie da, gedrungen, weiß getüncht, trutzig, reich an Figuren, innen wie außen, romanisch. Nur der Bescheidenheit der Bewohner der sieben Bauernhöfe ist es zu verdanken, daß dieses Juwel nie verunstaltet, oder gar abgerissen wurde: die Kirche St. Margarethe in dem winzigen Ort Weißendorf, hinter Oberdolling, etwas abseits der Straße von Ingolstadt nach Riedenburg. Der steinerne Schmuck, ähnlich wie in Tholbat, nur viel üppiger. Man ist überrascht – wer hätte hier so ein Kleinod erwartet.

Wie eine kleine Burg wächst der Bau über die Friedhofsmauer hinaus und beherrscht die winzige Anhöhe, auf der er steht. Ein einfaches Flechtband, eingerahmt von zwei schmalen Leisten, faßt das breite Hauptportal mit den zwei viereckigen Säulen ein. Auf den beiden äußeren Kapitellen liegen zwei Löwen, abwehrbereit, ohne Kopf der rechte. Trotz einfachster ornamentaler Ausbildung strahlt das Portal unnachahmbare Würde aus.

23 Köpfe kleben an der Rundung der Apsis, grimmig, heiter, unheimlich, schwer deutbar. Nur einige erlauben eine sichere Identifizierung; zum Beispiel der Menschenkopf mit den zwei Hörnern als Moses (siehe auch Tholbat) oder der ebenso gut gearbeitete und gut erhaltene Widderkopf, der auf das Opfer Abrahams hinweist („Aber es ertönt die Stimme des Engels: ‚Lege deine Hand nicht an deinen Sohn'. Abraham läßt das Opfermesser sinken und opfert einen Widder, den er im Dorngesträuch hängen sieht", (1. Moses 22). Unter einem eigenen Bogen sitzt über den anderen Köpfen in der Mitte des Frieses eine männliche Figur, nachdenklich, mit der linken Hand die Stirn stützend, in der rechten ein Lamm.

Wer sich vom Mesner, der gleich links neben der Kirche in einem Neubau wohnt, die Tür am Westportal aufschließen läßt, wird unweigerlich berührt von der abgeklärten und stillen Würde des Gotteshauses. Die Empore wird von zwei romanischen Säulen getragen. Man muß im Dämmerlicht verharren. Die Zeit verliert hier an Wert.

Unverrückbar ruhen die beiden Säulen auf viereckigen Blöcken, aus deren Ecken Widder- bzw. Adlerköpfe äugen. Der weißüberkalkte Steinschmuck in den Kapitellen besticht durch seine bescheidene Ausformung. Die eindringlichste Figur ist gleichzeitig die einzige, die eine Person zeigt: Johannes den Täufer, barhäuptig, an der rechten Säule, mit Buch und Segenshand. Daneben ein rückwärts schauendes Lamm mit Kreuzstab, ein Löwe mit einem Menschengesicht, ein Panther mit dem Schwanz eines Fisches.

Die linke Säule prägt zum Altar hin ein Doppeltier. Der Kopf einer Katze wächst aus zwei Hälsen. Es verkörpert die Überwindung von Gegensätzen. Daneben zwei Fische, zwei Drachen mit ineinander verschlungenen Schwänzen sowie ein Löwe, der sich in die rechte Pranke beißt – alles eindrucksvoll-naive Bilder – Beispiele für das Sakrament der Taufe. „Der sich die Tatze leckende Löwe will sagen, daß auch der getaufte Christ fehltreten und in Sünde verfallen kann, hinken muß mit kranker Seele. Aber durch das Sakrament der Buße wird sie wieder gereinigt und für die ewige Seligkeit gerettet" (Josef Reichart).

Von der Empore, knapp an der Brüstung, beugt sich eine Männerhalbfigur mit gefalteten Händen und einer Mütze auf dem Kopf. Sie blickt zu den beiden in gleicher Höhe vor der Apsis in die Wand eingelassenen ursprünglichen Kirchenpatrone Johannes den Täufer und Johannes den Evangelisten. Die bei der letzten Innenrenovierung übertünchte Tafel trug die – nicht originale – Inschrift: Erhebt die Herzen zu Gott.

Leider verdeckt der barocke Altaraufbau das mittlere Apsisfenster, verändert Licht und Stimmung. Keck sitzt rechts auf dem Gesims Johannes der Evangelist, fast spielerisch-heiter den Fuß angezogen, den rechten Unterarm aufgestützt auf den Schenkel. Er sieht auf den Altar, auf das sich ständig wiederholende Opfer Christi, dessen Kommen er vorhergesagt hat. Abb. 26/27

In Mendorf – zwei Kilometer Richtung Riedenburg – steht das Geburtshaus des großen Komponisten und Donizetti-Lehrers Johann Simon Mayr (1763 bis 1845). Er hat in seiner Wahlheimat Italien 62 Opern und unzählige kirchliche Werke komponiert. Seine Begräbnisstätte in Bergamo ziert ein prächtiges Marmor-Monument, in Mendorf erinnert an den vergessenen Sohn nur eine schlichte Gedenktafel. In der 1696 erbauten Mendorfer Kirche ein Ignaz Günther-Werk: Christus als guter Hirte auf dem Schalldeckel der Kanzel. Im zwei Kilometer entfernten Bettbrunn steht eine bedeutende Wallfahrtskirche, die 1774 begonnen wurde. Auf der Strecke nach Riedenburg liegt Altmannstein, der Geburtsort des Rokokobildhauers Ignaz Günther, mit Heimatmuseum und Burgruine über dem Ort.

AINAU

St. Ulrich

St. Ulrich in Ainau kann zum Kunstgenuß auf Umwegen werden. Denn das Kirchlein mit dem phantastischen Figurenschmuck an Portal und Apsis versteckt sich in einem kleinen Wald, uneinsehbar, ohne Halten und mehrmaliges Fragen unauffindbar. Noch bis vor wenigen Jahrzehnten war Ainau die kleinste und westlichste Pfarrei der Diözese Regensburg. Jetzt gehört es zur Pfarrei Geisenfeld.

„So atypisch die in die Flußaue hinausgeschobene Lage für eine Pfarrkirche, so typisch ist sie für einen Ansitz, dessen Platz nach der Verteidigungsmöglichkeit gewählt wurde" (Walter Haas). Wenn auch der historische Nachweis fehlt, spricht doch alles dafür, daß Ainau eine Burgkapelle war. Der einst von Wasser umgebene Wehrbau muß auf dem gleichen künstlichen Hügel gestanden haben, auf dem noch die Kirche steht. Wer sich die Mühe macht, auf die angrenzenden Wiesen hinauszugehen, erkennt noch deutlich den Wall.

Die Kirche dürfte um 1230 errichtet worden sein. Nach neuesten Forschungen war der Bau ursprünglich durch eine Balkendecke in zwei Geschosse unterteilt. Sakralen Zwecken diente jedoch nur das untere Stockwerk. Andreas Trapp weist nach, daß sich solche Bauten nur als Kapellen von Edelsitzen finden. Die von ihm untersuchten mehrgeschossigen Kirchen hatten alle West-Emporen, über die der Weg zum oberen Geschoß führte. In Ainau jedoch war der Zugang ins Obergeschoß außen. Die Türe saß auf der Westseite. Für Trapp waren die Obergeschosse „Asylräume" – andere Deutungen wie Pilgerherberge, Kaplanswohnung, Vorratsraum, Verteidigungsgeschoß läßt er nicht gelten.

Drei Umbauten mußte sich St. Ulrich gefallen lassen. Anfang des 16. Jahrhunderts wurde der Apsis ein Turm aufgezwungen. 200 Jahre später wurde das Südportal zugemauert, der Apsis eine Sakristei vorgelegt. Der einschneidendste Eingriff erfolgte im 19. Jahrhundert. Das Langhaus wurde um fast das Doppelte verlängert, die Fenster wurden einheitlich vergrößert.

Unverständlicherweise würdigen die „Kunstdenkmäler von Bayern" Ainau mit nur einer Seite. Das prächtige Portal war dem Verfasser ganze zwei Sätze wert. Und doch hat St. Ulrich eine ungebändigte romanische Ausstrahlung – nicht zuletzt durch die Lage weit außerhalb des Dorfes, durch den alten Friedhof ringsherum, die sanft ansteigende Ebene mit den Hopfengärten in der Ferne.

Eine Steinbreite über dem originellen Portal thront der lehrende Christus, majestätisch, alles überblickend, die Kirchgänger segnend. Im einst farbigen Tympanon sind auf fast naive Weise die Seelen in Abrahams Schoß dargestellt, von fünf lobsingenden Engeln umgeben. Am Fuße des Portals mahnt verschlüsselt der Sündenfall Evas. Das Brustbild des gelockten Mannes auf der linken Seite symbolisiert Adam. Er hält das Buch Moses in der Hand, in dem der erste Sündenfall aufgezeichnet ist. Eva ist rechts als Frau mit langem, gescheiteltem Haar dargestellt. Neben ihr erscheint der Satan als hübsch gelockter Jüngling. Für die Erbsünde wählte der Künstler eine tierische Fratze.

Das eindrucksvollste Relief aber wächst rechts neben dem Portal rahmenlos aus zwei Quadern, knapp über dem Boden, 47 Zentimeter hoch, 168 Zentimeter breit. Links Türme, Mauern, davor eine Frau mit einem nackten Kind an der rechten Hand. Zwei Männer wedeln heftig mit Palmzweigen, ein dritter bricht gerade welche vom Baum. Von rechts reitet würdevoll Jesus auf seinem Esel heran. Sein Einzug in Jerusalem, der „Mit Hossianna beginnt und am Kreuze endet" (Ev. Markus 11, 2–10).

Jerusalem hat der Steinmetz nach Bayern versetzt. Die Türme stellen die Klosterkirche von Geisenfeld dar, der

Mutterkirche von Ainau. Die Frau könnte die Ainauer Burgherrin mit ihrem Sohn sein. Sehnsüchtig erwartet sie den Erlöser.

Beeindruckend präsentiert sich auch die Apsis, auf einer Stufe mit Tholbat, Weißendorf und Pförring stehend. „Damit ist unerwartet die Regensburger Kunst im Bereich dieser Landhütten eingerückt" (Hans Karlinger).

Die elf Figuren strahlen eine „innere Echtheit" aus. Wie am Weißendorfer Apsisfries prangt ein Männerkopf mit zwei Hörnern an der Rundung. Es ist Moses. Als er vom Berg Sinai herabstieg, strahlte sein Gesicht. Die Worte „mit leuchtendem Antlitz" wurden im Mittelalter mit „gehörnter Stirn" übersetzt. Zwei Figuren daneben liegen auf einem Pilaster drei kleine Köpfe: die Jünglinge, die sich weigerten, eine goldene Statue des Königs Nebukadnezar anzubeten, deshalb in den Feuerofen geworfen wurden, aber unverletzt blieben. „Sie stellen die göttliche Bewahrung der Toten vor den Gefahren der Hölle dar und sind ein Vorausbild der Anbetung der drei Weisen" (Josef Reichart).   Abb. 29/30

Nach Geisenfeld ein Kilometer. Alte bayerische Stadt. Von der mittelalterlichen Marktbefestigung sind nur noch geringe Reste erhalten. Am weiten Stadtplatz schöne Renaissance- und Barockhäuser. Im Rest der immer noch imposanten Klosteranlage (1701 bis 1712 erbaut) sind vor allem Wohnungen untergebracht. Die ehemalige Stiftskirche, 1728 neu gebaut, wurde 1980 großzügig renoviert. Aus romanischer Zeit stammt noch die Taufkapelle an der Nordostecke sowie der kleinere, quadratische Turm. In der Dionysiuskapelle ein Reliquienschrein mit dem Skelett des Heiligen.

PFÖRRING

St. Leonhard

Der Markt Pförring an der Donau ist ein uralter Ort. Die Römer legten hier im Jahre 140 nach Christus ihr Steinkastell „castrum celeusum" an. Später taucht der Ort im Nibelungenlied auf. „Unz an die Tuonouwe ze Vergen si do riten." (Bis Pförring an der Donau ritten sie mit ihr.) Sie, das waren der Sage nach die Burgunder-Fürsten Giselher und Gunther, die ihre Schwester Kriemhilde auf der Brautfahrt zum Hunnenkönig Etzel bis hierher begleitet hatten.

Auch im Mittelalter erlangte der Ort, der lange den Bamberger Bischöfen gehörte, Bedeutung: als eine Art Verkehrsknotenpunkt. 1186 ließ das Bamberger Domkapitel aus Quadersteinen eine dreischiffige, zweitürmige Basilika mit drei Apsiden und einem westlichen Querschiff bauen. Die Türme verband unterhalb der Spitze eine Holzbrücke. Eine kolorierte Zeichnung aus dem frühen 16. Jahrhundert, aufbewahrt im Stadtarchiv Ingolstadt, zeigt den Originalzustand.

1554 zerstörte ein Feuer das dem heiligen Leonhard geweihte Gotteshaus bis auf die drei Apsiden. Auch die Türme brannten aus. Die Hitze war so stark, daß sogar die Glocken zu schmelzen begannen. „Anno salutis MDL IIII am Samstag nach Jubilate ist diese St. Leonharden Pfarrkirche in Pförring samt zweyen Türmen und vier Glocken verbrunnen und ich Gott zu Ehren, den besen Geistern zum Widerstand desselben Jahres wieder gegossen worden."

Die Kirche wurde zwar rasch wieder aufgebaut, aber nur mehr einschiffig. Die Türme dagegen erhielten ihre alte Form. Doch 1896 mußten sie wegen Baufälligkeit fast ganz abgetragen und neu aufgemauert werden.

Von Osten her hat sich St. Leonhard bis heute sein romanisches Bild bewahrt. Eine 1980 abgeschlossene Renovierung – anläßlich der 800-Jahr-Feier der Kirche – verstärkt diesen Eindruck noch.

Die Ostfassade ist reich an Fratzen. Während die kleinen Köpfe an den Nebenapsiden teilweise stark beschädigt sind, blieben die zwei Köpfe darunter unversehrt. Furchterregend kleben sie an der Rundung, Haare und Lippenbart streng geflochten, Hunnenkriegern gleich, wild, roh, grausam. Franz Dietheuer hat über die zwei „Riesenköpfe" eine lange Abhandlung verfaßt. Daß es „etwa Maskenköpfe" sind, die Abwehrzauber entfalten sollen, weist er als „Unsinn" zurück und zitiert den Volkskundler Wilhelm Riehl („Wer über solche Dinge reden will, sollte erst Kirchengeschichte und Theologie studieren.")

Dietheuer („Wenn Theologen das Programm für romanische Bild- und Bauwerke entworfen haben, müssen sich auch historisch geschulte Theologen bemühen, diese Bilderschrift wieder lesbar zu machen") stellt klar fest: Diese zwei Dämonenköpfe versinnbildlichen den Teufel. Der kriegerische und räuberische Gesamteindruck meine die Siegesgewißheit des Teufels, der sich einbilde, das Reich Gottes vernichten zu können – obwohl der Gottessohn der Kirche die Verheißung mitgegeben habe, daß die Pforten der Hölle sie nicht überwältigen werden. Der linke könne Satan selbst und der rechte die Hölle in Person sein. Denn im geistlichen Schauspiel des Mittelalters stehe Satan ein anderer Teufel gegenüber, ihm gleichberechtigt und ebenbürtig, als Personifizierung des Höllenrachens.

Oben am Nordturm wacht der Pfarrpatron St. Leonhard im Bischofsornat über seine Kirche – bartlos. „Zwar galt der Bart als Zeichen männlicher Würde, aber man legte die Schriftstelle ‚Wenn ihr nicht werdet wie die Kinder, so könnt ihr nicht in das Himmelreich eingehen!' bei Matthäus 18,3 sehr wörtlich aus und verlangte in Zusammenschau mit Matthäus 22,30 ‚nach dem Ebenbild der Engel, die in jugendlichem Alter blühen' vom geistlichen Stand im 12. Jahrhundert Bartlosigkeit." (Dietheuer).

Harmonisch eingefügt sind drei romanische Portale; das rechte Nordportal mit dem Lamm im Tympanon. Rechts und links davon wachsen zwei Rebstöcke ins Bogenfeld – der rechte üppig, 14 Blätter zählend, ist der Lebensbaum, der linke, verkrüppelt, dürr, mit nur drei Blättern, symbolisiert den Todesbaum. Der Künstler wählte möglicherweise deshalb den Weinstock, weil ein richtiger Baum im Tympanon keinen Platz gehabt hätte. Das ganze Bogenfeld war einst bunt. Farbreste lassen den Originalzustand noch erahnen.

Drei Stufen führen hinein ins Gotteshaus. Ungerade Stufen waren in der Antike aber auch noch im Mittelalter Glückszahlen. Der römische Baumeister Vitruvius verlangte bei Tempelbauten sogar eine ungerade Stufenzahl, damit der Gläubige mit dem rechten Fuß das Heiligtum betrat. „Man kann auch an die drei Stufen der Buße denken: Zerknirschung, Bekenntnis, Buße; oder an die drei göttlichen Tugenden Glaube, Hoffnung, Liebe; oder an das Kirchenlied ‚Näher mein Gott zu dir, näher zu dir!'" (Dietheuer)

Das Pförringer Portal hat eine Besonderheit. Am Portalkämpfer sind Stab und Kehle vertauscht. „Es gibt kaum einen zweiten Fall, an dem die Umkehrung aller Begriffe von tektonischer Ordnung des Romanischen so nachdrücklich belegt wäre, wie vor diesen Profilen!" (Hans Karlinger).

Historiker vermuten übrigens im Mauerwerk der Kirche Quadersteine aus dem Kastell Celeusum. Denn die zerstörten Kastell-Anlagen waren im Mittelalter häufig als „Steinbrüche" benutzt worden. Bis heute ist ungeklärt, was im 16. Jahrhundert der Vater der bayerischen Geschichtsschreibung, Johann Aventin, behauptet hat: Daß die Kirche auf den Resten eines römischen Tempels errichtet worden ist.

Die Sebastianikapelle auf dem alten Pförringer Friedhof – sie bildet mit Pfarrkirche und Pfarrhaus ein reizvolles Ensemble – birgt unter einem kupfernen Vordach drei schöne römische Steine. Über die Kirche hat F. X. Matok einen informativen Führer verfaßt. Abb. 31/32

Zur Pfarrei gehören acht weitere Kirchen. Davon ist St. Margaretha in Forchheim ebenfalls eine romanische Anlage. Mitten auf freiem Feld steht bei Forchheim außerdem eine Stefanuskapelle. Rätselhaft bleibt der ungewöhnliche Standort. Möglicherweise befanden sich hier einmal einige Bauernhöfe. Über die beispielhaft renovierte Kapelle mit ihrer freigelegten Architekturmalerei werden „wundersame Dinge" erzählt. So soll sich beispielsweise die verschlossene Kirche nachts von selbst wieder öffnen.

Nach Vohburg mit den Resten einer Wittelsbacher Burg sind es nur einige Kilometer. Der Agnes-Bernauer-Turm, der das Bild des historischen Städtchens bestimmte, hat durch Raffinerietürme Konkurrenz bekommen.

Nur von außen besichtigt werden kann im nahen Wackerstein das Barockschloß. Einer der vielen Besitzer war Kurfürst Karl Albrecht, der spätere Kaiser Karl VII. Das leerstehende Bauwerk, imposant auf einem bis knapp an die Donau ragenden Dolomitfelsen thronend, sucht seit Jahren einen potenten Käufer.

PETERSBERG
ehem. Benediktinerkirche

„Und ich sah einen Thron im Himmel und auf dem Thron saß Einer . . . ein Regenbogen erstrahlte rings um den Thron herum, der wie ein Smaragd aussah . . . und mitten vor dem Thron und um den Thron herum waren vier lebendige Wesen . . . das erste glich einem Menschen, das zweite einem Löwen, das dritte einem Stier, das vierte einem fliegenden Adler . . . und sie riefen ohne Unterlaß: Heilig, heilig, heilig, ist Gott der Herr der Heerscharen."

Diese Visionen aus der Apokalypse sind auf dem Petersberg im Kreis Dachau bildhafte Realität geworden, gemalt von einem unbekannten Künstler vor fast 900 Jahren in der Hauptapsis der dreischiffigen romanischen Basilika. Kraftvoll beherrscht Christus den nahezu unveränderten Kirchenbau, thront als Pantokrator, als Allherrscher in der Rundung, überlebensgroß, umhüllt von einer Mandorla, dem spitzovalen Heiligenschein, als Weltenrichter Mittelpunkt des dramatischen Bilder-Zyklus.

Ihm zur Seite, etwas tiefer, stehen die Apostelfürsten Petrus und Paulus, zu seinen Füßen ducken sich die vier geflügelten apokalyptischen Wesen: links der Mensch, daneben Löwe, Stier und Adler, alle mit einem Evangelienbuch. „Und ich hörte eine Stimme: Ich werde meinen zwei Zeugen verleihen, daß sie 1260 Tage lang prophezeien. Es sind dies die Zwei, die vor dem Herrn der Erde stehen . . . Sie haben Macht, den Himmel zu verschließen, Macht über die Gewässer und die Erde. Wenn sie ihr Zeugnis vollendet haben, dann wird das Tier aus dem Abgrund mit ihnen Krieg beginnen und sie töten . . . aber auf einer Wolke steigen sie zum Himmel empor und ihre Feinde schauen ihnen nach" (Apokalypse 11).

Die Geschichte des Petersberges, auf halber Strecke zwischen Dachau und Aichach, ist alt. Vor knapp 2000 Jahren legten vermutlich die Römer auf dem Höhenvorsprung eine Erdschanze an, um ihre wichtige Straße nach Augsburg zu sichern. 1000 Jahre später errichteten die Grafen von Scheyern auf dem Berg eine Burg, benannten sie nach dem Flüßchen Glonn „Glaneck". 1103 schenkten Graf Otto III. von Scheyern und sein Oheim Berthold von Burgeck die Wehranlage den Benediktinern in Fischbachau. Der Papst, Paschalis II., selbst Benediktiner, bestätigte die Schenkung. In seiner Bulle vom 7. November 1104 heißt es: „Wir bestimmen, daß der Sitz beständig bleiben soll . . ."

Um Gott eine beständige Bleibe zu schaffen, brachen die Mönche die wahrscheinlich noch hölzerne Burg ab und ließen aus der Donaugegend Natursteine auf Ochsenkarren heranschaffen. Der Plan für den Neubau orientierte sich am Mutterkloster Hirsau im Schwarzwald, einer dreischiffigen Basilika, einfach, streng, nüchtern, wie es der heilige Benedikt auch vom Leben der Mönche gefordert hatte.

So wirkt die Kirche auch heute noch, im Westen unverputzt, der alte Eingang deutlich sichtbar, Bruchsteine bis zur Mitte, darüber Ziegelmauerwerk, ein Turm aus dem rechten Seitenschiff wachsend, bescheiden sich an die Höhe des Hauptschiffes haltend, ausgewogen, zweimal geweiht. Denn den Segen, den der Freisinger Bischof Heinrich von Eberstein-Tengling 1107 dem Bauwerk gab, erkannte der Salzburger Erzbischof Konrad von Abensberg nicht an. Auf Heinrich von Eberstein-Tengling ruhte nämlich der Bannstrahl, ausgesprochen im Investiturstreit zwischen Kaiser und Papst. Der Freisinger Oberhirte war geistlichen Herren zu kaiserfreundlich gewesen. Deshalb wiederholte der Salzburger Erzbischof die Konsekration.

Nicht ohne Hintergedanken widmeten die Mönche ihre Kirche dem heiligen Petrus, übereigneten sie seinem Nachfolger, dem Papst; eine Art Garantie gegen Übergriffe machtlüsterner weltlicher Fürsten. Als „Schutzgebühr" mußten die Mönche jährlich ein Goldstück an den Papst zahlen, den obersten Besitzer des Petersberges, der jedoch nie von seinem Eigentumsrecht Gebrauch machte.

Die beiden Kirchenstifter – Graf Otto und Berthold von Burgeck – schenkten schließlich der Klostergemeinde auch noch einen Großteil ihrer Güter. Graf Berthold selbst bat um Aufnahme in den Orden. Finanziell abgesichert vergaben die Mönche den Auftrag für die reiche Fresko-Ausschmückung des Gotteshauses.

Aber nur 15 Jahre blieben die Benediktiner auf dem Petersberg. Wassermangel und zu wenig Platz für Erweiterungsbauten zwangen sie zum Umzug. 1123 siedelten sie in die leerstehende Burg nach Scheyern um. Nur zwei Patres blieben zurück, als „Vollstrecker" verbriefter Pflichten. Sie mußten zweimal in der Woche für die beiden Stifter eine Messe lesen. 1340 gaben die Benediktiner den Petersberg ganz auf.

Vom alten Klosterkomplex steht nur noch die Kirche, mitten im Grün, gastfreundlich geöffnet, behütet von Klosterfrauen. Zehn unverputzte Pfeiler und zwei Säulen tragen das Hauptschiff, die zwölf Apostel symbolisierend. Zwölf Engel umstehen den Altar, hineinkomponiert in das Fresko der Hauptapsis, in Bezug stehend zu Maria, die mit reichem Faltenwurf im Gewand in ihrer Mitte auf einem Marmorthron sitzt. „Neben diesem Altarraum mit seinen monumental wirkenden Freskenfeldern treten die intimen Seitenapsiden mit den Fresken des heiligen Benedikt und des

16

heiligen Martin von Tours ganz zurück. Und dennoch sind auch sie als Nebenstrophen in die große Eucharistie der erlösten Schöpfung mithineingekommen" (Hugolin Landvogt).

Der rote Ziegelfußboden, die Holzdecke, die weißen Wände, nichts lenkt ab, alles konzentriert sich auf die Apsiden, auf Christus, den Pantokrator. Ergreifend ist über dem rechten Seitenaltar der Tod Benedikts, am Altar, bei der Meßfeier. Naiv-eindringlich schwebt seine Seele in Gestalt eines kleinen Kindes hoch, nackt, geschlechtslos, mit ausgestrecktem rechtem Arm und Heiligenschein nach der aus einer Wolke lugenden Hand Gottvaters greifend, an die Bibelstelle mahnend: „Wenn ihr nicht werdet wie die Kinder, könnt ihr nicht in das Himmelreich eingehen." Siebenmal waren die Fresken übermalt; 1907 wurden sie freigelegt, zur 800-Jahr-Feier der Kirche.

Auf dem Petersberg ist wieder geistliches Leben eingekehrt, die Kirche ist fast nie leer; Folge eines Gelübdes. In Todesangst im KZ Dachau hatte der unterhalb des Berges, in Eisenhofen, geborene Münchner Weihbischof Dr. Johannes Neuhäusler den Bau eines religiösen Zentrums gelobt. Nach überstandener Folter löste Neuhäusler das Versprechen ein. 1953 weihte Kardinal Wendel auf dem Petersberg eine Katholische Landvolkshochschule.   Abb. 33/34

In Irfersdorf steht das Hauskloster der Wittelsbacher, 1120 im Auftrag von Papst Kalixtus II. von Pfalzgraf Otto IV. als Augustiner-Chorherrenstift gegründet. Es sollte eine Sühne für die Teilnahme des Fürsten an der Gefangennahme des Papstes Paschalis II. durch Kaiser Heinrich V. sein. Sehenswert ist das romanische Westportal (um 1200) in der Vorhalle zwischen den Türmen. Vor dem Hochaltar Eingang zur Wittelsbachergruft.

URSCHALLING

St. Jakobus

Der Blick geht weit ins Land, dann ein steil abfallender Hang, dahinter der Chiemsee silbrig-schimmernd, und schließlich die Berge: leicht vorstellbar, daß die Grafen von Falkenstein hier oben Gefallen fanden; wenngleich

sie weniger ästhetisch, sondern eher verteidigungsstrategisch gedacht haben werden.

Von außen unscheinbar und verdeckt von einem auf Tourismus getrimmten „Mesnerwirt", läßt die Kirche von Urschalling bei Prien nichts von ihrer romanischen Kraft erahnen. Die beiden alten Portale sind zugemauert. Betritt man jedoch unter der Empore das Gotteshaus, dann ist man überwältigt.

Alles ist ausgemalt und trotz teilweise vergrößerter Fenster die Atmosphäre düster. Unter der Empore befindet sich noch der alte Ziegelfußboden, dann geht es drei Stufen hinunter. Die Apsis mit dem originalen Fensterchen präsentiert sich als Bühne, abgetrennt durch eine Mauer, einem Lettner ähnlich, sechs schmale Stufen höher der Altar. Ein Raum zum Hineinhorchen, zum Vergangenheit erspüren.

Am Chiemsee siedelten schon die Römer. Sie bauten Straßen und vornehme Villen für die Verwaltungsbeamten. Nach den Wirren der Völkerwanderung faßten die ersten Mönche im Chiemgau Fuß, gründeten mehrere Klöster, auch auf der Frauen- und der Herreninsel. Für kurze Zeit – ab 1216 – existierte sogar ein eigenes Bistum Chiemsee.

Bei der Erweiterung ihres Territoriums krallten sich die Grafen von Falkenstein im heutigen Urschalling fest. Urkundlich nicht faßbar, dürften Burg und Kirche zwischen 1160 und 1200 errichtet worden sein. Von der Wehranlage blieb nur die Kapelle, vermutlich über die Westempore mit der Burg verbunden, den adeligen Besitzern einen Exklusiv-Zugang gewährend.

Ein einfacher erster Zyklus, etwa 1200 begonnen, umspannte in vier Bildern den Bogen von der Sünde der ersten Menschen bis zum Tag des Weltenrichters. Dieser Bilderschmuck genügte knapp 200 Jahre später den Burgherren nicht mehr. Großzügig ließen sie um 1390 das gesamte Kircheninnere neu ausmalen.

Der unbekannte Künstler, der Zeit der Gotik entstammend, orientierte sich am Vorhandenen und ließ romanische Stilmerkmale in sein Werk einfließen. Er hielt daran fest, daß der Platz über dem Altar Christus gebührt, dem Pantokrator, assistiert von den vier Evangelistensymbolen, auffällig betont durch Spruchbänder und umrahmt von der romanischen Mandorla. Reiferer Pinselstrich charakterisiert vor allem die Fresken auf der rechten Seite – vom Einzug Christi in Jerusalem über die Kreuzigung bis zur Grablegung. In die Gruppe der Frauen, die den Toten beweinen, reiht sich selbstbewußt der Stifter ein. Ein modisches Barett tragend, langes gelocktes Haar, Vollbart, steht Graf Wolfgang von Falkenstein unmittelbar neben dem Leichnam, wissend, daß alle Trauer befristet ist. Nur wenig weiter hat Christus den Tod überwunden. Und wieder wird deutlich, daß sich der unbekannte Meister noch lange nicht von der romanischen Bildersprache gelöst hat: aus dem Rachen eines riesigen Ungeheuers befreit Jesus, das Kreuz haltend, die Menschheit, holt sie heraus aus der Hölle, führt sie in ein neues Leben. Eindringlicher läßt sich die Heilslehre kaum ausdrücken.

Sechs Jahre danach starb Wolfgang von Falkenstein – als letzter seines Geschlechts. Auch einige andere der ersten und mächtigsten bayerischen Geschlechter erloschen im 14. und 15. Jahrhundert. Sie gaben den anfangs gleichbedeutenden Wittelsbachern den Weg frei und ermöglichten ihnen durch ihr Aussterben zu den Allerersten in Bayern aufzusteigen. Wollte sich der Falkensteiner mit den reichen Fresken ein Denkmal setzen? Von der ersten Ausmalung der Kirche hat sich nur das Fresko im Chorraum, links vom Altar, erhalten. Adam und Eva, in einfachen Strichen, wie sie ihre Blößen bedecken, getrennt durch den Baum der Erkenntnis, Unsicherheit in den Augen, das Furchtbare ahnend, das ihre Maßlosigkeit freigesetzt hat.

Das kleine Kirchenschiff, ohne Gestühl, ohne Figuren, alles konzentriert auf die Fresken, birgt noch eine Überraschung. Auf dem Ziegelboden steht eine niedrige Steinsäule. Sie trägt eine runde Platte mit Aushöhlungen, in denen jetzt Kerzen stecken – ebenso wie in Rinkam und im Klostergarten von Windberg. Es ist ein „Schalenstein", der im Mittelalter Beleuchtungszwecken diente. Abb. 35–37

Das Münster auf der Fraueninsel im Chiemsee birgt ein einzigartiges romanisches Portal. Auch der Turm stammt in seinem Kern noch aus der Romanik. Bereits 1395 war er als „alt" bezeichnet worden. Im Innern der Kirche befinden sich bedeutende Fresken. In der rückwärtigen Taufkapelle sind romanische Arkaden freigelegt worden.

BERGEN

Zum Hl. Kreuz

Kurfürsten und Bauern, Bischöfe und Grafen, Patrizier und Taglöhner aus Bayern, Böhmen, Schwaben. Alle wallfahrteten nach Bergen bei Neuburg an der Donau zur Kreuz-Reliquie. Tausende am Tag. Viele brachten kostbare Geschenke mit, aufgezeichnet von gewissenhaften Pfarrherrn in eigenen Büchern. 1711 wurden an manchen Tagen über 36 heilige Messen gelesen.
Doch ab 1730 ging die Wallfahrt schlagartig zurück. Einer der Gründe mag sein, daß den Besuchern die „finstere, feuchte, grünsichtige" Kirche nicht mehr gefiel. Ihr Geschmack orientierte sich an den überall neu entstehenden heiteren Barocktempeln, dem Stuck, den farbigen Fresken. 1755 beschlossen die Jesuiten, das romanische Gotteshaus zu modernisieren. In der Bauakte heißt es: „ . . . die in der Kürchen beim hl. Kreuz vorgeweste grosse Andacht von jährlich viel Tausend Wallfahrtern mit Gotts Hilf wiederumb in Aufnahm zu bringen."
Trotz radikalem Umbau stehen die romanischen Reste immer noch einzigartig da: der eigenwillig abgerückte Turm, die drei Apsiden mit Figurenschmuck und die Krypta mit dem Ziehbrunnen unter der lichten Rokokohalle.
Bereits die älteste Kirche (976) soll zu Ehren des heiligen Kreuzes geweiht gewesen sein. Judith Gisela, Tochter des Bayern-Herzogs Arnulf I., hatte von einer Pilgerfahrt ins Heilige Land wertvolle Andenken mitgebracht; Teile vom Kreuz Christi, der Lanze, der Geißelsäule und der Dornenkrone schenkte sie ihrer Nichte Wiltrudis, der ersten Äbtissin des Benediktinerinnen-Klosters Bergen.
1095 wurde der zweite Kirchenbau geweiht. „Im Laufe des elften Jahrhunderts entwickelte sich nach glücklich überwundener Furcht vor dem Untergange der Welt eine staunenswerte Bautätigkeit, in welcher Bischöfe und Äbte mit den Kaisern wetteiferten. Wo es noch hölzerne Kirchen gab, traten meist steinerne an deren Stelle" (Alois Hämmerle).
Als 1556 der zu Luther übergewechselte Pfalzgraf Ottheinrich sein Fürstentum Neuburg zurückerhielt, mußte auch das bis dahin katholische Land protestantisch werden. Unerbittlich ließ Ottheinrich Kirchen und Kapellen abbrechen – „doch bescheidlich und ohne

sonder gepolder!" Das Kloster in Bergen wurde kurzerhand aufgehoben.

1616 – Ottheinrichs Nachfolger war wieder zum Katholizismus zurückgekehrt – zogen die Jesuiten in Bergen ein, damit betraut, die Gegenreformation im Fürstentum durchzuführen. 1755 baten sie den Eichstätter fürstbischöflichen Baudirektor Johann Dominicus Barbieri um Baupläne und Kostenvoranschläge. „Durch die Fülle des Lichts und Glanzes sollte sich das Herz des Wallfahrers, der sich von Sorgen bedrückt näherte, schon gleich beim Eintritte erleichtert fühlen. Er sollte Mut und Zuversicht gewinnen, bevor er noch sein Leid dem gekreuzigten Heilande oder der Schmerzensmutter geklagt, deren Bild vorne am Altar steht. Das Kircheninnere sollte auf die Sinne berückend wirken" (Alois Hämmerle).

1756 begann der Umbau. Mauern wurden abgebrochen, Gewölbe und Pfeiler herausgerissen, Wände neu aufgezogen. 36 Maurer, 46 Handlanger, 13 Zimmerleute und 8 Mörtelbuben führen die Baukaten auf. Die Ziegeltaschen schleppten Kinder. Für „sonderbaren" Fleiß und „zum besseren Antrieb zur Arbeit" erhielten die Arbeiter Trinkgelder, genau gestaffelt nach Stand und Alter. Im Februar 1757 stürzte der Maurergeselle Ulrich Rauch vom Gerüst und starb kurz darauf. „Für den zu Tod sich gefallenen Maurergesöllen" wurden zwei Gulden und neun Kreuzer an den Mesner, die Ministranten und „für die Totenruhe" bezahlt. Der Ortspfarrer verlangte nichts für das Requiem und die Beerdigung. Damit war die Angelegenheit erledigt. Zahlungen an Hinterbliebene gab es nicht.

Der Eichstätter Fürstbischof Raimund Anton von Strasoldo weihte am 29. September 1758 den Umbau. In der Endabrechnung enthalten sind auch die Kosten für Kälberhaare, die man in den Stuckmörtel mischte sowie zwölf Gulden für „sonderbare Ausgaben".

An italienische Basiliken erinnernd baut sich der freistehende Turm auf. Allerdings nicht mehr in der alten Höhe. Der Abschluß wurde verändert. Wie ein Schild liegt er vor dem Südportal, verteidigungsbereit, ein sakraler Bergfried, mit bis zu zweieinhalb Meter dicken Mauern, an Ost- und Südseite reich gegliedert.

Der Durchbruch im Turm führt genau zum jetzt überdachten Portal. Ohne ornamentalen Schmuck besticht es durch seine Gliederung der Rundsäulen, Eckpfeiler, durch einen Sägefries über dem leeren Tympanon. Beim Umbau 1756 wurde es kurzerhand zuge-

mauert, 1905 wieder freigelegt und behutsam restauriert.

Optimal gegliedert sind auch die drei Apsiden. Ein Zahnschnittfries, darunter ein einfacher Rundbogenfries mit abgeschrägten Konsolen, 66 Menschen- und Tierköpfe, phantasievoll, in ihrer Symbolik unbekannt. Die Menschenköpfe sind bartlos, tragen langes Haupthaar, einige lächeln verlegen, andere Gesichter sind zu Grimassen verzerrt.

Rechts und links vor dem Hochaltar geht es hinunter in die dreischiffe Krypta. Aus dem Dämmerlicht wachsen fünf Säulenpaare, die Kapitelle sind einfach und teilweise durch Linien betont. Einzige Ausnahme ist das Kapitell der vordersten südlichen Säule mit den schnekkenförmigen Voluten. Der neun Meter tiefe Brunnen versorgte in Kriegszeiten das Kloster mit Trinkwasser. Außerdem diente er bei Taufen. Mehrere ursprüngliche Lichtschlitze sowie ein gekuppeltes Fenster mit Teilungssäulchen geben die romanische Stimmung wieder. 1906 wurden einige barocke Veränderungen entfernt, die ergreifende Erhabenheit des Raumes war wieder hergestellt. Abb. 38/39

Ganz in der Nähe liegt der alte Römer-Ort Nassenfels mit der ungewöhnlichen romanischen Tal-Burg. Hier an der Schutter wohnten vor knapp 2000 Jahren römische Händler, Handwerker, Soldaten. Die schönsten Funde (Skulpturen) befinden sich im Museum auf der Willibaldsburg und in München. Der Bergfried birgt im Erdgeschoß eine winzige romanische Kapelle. Beeindruckend ist der Blick von der Straße nach Wolkertshofen hinunter in die Schutterebene, auf die Ruine, die auch in ihren Trümmern noch groß ist. Ebenso großartig ist das Bild, das sich kurz vor Ried bietet: Neuburg liegt ausgebreitet im Kessel, das Schloß, die Türme und Kirchen der höhergelegenen Altstadt (Heimatmuseum im Weveldhaus, einer der schönsten Plätze Deutschlands vor dem Rathaus, Fossilien-Kabinett im Schloß, Hofkirche, älteste protestantische Kirche Altbayerns im Schloß mit originellen Fresken.

ALTENSTADT

Hl. Erzengel Michael

Sie ist 38 Meter lang, hat zwei fast ebenso hohe Türme, ist reich an romanischen Steinmetzarbeiten, lombardisch beeinflußt und in der Gewölbetechnik auf der Höhe ihrer Zeit – und doch war die Basilika St. Michael in Altenstadt nur als Pfarrkirche für einen winzigen Ort konzipiert. Denn Kirchenbauten lagen damals andere Maßstäbe zugrunde, keine Einwohnerzahlen, hypothetische Zuwachsraten oder Prognosen. Großzügig und verschwenderisch ließen die Bauherren ausführen, was heute allein beim Unterhalt Probleme bereitet.

Altenstadt, das ehemalige Schongau, entwickelte sich an der berühmten Römerstraße Via Claudia Augusta, die von Augsburg nach Füssen, Bozen und Verona führte. Als „Scongoe" tauchte der Ort um 1080 zum erstenmal in einer Urkunde auf. Bauherr und Bauzeit der Basilika sind nicht bekannt. Wahrscheinlich war es Herzog Welf VI., in Urkunden als freizügiger Gönner gerühmt, der in der zweiten Hälfte des 12. Jahrhunderts die Kirche ausführen ließ.

Der Ort, der sich um die Basilika entwickelte, war ohne Zukunft. Denn angezogen von der günstigeren Lage am Lech, den besseren Erwerbschancen, die die Nähe des Flusses bot, wanderten immer mehr Menschen von „Scongoe" ab. Sie ließen eine riesige Kirche und einige Häuser zurück. Die neue Siedlung, die stetig aufstrebte, wurde 1253 ausdrücklich als „neue Stadt" erwähnt und erhielt später den Namen Schongau. Das ursprüngliche „Scongoe", das heutige Altenstadt, sank unterdessen zur Bedeutungslosigkeit ab. Der Ort dämmerte jahrhundertelang dahin und mit ihm die mächtige Basilika, die dadurch fast nie verändert wurde. Ab 1433 nannte sich „Scongoe" Altenstadt, wurde jedoch erst 1818 selbständige Gemeinde.

St. Michael in Altenstadt ist eine der wenigen in romanischer Zeit gewölbten Basiliken Altbayerns, an St. Peter in Straubing erinnernd. 32 Meter hoch sind die Türme, oben Walmkappen, unten drei Apsiden, ein Kranzgesims, deutsches Band und ein Rundbogenfries. Tuffstein, in den Brüchen bei Polling gebrochen, beherrscht den gesamten Baukörper.

Wer die steile Treppe im Westen benutzt und hinaufsteigt zu Kirche und Friedhof, sieht die Fassade regelrecht wachsen. Perspektivisch verzerrt, wird erst der Giebel sichtbar, dann ein 1687 anstelle einer Rundbogenöffnung ausgebrochenes großes Fenster – und das Hauptportal. Vielfach gerahmt das Tympanon, stark verwittert und flach, das Motiv, identisch mit Straubing und Windberg: Ein Ritter, mit Schild und Helm, greift mit erhobener Waffe einen Drachen an, versucht ein mit dem Kopf aus dem Maul des Ungeheuers schauendes Opfer zu befreien. Es dürfte der Kampf Christi gegen das Böse, den Teufel sein. Auch ein Hinweis auf den Patron, den Erzengel Michael, wurde aus dem Tympanon schon herausgelesen. „St. Michael, du Bannerträger, befreie die Seelen aus dem Rachen des Löwen und geleite sie zum heiligen Licht" (Opferungslied der Totenmesse).

1963 erhielt das Portal eine neue Tür aus Bronze. Auch am Seitenportal auf der Nordseite versucht das Moderne mit der Romanik zu korrespondieren: Das Tympanon schmückt das Wappen von Papst Paul VI., stolzes Attribut der Erhebung des Gotteshauses zur päpstlichen Basilika 1966, eine besondere Auszeichnung.

Nicht nur außen, auch innen ist Altenstadt so ursprünglich wie nur ganz wenige romanische Kirchen in Bayern; Ergebnis auch einer gut durchdachten, einfühlsamen Renovierung ab 1961.

König Ludwig I. hatte 1826 durch den Münchner Oberbaurat Friedrich Gärtner die Basilika neoromanisch verändern und die Seitenapsiden beispielsweise mit Bretterwänden schließen lassen. Auch der Fußboden wurde 1861 abgesenkt und die im Boden steckenden Säulenbasen wieder sichtbar gemacht. Gescheitert ist allerdings der Versuch, die alte Dachneigung der Seitenschiffe zu rekonstruieren – aus finanziellen und technischen Gründen.

Zwölf Pfeiler, von vier halbrunden Säulen ummantelt, tragen das Gewölbe. Spielerisch wechseln die Ornamente der Würfelkapitelle, jedes zeigt ein anderes Muster: Blattwerk, Voluten, Sterne, Palmetten. Einige der Kapitelle zeigen Köpfe, Masken und Bestiarien. Die massiven Pfeiler ruhen auf kreuzförmigen Basen mit Eckknollen.

Wer unter der Empore steht, muß sich hineinfühlen in das Licht, das damals den Raum bestimmte. Ursprünglich erhielt die Basilika das meiste Licht durch zwölf kleine Öffnungen oben im Hauptschiff. Der Sonneneinfall in den Seitenschiffen war gering. „So daß der Blick in dem dämmrigen Raum durch die Helligkeit

nach oben gezogen wurde und der Raum etwas Schwebendes erhielt" (Josef Ott und Karl Pörnbacher).
1583 jedoch wurden die flachen Seitendächer gesteilt, ein Teil der Fenster im Hochgaden zugemauert.
Die Seitenschiffe frei vom Gestühl, ein roter Ziegelboden, der gelblich-graue Sandstein, das sieben Zentner schwere romanische Kruzifix, 3,20 Meter hoch in der Hauptapsis – das alles ergibt ein ungemein farbiges Bild.
„Der Große Gott von Altenstadt", um 1220 geschnitzt, strahlt majestätische Würde aus. Er ist fast unnahbar – auch im Tod. Statt der Dornenkrone trägt Christus einen Goldreif um die Stirn, Attribut der königlichen Herrschaft, nur verständlich aus der Zeit, in der die Macht der Staufer nachließ und an Glanz verlor. Geschickt verstand es die Kirche, dem Schwund weltlicher Macht einen neuen, anderen König gegenüberzustellen.
In der rechten Apsis steht eine weitere Kostbarkeit: einer der bedeutendsten romanischen Taufsteine Bayerns. Er ist aus Sandstein, um 1200 geformt, unter einem Ornamentikband Reliefs: Maria mit dem Kind, von Engeln begleitet, die Taufe Christi in zwei Szenen, Erzengel Michael mit einem Drachen, die vier Evangelistensymbole als Büsten in Menschengestalt, aber mit Tierköpfen. Auch die Details bergen noch Symbolik: ein Vogel mit gebrochenen Flügeln, ein Bild für die Erbsünde. „Das Relief des Altenstädter Taufsteins ist flach, die Formen sind stark in das Breite angelegt. Bewegung und Gestus ist präzis und sicher, in dem Madonnenrelief liegt ein ungemein anmutiger, ruhig bedachtsamer Zug. Auffallend ist die starke Hinneigung zum symmetrisch geschlossenen in der Madonnadarstellung, die bis zur Korrespondenz der Blütenzweige in den Händen von Mutter und Kind fortgeführt wird, nicht der einzige Ausdruck für die wohlgepflegte Ornamentalität einer Formauffassung, der jede Einzelheit folgt" (Hans Karlinger).   Abb. 40–42

Ihren romanischen Charakter im Äußern nicht verloren hat die ehemalige Prämonstratenser-Abteikirche, das jetzige Pfarrgotteshaus Johannes d. T. in Steingaden. Zahnfries, Blendarkaden, zwei gedrungene Türme prägen immer noch die 1147 von Herzog Welf VI. gegründete dreischiffige Basilika. Auf der Westseite liegt das romanische Stufenportal. Es ist reich verziert, das Tympanon eine Nachbildung. Die Bruchstücke des Originals befinden sich im Bayerischen Nationalmuseum. Vom

Kloster steht u. a. noch der westliche Teil des Kreuzgangs aus dem frühen 13. Jahrhundert. Romanisch ist auch noch die Rundkapelle am Torwärterhaus, Johannes geweiht, mit einem eindrucksvollen Bogenfeld: Christus in der Mitte, die Hand zum Segen erhoben, flankiert von Maria, die betet, und dem Evangelisten Johannes. Turm, Portal mit Skulpturen und Mauerreste der Kirche St. Maria Magdalena in Urspring sind ebenfalls romanisch. Ein Auftragswerk der Prämonstratenser-Abtei ist die 1745 errichtete Wieskirche.

MITTERHAUSEN

St. Petrus und St. Paulus

Eine Kirche, zu der kein Weg führt, einsam, durch einen Acker von der Straße abgeschnitten. Es ist Mitterhausen bei Altötting, eine vergessene Insel in einer von Erschließungswut bedrohten Landschaft. Interessant die Erkerapsis im Osten, bedingt durch das steil abfallende Gelände.
Der Ort, zur Pfarrei Alzgern gehörend, liegt an keiner klassischen Reiseroute und keiner wichtigen Fernstraße. Man muß ihn suchen und ist dann möglicherweise enttäuscht.
Denn die um 1200 aus sauber gefugten Tuffsteinquadern errichtete Kapelle, St. Petrus und St. Paulus geweiht, ist kein durch Größe, plastische Ausstattung oder bedeutende Künstler exponierter Bau. Bescheiden liegt das Gotteshaus mitten auf einer sumpfigen Wiese, ohne Wegerecht, bedrängt von einem Acker. Der Wert dieser Kirche liegt in seiner Schlichtheit, der in der Luft hängenden Apsis, die der Ostpartie wehrhaften wie spielerischen Charakter verleiht.
Über einer waagerechten Bodenplatte wölbt sich die Apsis. Aus verschieden großen Quadern geschichtet, ohne eigenes Dach, geht sie kalottenförmig in die Fassade über. In der Mitte sitzt ein Rundbogenfenster, schmucklos, die Öffnung nur ein schmaler Schlitz. Der Tuffstein, unverputzt auf dieser Seite und ungegliedert, wirkt wie eine Grafik.
Den Dachreiter erhielt die Kapelle erst viel später. Original ist auch nicht mehr das Westportal. Die seltsam konstruierte Tür mit den gotischen Beschlägen, massiv und schwer, wird von einer zweiten, modernen

geschützt. Inzwischen von entstellenden Anbauten befreit, stimmen wieder die Proportionen des Baues. Restaurierungen stellten auch im Innern den originalen Raumcharakter wieder her. Ein barocker Altaraufbau, der das Apsisfenster verdeckte, wurde entfernt und durch eine Mensa mit Standkreuz ersetzt. Nicht harmonieren wollen mit dem flachgedeckten Raum die neuen Fresken, zu beiden Seiten der Altarnische aufgetragen, St. Paulus auf den Wellen des Sees Genezareth und Saulus-St. Paulus in der Stunde seiner Bekehrung.

Nur noch selten wird die Kapelle kirchlich genutzt, gelegentlich für Maiandachten, einmal im Jahr beim Patrozinium.

Ähnlich, wenn auch größer, ist eine Erkerapsis an der sogenannten Heideckerkapelle neben dem Heilsbronner Münster (Mittelfranken).   Abb. 43

Altötting, nur einige Autominuten entfernt, ist Bayerns bekanntester Wallfahrtsort. Die Stiftskirche birgt noch interessante romanische Reste. Die Westtürme, das Westportal, die Westempore und die westliche Vorhalle sowie einige Kragsteine im Kreuzgang und das Portal der inneren Gnadenkapelle sind spätromanisch, zum großen Teil fest datiert (zwischen 1228 und 1245). In der Stiftskirche befindet sich das Grab von Graf Tzerklas von Tilly, dem Gegner Gustav Adolfs im Dreißigjährigen Krieg. Am 30. April 1632 starb er an den Folgen einer Verwundung in der von den Schweden eingeschlossenen – aber nicht eingenommenen – Festung Ingolstadt. 1653 wurde der fanatische Marienverehrer seinem letzten Wunsche folgend in Altötting beigesetzt.

ILMMÜNSTER

ehem. Stiftskirche St. Arsatius

Im oberen Ilmtal, zwischen Pfaffenhofen und Reichertshausen, erhebt sich über Ilmmünster die einstige Stiftskirche St. Arsatius. Von der Bundesstraße 13 oder der parallellaufenden Eisenbahnstrecke Ingolstadt-München aus bietet sie einen prächtigen Anblick. Schon früh schiebt sich die dreischiffige Basilika ins Bild, die eindrucksvolle Ostfassade mit den drei Apsiden, frisch verputzt, das Dach neu gedeckt, und dem bergfriedartigen Turm.

Von der Benediktiner-Abtei Tegernsee kamen die ersten Mönche, vermutlich im 8. Jahrhundert von den agilolfingischen Herzögen gerufen und von ihnen unterstützt. Ilmmünster scheint schon bald eine eigene Abtei geworden zu sein.

Dem raschen Aufstieg folgte ein schneller Niedergang. Nach der für den bayerischen Heerbann vernichtenden Schlacht gegen die Ungarn 907 bei Preßburg säkularisierte Herzog Arnulf (907–937) zahlreiche Klöster–u. a. um Geld für den weiteren Kampf zu bekommen. Historiker vermuten, daß auch die Besitzungen des Klosters Ilmmünster vom Herzog beschlagnahmt wurden.

Zu diesem Zeitpunkt hatte sich bereits eine rege Wallfahrt nach Ilmmünster entwickelt. Seit dem Beschluß des ökumenischen Konzils von Nizäa im Jahre 787, daß alle konsekrierten Kirchen mit Reliquien ausgestattet sein müssen, bemühten sich vor allem die Klöster um die Gebeine von Heiligen. Ilmmünster hatte wahrscheinlich schon bald nach seiner Gründung die sterblichen Überreste eines heiligen Arsatius bekommen.

Obwohl historisch nicht faßbar, wurde und wird Arsatius andächtig verehrt. Mangels Fakten blühen umso üppiger die Legenden. So soll Arsatius ein Schüler des heiligen Ambrosius und dessen Nachfolger auf dem Mailänder Bischofsstuhl gewesen sein. Demnach starb er 399 in Mailand und wurde 746 nach Ilmmünster überführt.

Peter Pfister, der über Ilmmünster 1981 eine Doktorarbeit schrieb: „Der Name Arsatius weist auf den Orient hin. Arsakios ist ein persischer Name. Es gibt nur einen Heiligen dieses Namens. Er wird von dem griechischen Geschichtsschreiber Sozomenos (gestorben nach 446) bezeugt, der mitteilt, Arsakios sei von Geburt Perser, der im kaiserlichen Palastdienst stand und die Aufsicht über die kaiserlichen Löwen hatte. Während der Verfolgungen des Kaisers Licinius (308 bis 324) bekannte er sich zum Christentum, gab seine Stelle auf und kehrte nach Nikomedien in Kleinasien zurück, wo er außerhalb der Stadt als Einsiedler lebte. Er sagte zwar den Untergang der Stadt voraus, aber niemand glaubte ihm. Arsakios starb kurz nachdem die Stadt durch ein Erdbeben zerstört worden war."

1068 wurde aus der ehemaligen Benediktiner-Abtei ein Chorherrenstift mit zwölf Kanonikern und einem Propst, das weltlichen Herren unterstand. 1180 übernahmen die soeben an die Macht gekommenen Wittelsbacher das Stift als Lehen.

Die Wittelsbacher, damit beschäftigt, eine funktionierende Verwaltung aufzubauen, nutzten dabei die Klöster mit ihrem „Bildungsreservoir". Zu ihrer privaten Versorgung erhielten die geistlichen Spitzen-Beamten sogenannte Kanzlei-Propsteien. Der Leiter der herzoglichen Kanzlei, der Protonotar, war häufig gleichzeitig Propst in Ilmmünster, vom Herzog als solcher eingesetzt und berechtigt, die Einnahmen aus den Besitzungen des Stiftes zu kassieren – als Dank für seine Notar-Tätigkeit. Allerdings mußte er jährlich eine Vogtei-Steuer nach München zahlen. Den Pröpsten, freigestellt von der Seelsorge, stand ein Dekan zur Seite für die geistlichen Belange des Stiftes.

„Wir Ludwich von gots gnaden romischer chunich ze allen zeiten merer des reiches tun chunt allen den die diesen brief ansehent oder horent lesen daz wir unsern haimlichen und getrewen maister Nyclasen dem brobst ze Illenmunster . . ." So beginnt eine von König Ludwig am 1. Mai 1315 unterzeichnete Urkunde, mit der dem Stift die niedere Gerichtsbarkeit verliehen wurde. 1430 bestätigten die Münchner Herzöge Ernst und Wilhelm III. dem Stift alle Briefe, Freiheiten und Rechte, die es von Päpsten, Bischöfen und bayerischen Herzögen erhalten hat. Gleichzeitig mahnten sie den Propst, er solle weiterhin als „unnser lieb kapplan" zu ihnen halten und der Gottesdienst möge ordentlicher und gewissenhafter versehen werden.

Mit dem Bau der Münchner Frauenkirche begann das Ende des Stifts Ilmmünster. Denn der Herzog wollte dem neuen Gotteshaus ein Chorherrenstift angliedern. Aber keine Neugründung – dafür wären ja Schenkungen notwendig gewesen. Vielmehr dachte der Herzog daran, Ilmmünster aufzulösen.

Ein Chorherrenstift in unmittelbarer Nähe des herzoglichen Hofes sollte Albrecht IV. mehrere Vorteile bringen. Er konnte sich der Erfahrung und Diplomatie der Kleriker bedienen, ohne sie bezahlen zu müssen, seinem Halbbruder, den er unbedingt in München haben wollte, konnte er eine interessante Propststelle anbieten und die Kanoniker des Stifts konnten in der riesigen Liebfrauenkirche gleichzeitig Seelsorgedienste leisten.

Um das neue Chorherrenstift nicht selbst finanzieren zu müssen, schaltete Albrecht IV. den Papst ein. Geschickt gewann er Innozenz VIII. für seine Pläne. Dieser bestimmte in einer Bulle vom 11. April 1492, die Stifte Habach bei Weilheim und Ilmmünster seien in München zusammenzulegen. In der Begründung hieß es: die Kanoniker kämen dem Gottesdienst nicht nach und führten ein unehrenhaftes, ausschweifendes, regelloses Leben ohne Tugend. Außerdem wurde ihnen Mangel an seelsorgerischer Beschäftigung vorgehalten.

Statt Habach im Bistum Augsburg wurde schließlich das wie Ilmmünster im Bistum Freising gelegene Stift Schliersee aufgelöst – trotz heftigster Proteste durch Bischof Sixtus von Tannenberg. Er brachte vor, daß in Ilmmünster der Leib des heiligen Arsatius ruht, „täglich und zur zeiten mit großer meng des volkes in großer andacht haimgesucht auch got der allmaechtig dar durch hoch gelobt und geeret wird."

1495 bestimmte der Papst, daß der Leib des heiligen Arsatius in die Münchner Frauenkirche zu überführen ist.

Als eine Abordnung aus München am 9. März 1495 die Reliquien holen wollte, wäre es beinahe zu einem Kampf zwischen den Knechten des Bischofs und denen des Herzogs gekommen. Bildhauer Erasmus Grasser, der den Sarg öffnen sollte, wurde das Werkzeug verweigert. Männer, Frauen und Kinder sahen zornig zu, wie die Gebeine auf einen mit goldbestickten Samttüchern ausgeschlagenen und von sechs Schimmeln gezogenen Wagen geladen wurden.

Mit der Gründung des Münchner Stifts am 10. März 1495 war Ilmmünster zur Bedeutungslosigkeit herabgewürdigt und nur noch Dorfkirche. Bis 1803 gehörte Ilmmünster zum Kollegiatstift Unserer Lieben Frau zu München. 1843 wurden die meisten Arsatius-Reliquien nach Ilmmünster zurückgebracht. Einige sind in der Mariensäule am Münchner Marienplatz eingeschlossen. Die jetzige Kirche in Ilmmünster wurde in der ersten Hälfte des 13. Jahrhunderts errichtet. Über Bauzeit und Bauherrn existieren keine Unterlagen. Außen nahezu unverändert, erfolgte im Innern 1676 ein massiver Eingriff: die bis dahin flach gedeckte Basilika erhielt ein barockes Gewölbe.

Zur Krypta mit dem roten Marmor-Sarkophag des heiligen Arsatius geht es von den Seitenschiffen aus hinunter. Dreischiffig, durch Pfeiler getrennt, wirkt der Raum unter der Apsis düster, aber voll dichter Atmosphäre.   Abb. 44/45

Das stattliche, langgestreckte Gebäude unterhalb der Kirche ist der frühere Propstwohnsitz. Heute dient es als Pfarrhaus.

Tholbat, Detail an der Apsis

Tholbat, Portal

24

Weißendorf, Aufgang zur Empore

Weißendorf, Säule mit Doppeltier

27

Ainau, Ansicht von Osten

Ainau, Portalanlage

28

Ainau, Einzug in Jerusalem   *Pförring, kleines Südportal*

30

Pförring, Fratzen an der Ostfassade

Petersberg, Westfassade

Petersberg, Blick in die Hauptapsis

Urschalling, Blick zum Altar

Urschalling, Adam und Eva

36

Urschalling, Fresko um 1390

Bergen, Apsiden

38

Bergen, dreischiffige Krypta

Altenstadt, Ostseite

Altenstadt, Seitenschiff

Altenstadt, Kruzifix um 1220   *Mitterhausen, Erkerapsis*

43

Ilmmünster, Krypta

Ilmmünster, Ostfassade

45

BIBURG

ehem. Benediktinerabteikirche

Eine der größten, schönsten, noch am urspünglichsten romanischen Kirchen Bayerns ist die Basilika in Biburg bei Abensberg. Die selige Berta, Frau des Grafen Heinrich von Sittling, bat einst ihre beiden Söhne Konrad und Arbo, in Biburg ein Kloster zu gründen. 1125 wurde mit dem Bau begonnen. 14 Jahre später nahm Papst Innozenz II. das noch unvollendete Werk unter seinen persönlichen Schutz.

Erster Abt des Benediktiner-Klosters wurde ein Bruder der Gründer: Eberhard der Heilige. Wann die Kirche vollendet wurde, ist unbekannt. Kunsthistoriker haben eine Bauzeit von mindestens 50 Jahren errechnet.

Neben der Kirche entstand auch ein umfangreicher Klosterkomplex – für Männer und Frauen. Doch das Nonnenkloster brannte 1278 ab und wurde nicht mehr aufgebaut.

Biburg entwickelte sich unter dem Schutz vermögender adeliger Verwandter, einflußreicher Bischöfe und wohlgesinnter Kaiser rasch zu einem der mächtigsten bayerischen Klöster.

Im 16. Jahrhundert begann der Niedergang des Klosters. Im Zuge der Reformation verließen 1555 die letzten Benediktiner-Patres Biburg. Über 30 Jahre stand die Anlage leer. 1589 stellte der Münchner Herzog Wilhelm V. die Gebäude den Ingolstädter Jesuiten zur Verfügung. Sie blieben bis zum Verbot des Ordens 1773 durch den Papst. Bereits vorher hatten mehrere Brände die meisten Gebäude vernichtet. Ein Großfeuer griff 1701 sogar auf den nördlichen Kirchturm über. Die Innenmauern sind heute noch rußgeschwärzt. Durch diese Katastrophen erhielt die Kirche „mehr Licht und Zierde", wie der Kupferstecher Michael Wening (gestorben 1718) nach einem Besuch festhielt. Denn die vom Feuer beschädigten Klosterbauten, bis unmittelbar an die Kirche reichend, sie einzwängend, wurden abgerissen.

1781 überließ Kurfürst Karl Theodor das Kloster dem Malteser-Ritterorden als Komturei. Vier Jahre später tauschte Komtur Heinrich Graf Morawitzki die Kloster-Kirche gegen die Biburger Dorfkirche ein. Nach dem Tode des Grafen verschleuderte der Staat das Kloster an Private. Die alte Dorfkirche wurde abgebro-

chen und die riesige Kloster-Basilika zur Pfarrkirche erklärt. Der Niedergang war zu Ende.

Die wenigen erhaltenen Bauten aus der Klosterzeit prägen immer noch den kleinen Ort. Die Kirche selbst ist außen fast unverändert. Auch im Innern hat sie sich weitgehend den Charakter ihrer strengen Klarheit bewahrt. Die Decken wurden allerdings durch gotische Gewölbe ersetzt.

Wer auf der engen Straße durch die Hopfengärten auf Biburg zufährt, erlebt die einzigartige Wirkung eines jede dörfliche Norm sprengenden Kirchenbaus. Doch der Basilika darf man sich nicht ganz mit dem Auto nähern, muß den Wagen abstellen und die letzten paar hundert Meter zu Fuß gehen, muß stehenbleiben auf dem holprigen Kopfsteinpflaster, das Bild der grauen Quadermasse aufnehmen.

Erst dann erschließen sich Details, wie die steinerne Tiergalerie an den Apsiden: Hund, Rind, Pferd, Reh, Löwe, Widder. Auch zwei Menschenköpfe sind darunter. Ist es die in Stein gehauene Mahnung Daniels im Benidicite: „Preist den Herrn, all ihr Tiere, wilde und zahme; preist den Herrn, ihr Menschen!" (Canticum: Daniel 3, Kapitel Vers 79–82).

Etwas einmaliges: die Augen der Köpfe haben Bohrlöcher, in die Stifte mit Bleiplättchen eingelassen waren. Diese Blei-Augen verstärkten noch die plastische Wirkung. An der Ostpartie mit ihren drei Apsiden hat Felix Mader lombardische Züge ausgemacht und Beziehungen zur Regensburger Schottenkirche hergestellt. Eine Mauer versperrt jetzt den Weg, den Gang um die Apsiden, um die teilweise noch rußgefärbten, ihre Ausdruckskraft fast ins Dämonische steigernden Köpfe.

Ihr Können souverän entfaltet haben die Steinmetze am Westportal, dem Haupteingang der Kirche; im Tympanon der segnende Christus. Die beiden Portalkämpfer rechts und links zeigen den Kampf Christi gegen die sieben Hauptsünden. Ein Relief zieren noch die originalen Bleiplättchen. „Die Angabe der Augensterne durch ein Bohrloch ist spezifisch oberitalienisch und kommt sonst in Bayern nicht mehr vor" (Anna Landsberg). Hans Bleibrunner, Bezirksheimatpfleger von Niederbayern, deutet die meisterhaften Steinmetzarbeiten so: „Das linke Bilder-Band beginnt mit drei Kreisschlingen. Im ersten Kreis steht ein Jäger mit Pfeil und Bogen. Er stellt den armen Seelen nach und ist wohl als Symbol des Hochmuts zu deuten. Im mittleren Kreis picken zwei Vögel an einer Traube, eine symbolische Darstellung des Neides – keiner vergönnt dem anderen das Futter. Die dritte Kreisschlinge ist durch zwei verschlungene Akanthusblätter rein ornamental gestaltet. Es folgt eine Sirene, die ihre Fischschwänze umklammert: das Symbol der Sinnenlust. Neben ihr zerkratzen sich zwei Hunde mit ihren Krallen. Es ist ein Symbol der Schadenfreude. Die fünfte Darstellung dieses Kapitellbandes ist eine dickleibige Mißgestalt mit drei Tierkörpern und einem menschenähnlichen Kopf, die sich mit den Pratzen den Bauch hält – Sinnbild der Völlerei. Am Gewände rechts folgt eine Fratze, die aus dem weit aufgerissenen Mund ihre Zunge herausstreckt und mit beiden Händen den Schnurrbart faßt – Symbol des Zorns. Die kauernde Männerfigur daneben mit den im Schoß ruhenden Händen erscheint als Sinnbild der Trägheit. Da damit die Siebenzahl der Hauptsünden erschöpft ist, schloß der Künstler das Bilder-Band mit Akanthus und Flechtwerk ab."

Nach dem Betrachten dieser Details muß man zurückgehen bis an die Mauer und hinaufschauen. Die grauen Quader leben aus sich heraus, die unverbrauchte Kraft des rohen Steins zeigt sich in ihrer massivsten Wucht. Von oben glotzen Dämonen herab, ungebändigte Bestien, zu Ortsteinen ausgebildet. "Dem bayerischen Formenkreis fremd sind die beiden Drachen am innersten linken Rücksprung, die hoch aufgerichtet, mit den Körpern an der Kapitellecke zusammenstoßen. Die Federn, die ihren Körper bedecken, sind durch runde Einschnitte, die Flügel durch Längslinien gegliedert. Genauso ist die Bildung des Gefieders der Vögel in Como" (Anna Landsberg).

Direkt angebaut an die Basilika ist ein gotischer Klostertrakt (heute Hotel), dahinter in einem gotisch-barocken Komplex die Klosterbrauerei.   Abb. 60–62

Nach Abensberg sind es nur vier Kilometer. Der Geburtsort des Vaters der bayerischen Geschichtsschreiber, Johann Thurmair, genannt Aventinus (1477 bis 1534), hatte einst acht Türme und 32 Halbrundtürme – zur Erinnerung an die acht Töchter und 32 Söhne des Grafen Babo, des Stammvaters der Grafen von Abensberg. Erhalten sind noch Teile des Schlosses und die Kirche des säkularisierten Karmelitenklosters mit dem herrlichen Kreuzgang. Über dem Kreuzgang ist das Aventin-Museum.

GASSELTSHAUSEN

Unserer Lieben Frau

Bayerns eigenartigste romanische Kirche steht in dem kleinen Hallertau-Dorf Gasseltshausen bei Mainburg. Von weitem sichtbar überragt das unverputzte Ziegelmauerwerk des Turm-Gotteshauses die Hopfengärten. Ein Besuch bedeutet das Eindringen in einen Ort, an dem sich das Leben seit Generationen scheinbar kaum verändert hat.

Seit undenklichen Zeiten zählt Gasseltshausen neun Höfe. Dabei ist es bis jetzt geblieben. Wie früher auch feiert einmal im Monat der Pfarrer von Aiglsbach hier die heilige Messe. Und wie früher auch hat das Gotteshaus bis heute keine Heizung. Selbst im Sommer hält sich ein Rest von Winterkälte hinter den bis zu 2,70 Meter dicken Mauern.

Auch sonst ist vieles beim alten geblieben. Wie sein Vater, verrichtet der Landwirt Kaspar Waldinger das Mesneramt, steigt einmal am Tag die Treppen zum Kirchhügel hinauf, um mit der Hand die Glocke zu läuten. Nur ganz wenige Eingeweihte kannten bisher das Juwel. Seit ein Teilstück der Autobahn nach Regensburg in der Nähe von Gasseltshausen vorbeiführt, kommen etwas häufiger Besucher, fragen sich durch zum Mesner. Und wenn der gerade auf dem Feld ist, schließt seine Schwester, die gleich neben der Kirche wohnt, bereitwillig das Gotteshaus auf.

Schriftliche Nachweise über den Bau der Kirche gibt es nicht. Die älteste Baunachricht ist datiert vom 1. Juni 1657. Damals wurde ein "eingefallener Giebel" repariert. Die doppelgeschossige Anlage mit Unter- und Oberkirche, die wie ein Turm aussieht, dürfte um 1200 errichtet worden sein.

Viele Einheimische nennen die Kirche zu "Unsrer Lieben Frau" den "Römerturm" oder "Wehrturm". Während die erste Bezeichnung schlichtweg falsch ist, trifft die zweite den wehrhaften Charakter der Kirche. Ursprünglich war das Gotteshaus dreigeschossig. Das oberste Stockwerk hat sicher nicht gottesdienstlichen Zwecken gedient. War es eine Herberge für Pilger, ein Versteck in Notzeiten? Die mehrgeschossigen Kirchen sind immer noch nicht genügend erforscht. In Gasseltshausen konnte lediglich der Volksglaube, neben der Kirche habe eine Burg gestanden, durch Grabungen widerlegt werden.

Wer Gasseltshausen besucht, sollte erst einmal um den ungewöhnlichen Bau mit der halbrunden, hohen Apsis herumgehen. Eine Überraschung sind drei eigenartige Zier-Ziegel, teilweise schon stark verwittert. Was die Backstein-Ornamente bedeuten, ist unbekannt. War es die simple Freude am Gestalten? Aber warum wurden die wenigen Zier-Ziegel an offenbar völlig willkürlich gewählten Stellen, ohne Symmetrie, ohne Wirkung für das Gesamtbild auf der Westseite eingemauert?

Durch einen vorgelagerten Treppenaufgang betritt man die karge Unterkirche. Einfache Bänke, ein weißgekalkter Stein-Altar, in einer Wandnische eine orginelle, bäuerliche Muttergottesfigur. Die jahrhundertelang offene Nische schützt nun ein Eisengitter – die letzte Antwort auf den steigenden Marktwert sakraler Antiquitäten. Früher hatten es die Kirchendiebe mehr auf Altargeräte aus Gold und Silber abgesehen, jetzt sind die Heiligen in Gefahr.

Eine neuere Holztreppe führt zur Oberkirche, dann geht es durch eine Tür und es folgt ein steiler steinerner Aufgang, eng, düster wie in einer Burg. Vermutlich war die Oberkirche einst nur durch einen Einstieg von außen zugänglich. Spuren dafür finden sich noch an der Westseite.

Die Oberkirche ist etwas größer. Die Mauern sind nur noch 1,50 Meter stark. Die Einrichtung: ein barockes Altärchen mit einer Muttergottesfigur, 450 Jahre alt, ein Kruzifixus aus dem späten 16. Jahrhundert, ein lebensgroßer Christophorus, meisterhaft gearbeitet, aus der Zeit um 1500.

Darüber lag das dritte Geschoß. Wie es aussah, läßt sich nur schwer rekonstruieren, da der jetzige Dachstuhl aus dem Jahre 1760 stammt. Der Zugang befand sich rechts neben dem Altar. Risse in der Wand deuten die einstige Öffnung noch an. Professor Dr. Felix Mader machte dahinter die Reste einer seltenen Treppenanlage mit jeweils zwei Läufen aus.

Interessant ist auch ein 41 Zentimeter langer, gotischer Schlüssel, der zur Unterkirche gehörte.   Abb. 63

Eine bemerkenswerte Backsteinkirche mit romanischen Teilen steht einen Kilometer weiter in Ebrantshausen. Nach Mainburg, der Hopfenstadt, sind es sieben Kilometer. Eine Feuersbrunst vernichtete 1756 fast den ganzen Ort. Das Heimatmuseum enthält vor allem vorgeschichtliche Funde.

GEIBENSTETTEN

St. Andreas

Bevor die Raffinerien von Neustadt an der Donau gebaut, bevor eine breite Schnellstraße durch den Wald geschlagen wurde, war Geibenstetten ein verträumtes, abgelegenes Dorf. Die Zeit schien hier stehengeblieben zu sein.

Etwa im 7. Jahrhundert gründete vermutlich „Geibo" den Ort. Die Nachsilbe „stetten" bedeutet Sitz oder Hof. Seine Nachkommen ließen im 12. Jahrhundert die Kirche bauen. Daraus leiteten sie ein Privileg ab: dem Gottesdienst allein von der Empore aus beizuwohnen. Der Zugang zur Empore läßt sich in Geibenstetten noch auf der Nordseite nachweisen. Die Lehensherren hatten damit eine separate Türe von außen.

Von der romanischen Anlage steht nur noch das Kirchenschiff. Turm und Eingangshalle stammen aus dem 18. Jahrhundert. Ihr neuer knallig-ockergelber Anstrich und der rauhe Verputz stören.

Am unverputzten Langhaus befand sich auf der Südseite zur Straße hin das Portal. Jetzt ist es zugemauert. Es wird von einem der rätselhaftesten Tympanone gekrönt.

Aus dem primitiv-naiven Bogenfeld mit den abgeschnittenen Köpfen hat Alfred Weitenauer (Keltisches Erbe in Schwaben und Baiern, Kempten 1961) heidnisches Gedankengut herausgelesen. Denn die Kelten waren Kopfjäger (Weitenauer). Sie schnitten ihren getöteten Feinden die Köpfe ab und nagelten diese, wie römische und griechische Geschichtsschreiber glaubhaft berichten, an das Gebälk. Die abgeschnittenen Köpfe galten als Siegeszeichen und Glückssymbole. Der Kopf als Sitz der Lebenskraft wurde somit zur Waffe gegen das Böse. Tatsächlich lag die Kelten-Hauptstadt der Vindeliker nur wenige Kilometer westlich bei Manching. Sie war 15 nach Christus von den Römern erobert worden. Ingeborg Uhl-Wiegand weist diese Köpfe an mehreren romanischen Kirchen nach – die alle in der Nähe einer ehemaligen Keltensiedlung lagen.

Trotzdem: daß über 1100 Jahre nach den Kelten ihre heidnischen Symbole an einem Sakralbau Verwendung gefunden haben, ist schwer vorstellbar – aber auch schwer widerlegbar.

Josef Reichart erklärt das Tympanon so: „Rechts erblickt man eine einköpfige Schlange, die sich in die

Rundung des Bogenfeldes schmiegt. Das Gegenstück auf der linken Seite scheint zwei Köpfe zu besitzen; schaut man näher hin, sind zwei kleinere Schlangen zu erkennen, deren Schwänze nebeneinander liegen. Die Hauptfigur stellt ein Lamm dar, durch dessen Hals der senkrechte Balken des Kreuzes gestoßen ist. Rechts davon befindet sich der Kopf eines jungen Mannes, darunter ein Kreis mit einem Stern, rechts daneben ein etwas größerer Männerkopf und eine birnen- oder feigenförmige Frucht. Die Einzel-Schlange bedeutet den Satan, der Adam und Eva zur Sünde verführt hat. Das birnen- oder feigenförmige Gebilde weist auf die verbotene Frucht hin (im alten Testament ist nur von den verbotenen Früchten des Baumes in der Mitte des Paradieses die Rede. Die Feige hat der Bildhauer gewählt, weil sie charakteristischer geformt ist als der später fast ausschließlich für den Sündenfall verwendete Apfel). Die mit den Schwänzen aneinanderliegenden Schlangen symbolisieren Adam und Eva, die durch den Genuß in schwere Sünde gefallen sind und kleine Teufel wurden. Das Lamm weist auf die Heilsgeschichte hin, der jugendliche Männerkopf dagegen auf Johannes den Täufer. Der größere Kopf soll Christus bezeichnen. Die kleine Sonnenscheibe mit dem Stern könnte den zweiten Kopf näher erklären; denn Christus sprach: „Ich bin das Licht der Welt." Abb. 64

Im nahen Münchsmünster stand ein mächtiges Benediktinerkloster, das zu Beginn des 19. Jahrhunderts abgebrochen wurde. Von dem reichen plastischen Schmuck der romanischen Anlage blieben nur einige Reste. Im Ort selbst erinnert nur noch ein romanisches Tympanon, eingemauert in das „Seelhäusel" neben der Kirche, an das romanische Gotteshaus. Das überwältigende Westportal dient heute als Pforte für den Friedhof in Landshut. „Der Stil des am Landshuter Portal Erhaltenen zeigt in den Einzelheiten Bildungen, wie sie ähnlich, wenn auch feiner und geistreicher, in Freising am Domportal auftreten" (Hans Karlinger). Weitere romanische Bruchstücke aus Münchsmünster befinden sich im Bayerischen Nationalmuseum.

BAD GÖGGING

St. Andreas

Früher als sonstwo entwickelte sich in Bad Gögging christliches Leben – noch zur Zeit der Römer. Doch die Urpfarrei, groß und wohlhabend, sank später zur Bedeutungslosigkeit herab. Durch diese Verarmung hat sich etwas ganz Außergewöhnliches herübergerettet: ein Gotteshaus mit einem Portal, wie es figurenreicher keine Dorfkirche nördlich der Alpen aufzuweisen hat, errichtet auf einem römischen Staatsbad. Das Prachtportal außen, und innen die zum Museum umfunktionierte Ausgrabungsstätte – Gögging ist ein doppeltes Erlebnis.

Das Nordportal der St. Andreaskirche ist ein einzigartiges steineres Bilderbuch. Kragsteine mit Brustbildern der Heiligen Johannes – als bartloser Mann – und Andreas tragen das Tympanon. Erhaben thront Jesus zwischen zwei Engeln, in der linken Hand ein Buch, die rechte segnend erhoben: das Jüngste Gericht. „Der Engel links hält die Erdkugel fest umklammert. Er bietet die Gerechten dem letzten Richter dar, während der andere auf die Ungerechten hindeutet" (Josef Reichart). In einer Zeit, in der kaum jemand lesen und schreiben konnte, wollten Geistliche dem einfachen Volk die Heilslehre plastisch näherbringen. Geistiger Urheber des Gögginger Bilder-Zyklus könnte ein gelehrter Mönch aus dem nahen Kloster Weltenburg gewesen sein. Die Steinmetzen – oft aus der Lombardei zugewandert – waren nur noch Ausführende; wenn ihnen sicher auch ein kleiner Rest künstlerischer Freiheit zugestanden worden ist.

Wegen ihrer gerafften Aussage bedurfte diese volkstümliche Bilderschrift in Stein eines Schlüssels. Den mußte vor 800 Jahren der Priester am Sonntag in der Predigt liefern. Erst dann fingen die Steine an zu reden.

Die 14 gerahmten Reliefs am Gögginger Hauptportal sind völlig symmetrisch angeordnet. Zwei Steinbreiten über dem Boden kauern zwei Löwen als „Türwächter". Sie sollen das Eindringen von bösen Geistern in das geweihte Innere verhindern.

Für den Bilder-Zyklus gibt es keine einheitliche Aussage. Reichart hat die 14 Reliefs in drei Gruppen unterteilt: sieben Steintafeln symbolisieren die sieben Hauptsünden, drei zeigen Stellen aus dem Alten Testament, vier beziehen sich auf die Heilsgeschichte.

Auf der linken Seite erscheint über dem Wächter-Löwen ein antikes Fabeltier, ein Basilisk mit zwei Beinen, zwei Flügeln und einem Schlangenschwanz. Sein Blick oder Atem, so glaubte man, kann Menschen töten. Der Sage nach wird das Tier nur bezwungen, indem man ihm einen Spiegel vorhält – da der eigene Anblick es entsetzt. Der Basilisk steht für den Geiz.

Um die Ecke ist der geöffnete Rachen eines wilden Tieres (Wolf oder Bär) zu sehen – möglicherweise als Symbol des Zornes.

Gegenüber dem Basilisken zeigt sich eine Sirene als Symbol der Wollust in Gestalt einer Frau mit Vogelkörper und -füßen.

Wieder um die Ecke erblickt man das Brustbild eines Gauklers mit Knollennase und Kapuzenmantel. Er soll die Völlerei darstellen.

Über dem Portalbogen hockt links ein Mann mit breitem Gesicht, die Arme auf die Knie gestützt: die personifizierte Trägheit.

Rechts davon zielt ein Zentaur mit Pfeil und Bogen. Er gilt als Symbol der Hoffart.

Im zweiten Bild über dem Basilisken erscheinen Kain und Abel als bekanntestes Beispiel für den Neid.

Auch in Biburg sind am Westportal die sieben Hauptsünden in Stein geschlagen. Dort fehlt allerdings der Geiz. Stattdessen hat der dortige Künstler die Schadenfreude dargestellt.

Über dem Basilisken sind zwei Männer zu sehen, der linke vornehm gekleidet, befehlsgewohnt: Melchisedech trifft sich mit Abraham, überreicht ihm Brot und Wein und segnet ihn (1. Moses 14, 18 ff). Diese Szene aus dem Alten Testament soll ein Hinweis auf ein wichtiges Ereignis im Neuen Testament sein – auf das Meßopfer.

Gegenüber stützt sich ein Mädchen auf ein Gefäß, während ein alter Mann mit langem Bart ihm etwas überreicht. Es sind Rebekka am Brunnen und Elieser, der alte Knecht Abrahams. Er wurde von seinem Herrn ausgesandt, um eine Braut für seinen Sohn Isaak zu suchen. Hier überreicht Elieser der zukünftigen Frau Isaaks einen Reif und zwei goldene Armringe (1. Moses 27 ff). Diese Brunnen-Szene ist als Hinweis auf die Verkündigung von Jesu Geburt durch den Engel Gabriel anzusehen. Im apokryphen Jakobus-Evangelium hört Maria beim Wasserschöpfen eine Stimme: Sei gegrüßt, Du Begnadete, der Herr sei mit Dir, Du Gepriesene unter den Frauen.

Darüber findet der gebückte Abraham im Dornbusch den Widder, den er an Stelle seines Sohnes Isaak opfern soll. Das Menschenopfer wird hier im Alten Testament in ein Tieropfer umgewandelt, während im Neuen Testament der Messias sein Leben am Kreuze hingibt.

Auf dem obersten Relief der linken Seite übergibt Pontius Pilatus zwei Juden ein Schriftstück. Der römische Statthalter trägt eine Krone. Pilatus hat wider besseres Wissen den Juden nachgegeben – er läßt den Mörder Barrabas frei und verurteilt Christus, an dem er keine Schuld fand, zum Tode.

Gegenstück dazu ist die Kreuzigungsszene. Neben dem sterbenden Herrn trauern Johannes und Maria.

Größtes aller Kastenreliefs ist der auferstandene Christus. Triumphierend umklammert seine Linke das Kreuz.

Auf der anderen Seite schwingt ein Engel ein Weihrauchfaß – ein Symbol für die Kirche, die in der Heiligen Messe die Heilsgeschichte täglich fortsetzt (alle Deutungen nach Reichart).

Diese in Südbayern einmalige völlige Umrahmung eines Portals mit Reliefplatten erinnert an das Schloß Tirol. Die im 12. Jahrhundert erbaute St. Andreaskirche mit den im Barock vergrößerten Fenstern und dem massiven Turm ist profaniert. Erst 1980 beendete das Bayerische Landesamt für Denkmalpflege die 1970 begonnenen systematischen Ausgrabungen im Innern. Sie ergaben, daß knapp drei Meter unter dem Kirchenboden vor fast 2000 Jahren römische Legionäre im warmen Schwefelwasser badeten. In einem komplizierten System leiteten sie schon im ersten Jahrhundert nach Christus das heilbringende Wasser in Röhren in das Bad. Eine Fußbodenheizung erwärmte die einzelnen Becken und Wannen. Mehrere Funde beweisen, daß Gögging ein mit Fresken kostbar ausgestattetes „Staatsbad" für die in Regensburg stationierte III. Legion mit bürokratisch funktionierendem Kurbetrieb war. Abb. 65–67

Bad Gögging ist ein aufstrebender Kurort. Am Eingang zum Kurpark eine öffentliche Schwefelquelle. Reizvoll ist ein Spaziergang an der Abens mit schönem Blick auf den Ort und die Andreaskirche. Nur drei Kilometer weiter Richtung Kelheim liegt links neben der Straße Bayerns am besten erhaltenes römisches Kohorten-Kastell „Abusina" (bei Eining). Nach Weltenburg, einem der ältesten Klöster Bayerns, mit der berühmten Asamkirche und dem grandiosen Donaudurchbruch (Schiffahrt nach Kelheim), sind es ebenfalls nur einige Autominuten.

GÖTTERSDORF

St. Georg

Aufregend bis verzweifelnd kann die Suche nach der romanischen Burgkapelle St. Georg in Göttersdorf sein. Man fährt vorbei, nicht ahnend, daß die Kapelle tief im Boden steckt. Sie ist überbaut und durch zwei kirchenähnliche Fenster nur aus der Ferne erkennbar.

Selbst auf dem richtigen Weg tastet man zögernd die schmale, geteerte Auffahrt zu einem kleinen Hügel hinauf und steht ungläubig vor dem einfachen, modernisierten Haus mit der rechts angebauten Garage.

Zur Burgkapelle, die in Privatbesitz ist, geht es durch einen umzäunten Garten. Über die Empore, den Zugang der einstigen Burgherren, betritt man das Gotteshaus, steht auf der Holztreppe, blickt immer noch ungläubig hinunter, als wäre das alles nicht Realität.

Jahrhundertelang führte die Burgkapelle ein Schattendasein, geduldet, aber nicht umsorgt, nahezu funktionslos geworden durch den Bau der Kirche in Willing, ausgeplündert, feucht, entweiht, mißbraucht als Lagerraum. 1963 wurde die Kapelle auf Initiative des Bezirksheimatpflegers Dr. Hans Bleibrunner renoviert. „Am Anfang kamen schon immer wieder Leute," erzählt die Besitzerin, „angelockt durch Zeitungsberichte". Doch mittlerweile dämmert St. Georg erneut dahin, auf Dauer unrettbar verloren, zu tief steckt die Feuchtigkeit im Mauerwerk.

Einfacher Ziegelfußboden, eine Apsis mit dem typischen Schlitzfensterchen, alles weiß gekalkt, erhellt durch Licht aus zwei vergrößerten Fenstern auf der Südseite. Links unter der Empore befindet sich der nördliche Seiteneingang, der vermauert ist. „Mit der makellosen Reinheit ihrer schmucklosen, edlen Bauform, die nichts kennt als die Gerade und den Rundbogen, die glatte Fläche und den kubischen Raum, ist diese Kapelle ein Bild wahrhaft edler Einfalt und stiller Größe, ein Zeuge morgenlicher Frische einer verheißungsvollen Frühzeit. In diesem Raum können sich, besser als anderswo, die Gedanken auf den oberen Lenker der Dinge hinwenden" (Karl Wild).

Die Baugeschichte ist wenig erforscht, die Chance der Aufhellung bei der letzten Renovierung nicht genutzt worden, weil die Mittel fehlten. Bei einer früheren Restaurierung 1856 hatten Arbeiter einen schmalen niederen Gang entdeckt, mit Brandspuren und Tierknochen. In einem Loch beim Altar fanden sie außerdem die Bruchstücke einer St. Georgs-Figur aus Holz. Möglicherweise bringt eine spätere Grabung, mit den Erkenntnissen und Methoden unserer Tage, mehr Aufschluß.

Ende des 11. Jahrhunderts tauchte erstmals der Name „Gottinsdorf" in einer Urkunde auf. Graf Ulrich von Windberg schenkte dem Kloster Vornbach am Inn das Dorf Eholfing bei Schärding. Wie damals üblich, wurden befreundete Adelige als Zeugen dazugebeten, durch ihre Anwesenheit Macht und Einfluß des Schenkenden dokumentierend. Für Graf Ulrich zeugten die Grafen Herman und Sieghard, an dritter Stelle Gottfried von Gottinsdorf, weitere Adelige folgten, jeder durch die Reihenfolge der Nennung auf seinen gesellschaftlichen Stellenwert fixiert.

Waren die Herren von Göttersdorf zunächst ein freier Ortsadel, gerieten sie im 13. Jahrhundert in die Abhängigkeit der Grafen von Hals. Mit dem Aussterben der Halser kam Göttersdorf im Erbweg an die Landgrafen von Leuchtenberg. Diese setzten auf der Burg Göttersdorf einen Verwalter ein. Um 1400 gehörte die Wehranlage zum Heiratsgut von Kunigunde von Leuchtenberg. Sie stiftete eine Wochenmesse, die der Pfarrer aus Galgweis gegen Bezahlung zu lesen hatte.

1665 kaufte Graf Veit Adam Fugger von Kirchberg-Weißenhorn den Besitz, der auch Felder, Wiesen und Wälder umfaßte. Als 1723 im kurfürstlichen Auftrag der Kupferstecher Michael Wening nach Göttersdorf kam, bot sich ihm auf dem Hügel über den Vils-Seitenarmen ein staatlicher Schloßbau. Von der Burg erhalten hatte sich schon damals nur die Kapelle, einbezogen in die neue Planung, überbaut, sakral nur noch selten genutzt. 1733 beispielsweise wurde in der kleinen Kirche eine Schwester des Schloßherrn mit ihrem Leutnant getraut. So lange die Fugger-Seitenlinie auf Göttersdorf lebte, gab es immer wieder große Feste. Doch Fehlplanung, Mißwirtschaft und Kriege nagten schwer an dem Besitz. Moritz Gabriel Fugger, königlich-bayerischer Kürassier-Rittmeister und letzter Schloßherr, war so arm, daß er das Bier nicht mehr wie früher in Fässern, sondern nur noch „kreuzerweise" im irdenen Hafen kaufen konnte. 1827 wurde Göttersdorf öffentlich versteigert. Es ging an die Witwe des bayerischen Kurfürsten Karl Theodor, die es als Kapitalanlage erwarb.

Sechs Jahre danach trennte sich die Witwe wieder von

Göttersdorf, verkaufte es an den bayerischen Staat, der den gesamten Besitz – Schloß, Brauerei, Mühle, Wald, Felder – einzeln weiterveräußerte. Das Schloß, seit langem vernachlässigt, wurde abgebrochen. Stehen blieben nur die Georgs-Kapelle und ein darüber gebauter Trakt, 1837 von der Familie Dietrich erworben, deren Nachkommen die Burg-Reste heute noch gehören. Abb. 68/69

STRAUBING

St. Peter

„Ergreife Waffen und Schild und steh auf, mir zu helfen. Schwinge Schwert und Spieß gegen meine Verfolger; sage meiner Seele, ich bin Dein Heil." (Gebet eines verfolgten Gerechten. Psalm 35/34).
Christus als Ritter, mit mannshohem Schild, Helm, Schwert, das Böse, aufbegehrend, mächtig, fest im Griff, umrahmt von einem prächtigen Palmetten- und Rosettenornament, das Paradies, seine Schönheit symbolisierend: im Tympanon des Westportals von St. Peter in Straubing verliert das Böse in Gestalt eines Fabeltieres, das Maul weit aufgeklappt wie ein Krokodil, gerade einen Menschen verschlingend. Unversehrt schaut der Kopf des Opfers aus dem Rachen.
St. Peter, um 1150 vom Augsburger Domkapitel erbaut, dem damaligen Grundherrn, ein Gegenstück zu Altenstadt, beherrscht das östliche Stadtgebiet. Der ummauerte Kirchhügel nahe der Donau war vermutlich bereits zur Zeit der Römer, deren Kastell hier stand, Mittelpunkt einer christlichen Gemeinde. Daraus erklärt sich auch die etwas abseitige Lage des Gotteshauses am Stadtrand.
Schlank ragen die Türme hoch, im 19. Jahrhundert aufgestockt, die Proportionen nicht mehr wahrend, von weitem sichtbar. Krankenhaus, Sportstätten, Industrien, Beton und Glas, gesichts- und seelenlose Neubauten haben den Kirchhügel längst eingeholt und seine Allein-Lage angegriffen.
Doch der rund um die dreischiffige Pfeiler-Basilika erhaltene, aufgelassene Friedhof bewahrt noch so viel an Atmosphäre und wehrt damit das Neue ab, daß man es fast vergißt. Das alte Tor, ein Pflasterweg, Kies, Gras, Unkraut, kippende Schmiede-Kreuze, vom Rost befallen, verblichene Schriften, trauernde Genien, weinende Putten, aufrechte Engel, Trauer und Trost, Hoffnung und Resignation in Stein und Erz. Der Tod ist hier greifbar, ein Erzähler, ein Mahner. Amseln huschen über den Weg, Vögel zwitschern – und dann steht man vor dem Westportal, ergriffen, schaut hinauf, blickt einem kleinen Menschenkopf mit hervortretenden Augen, genau über dem Tympanon, ins Gesicht. Von den Türmen, optimal gegliedert, durch eine spitzgiebelige Vorhalle verbunden, war der linke nur drei Geschosse hoch, wurde im letzten Jahrhundert, falsch verstandener Vorstellung von Denkmalpflege folgend, dem Vorbild des Südturms angepaßt.
Nicht so gewaltig, mehr intimer ist das einfachere Südportal mit Löwe und Drachen im Tympanon. In Anspielung auf das Hauptportal zeigt es Christus als siegreichen bärtigen Löwen aus dem Stamme Juda, den Fabel-Drachen bezwingend, der ihm unterwürfig das rechte Ohr leckt. Ein Spiralenornament umschließt das Bogenfeld, als optisches Verwirrspiel den Eindruck einer gewundenen Säule erweckend.
Das Bruchsteinmauerwerk, die drei Apsiden, das Gesims mit deutschem Band an den Langseiten des Hauptschiffes, die Fratze am Ostgiebel über der Mittelapsis: das Massive, Strenge wie in Biburg fehlt. Auch gibt der 1880 offiziell aufgelassene, durch Bombardierung des neuen Friedhofes im Zweiten Weltkrieg vorübergehend nochmal genutzte Peters-Friedhof dem Kirchenbau seine eigene Atmosphäre, verdichtet durch die eingemauerten Epitaphien und die drei eng beieinanderstehenden Kapellen.
Große Kalkplatten als Belag, Gestühl nur im Mittelschiff, die quadratischen Pfeiler unverputzt, mit flachen, verzierten Kapitellen. In der Hauptapsis hängt ein romanisches Kruzifix, überlebensgroß, um 1200, zur Urausstattung gehörend. 1696 war St. Peter barockisiert worden, ließen baufreudige Geistliche die flache Kassettendecke herausreißen, ein Tonnengewölbe einziehen, die Schlitzfensterchen zu den heutigen Öffnungen erweitern. Später stuckierte Matthias Obermayer zwei Seitenaltäre, Felix Hölzl trug Rokokofresken auf. Bereits im 19. Jahrhundert setzte sich der Geist der Romanik wieder durch. Man räumte aus, was Barock und Rokoko war. 1977/78 erhielt St. Peter eine Flachdecke. Hinter dem handgeschmiedeten Eisengitter (um 1700) geht es zur karg-stimmungsvollen Taufkapelle im Nordturm mit dem steinernen Beweinungsrelief

(Anfang 16. Jahrhundert). Die im jetzt tiefergelegten Kirchenpflaster früher eingelassenen Epitaphien lagern im sogenannten Ölberggebäude an der Friedhofsmauer hinter den Apsiden. Abb. 70/72

Die zweigeschossige Kapelle Unserer Lieben Frau ist die älteste der drei Friedhofskirchen. Am weitesten nach Osten gedrängt, führt eine Treppe hinunter zum tonnengewölbten Karner aus dem frühen 15. Jahrhundert. Die Kapelle bewahrt Kunstschätze von der Gotik bis zum Klassizismus.
Agnes Bernauer ist die zweite Kapelle gewidmet. Am 12. Oktober 1435 von Herzog Ernst in der Donau ertränkt, erbaute der Standesprobleme befürchtende Fürst schon wenig später der Geliebten seines Sohnes Albrecht das Kirchlein – zur Sühne. Im Tode erfuhr die Augsburger Bürgerstochter, was ihr zu Lebzeiten verweigert worden war – Anerkennung. Das rechts vor dem Altar in die Wand eingelassene Grabmal, eine Rotmarmor-Platte, zeigt Agnes Bernauer reich gekleidet, den Kopf auf einem Samtkissen mit vier Quasten, zwei kleine Hunde als Symbol der Treue zu ihren Füßen. Einige Jahre nach der Beisetzung von Agnes Bernauer auf dem Friedhof von St. Peter wurde die Tote exhumiert und ihrem letzten Willen folgend im Kloster der Karmeliten beerdigt. Trotz mehrerer Untersuchungen ist ihre letzte Grabstätte bis heute unbekannt.
Die Toten- oder Seelenhauskapelle, 1486 erbaut, gruftdämmrig, mit den Mauernischen für die Särge, zweischiffig, am Südrand des Friedhofs, birgt ebenfalls einen Karner. Kontrastierend dazu helle Rokokostukkaturen, den Totentanz von Felix Hölz (1736) umrahmend, über den aufgereihten Epitaphien – viel von unserem Tun gerät hier in Zweifel.
„O Tod, bewegen dich der Waisen Thränen nicht Soll den der liebste Vatter schon ins Grabe geh'n ein frommer Vater geht getrost vor das Gericht und wird die frommen Kinder einst im Himmel seh'n."
Hölzl zählt nicht zu den ganz Großen, aber sein Totentanz, den Papst, den Säugling, den Familienvater, den Fürsten, den Mönch, den Geizhals, den Astronomen einbeziehend, mit den volkstümlichen Versen, rüttelt wach.

WINDBERG

ehem. Prämonstratenserabteikirche

So vergeht die Herrlichkeit der Welt! Im Hof des Prämonstratenserklosters Windberg bei Bogen sind die Folgen der Säkularisation spürbarer als anderswo. Ein Hauch von Wehmut, Vergänglichkeit liegt über dem Platz, der erst durch den Abbruch eines Großteils der Klostergebäude weit wurde, der Kirche eine dominierende Wirkung gibt, die sie ursprünglich nicht hatte. Tausende von Menschen erwarteten im 11. Jahrhundert den Weltuntergang, Kaiser und Bauern, Ritter und Handwerker glaubten, nur durch eine radikale Weltflucht ihre Seele retten zu können. Diese Untergangsstimmung steht hinter der Gründung von Windberg. Auf der Burg der Grafen von Bogen in Windberg lebten schon um 1125 etwa fünf Priester. Beeinflußt von der gregorianischen Reform wollten sie eine Ordensregel annehmen, baten sie den Grafen, ihnen die Burg zu einer Klostergründung zu schenken. Doch Graf Adalbert lehnte ab. Seine Familie hatte sich mit der Gründung des „Hausklosters" im nur wenige Kilometer entfernten Oberaltaich finanziell stark verausgabt. Außerdem hatten die Grafen bereits mehrere andere Klöster unterstützt.
Erst auf massives Drängen des Bamberger Bischofs Otto gab Graf Adalbert nach, ermöglichte 1140 die Gründung eines Prämonstratenserklosters in seiner Burg. Er selbst zog sich auf seine andere Burg in Bogen zurück. Der Bau der Klosterkirche begann noch 1140. Zahlreiche Adelige aus der Umgebung stifteten Grundbesitz und sicherten sich damit ein Begräbnisrecht im Kloster, so die Herren von Degenberg, Randsberg, Nußberg, Sattelbogen, Haibach, Allenkofen, Frammelsberg, Saulburg, Steinburg, Kollnburg . . .
Noch als Rohbau wurde das Gotteshaus 1167 geweiht, eine dreischiffige Basilika mit drei Apsiden, angelehnt an das Vorbild in Hirsau. Um 1220 waren die Portale vollendet. Der Turm folgte etwa 30 Jahre später, der geplante zweite wurde nie gebaut.
Alle späteren Umbauten haben das Romanische nie zerstört, nur zu verdrängen versucht. Wer über den Friedhof kommt und das Nordportal vor sich sieht, muß stehen bleiben. Im Tympanon ein riesiges Raubtier, der Teufel, der „umhergeht wie ein brüllender Löwe", umgeben von Schlingenornamenten, einen

Menschen angreifend. Nur mit einem Schwert bewaffnet setzt sich dieser zur Wehr. Das Raubtier hatte früher eingesetzte Glasaugen, in der Motivwahl ein Gegenstück zu Straubing, nur die handwerkliche Ausführung ist hier reifer als dort.

Eingebettet in die unveränderte Westfassade ist das zweite Portal, üppiger, wie das Nordportal aus körnigem, schwer zu bearbeitendem Bayerwald-Granit, der mit Ausnahme von Passau in der romanischen Plastik keine Verwendung fand. Gewundene Säulen, schlank, in der Archivolte sich als Wulste fortsetzend, gewundene Kannelüren, auf den Säulenbasen Eckknollen in Gestalt von menschlichen Köpfen, einige Kapitelle figürlich geschmückt: schnäbelnde Vögel, ein kosendes Liebespaar, zwei Löwen mit gemeinsamem Kopf. Im Türsturz huldigt das Stifter-Ehepaar Maria, die mit ihrem Sohn in der Mitte sitzt, in ihrer Rechten eine Kugel, daneben Sonne und Mond.

Für die Westfassade, die auf den ersten Blick außer dem Portal nichts zu bieten scheint, muß man sich Zeit nehmen. Da wachsen aus den Kragsteinen links oben Fabelwesen, eines schmiegt sich grimmig übereck, ein zweites ist im Sprung begriffen, darunter Palmetten-Ornamente, über dem Portal sieben Köpfe. Bestechend ist auch die Südfassade, der unverputzte Stein, die zugemauerten romanischen Fenster, die unzerstört neben den barocken in die Fassade integriert sind. Man war auf Symmetrie bedacht. Romanisch sind auch der Turm, hinauf bis unter den achteckigen Aufsatz, der 1681 aufgesetzt wurde, sowie die Apsiden, einfach gegliedert und ohne figuralen Schmuck.

Die Frau des Stifters, Gräfin Hadwig von Bogen, wollte sich nach dem Tod ihres Mannes 1147 in ein Kloster zurückziehen. So wurde in Windberg auch noch ein Frauenkonvent gegründet – mit eigener Kirche. Während die meisten Doppelklöster schon im 13. Jahrhunderts wieder aufgelöst wurden, bestand das Windberger Nonnenkloster, wenn auch in bescheidenen Maßen, bis 1803.

Ursprünglich war das Gotteshaus der heiligen Maria geweiht. Doch schon 1196 erhielt die Kirche einen zweiten Patron: den heiligen Sabinus. Graf Albert III. von Bogen, ein Enkel des Stifters, war wegen seiner Raubzüge vom Kaiser 1193 nach Italien verbannt worden. Drei Jahre danach durfte er wieder zurückkehren. Als Sühne für seine Schandtaten stahl er in der Stadt Spoleto die Gebeine des im Jahre 303 zu Tode gefolter-

ten Märtyrers Sabinus, der vorher Bischof von Assisi war, und brachte sie nach Windberg. Das Prämonstratenserkloster gehörte damit zu den ganz wenigen Abteien des 12. Jahrhunderts, die sich eines Reliquienschatzes rühmen konnten. Von anderen Klöstern wurden die Windberger häufig angebettelt. Sie zeigten sich großzügig und schenkten weiter. Der Kloster-Historiker, Chorherr Dr. Norbert Backmund, fand jetzt heraus, daß Graf Albert III. damals „höchstwahrscheinlich" die falschen Gebeine erwischte, nämlich die eines unbekannten Toten.

Wenig später, um 1200, gründete das Kloster bei Englmar die erste urkundlich belegte Glashütte des Bayerischen Waldes – um das nötige Glas für die Basilika zu haben. Die Hütte wurde vermutlich lange vor 1600 wieder geschlossen.

Schenkungen, Stiftungen, aus Frömmigkeit oder profaneren Gründen, sicherten den Prämonstratensern reichen Grundbesitz. 1174 hatte das Kloster 700 Untertanen, die im Gebiet zwischen Wörth und Hengersberg wohnten. Von ihnen kassierten die Chorherren den Zehnten und forderten bestimmte Dienstleistungen. Außerdem besiegelte das Klostergericht Käufe und Verkäufe, einem Notariat ähnlich, und verlangte dafür Gebühren. Damals weniger einträglich waren die Klosterwälder um Viechtach und Englmar. Doch die Chorherren besaßen noch Grund im Donaugebiet, Goldgruben in Böhmen, Weinberge bei Regensburg, Häuser in Straubing, Cham und Krems.

Über 50 Jahre forschte Dr. Backmund in Totenbüchern, Visitationsberichten, Universitätsmatrikeln, bei Pfarrämtern und den verschiedensten Archiven. Dann legte er ein „Profeßbuch" aller faßbaren Windberger Chorherren vor, einmalig in seiner Art, in wenigen Sätzen Schicksale erzählend, alle menschlichen Schwächen enthaltend, oft nur verstehbar aus der Zeit heraus.

„Freiherr Adam von Buechaeim, evangelisch aufgewachsen, konvertierte als Erwachsener, war über die Maßen begabt und enthielt sich jeglichen Alkohols. In jungen Jahren ging er zum Militär und machte den Dreißigjährigen Krieg als Offizier mit. Er brachte es bis zum Oberstleutnant. Er war verheiratet und hatte einen Sohn. Als Witwer trat er 1667 in Windberg ein, wollte aber aus Demut kein Priester werden. Er blieb Klerikerprofesse und war allen ein Beispiel jeglicher Tugend. Er starb am 5. Februar 1682."

„Abt Johannes Talmair, Metzgersohn aus Straubing,

unter ihm drang der Protestantismus in den Konvent ein. Die Klosterzucht, um die es ohnehin nicht zum Besten gestanden hatte, wurde immer schlechter. 1567 ließ der Herzog Abt und Prior einsperren, da sie nicht imstande waren, der Zuchtlosigkeit entgegenzusteuern."

„Chorherr Augustinus Diez, geboren am 11. Juni 1701 in München, trat 1721 in Windberg ein, Subprior nach 1767, war Novizenmeister und ein großer Aszet, der einen Bußgürtel trug und die Geißel schwang."

„Abt Michael Fuchs, geboren 1604 in Ingolstadt, machte im Dreißigjährigen Krieg sehr schwere Zeiten mit, führte das von seinen Vorgängern begonnene Reformwerk fort. Als er am Sonntag Cantate 1681 gerade Wein zu einer Jubelmesse anläßlich seines 50jährigen Priesterjubiläums holen wollte, stürzte er die Kellertreppe hinab und starb am 4. Mai 1681."

„Chorherr Michael Ludelius, geboren etwa 1547. Im Visitationsprotokoll von 1592 heißt es: Er hatte zwei Kinder von der Köchin des Landrichters, hatte es aber auch mit anderen Weibern. Er wird aber von den Viechtachern als Seelsorger und Prediger sehr gelobt. Er hat seinen Kooperator Fr. Wolfgang Resch wund geschlagen, weshalb er vom Abt im Kloster eingesperrt wurde. Er stand damals im Konvent im Ruf, daß er apostasieren wolle."

1803 wurde das Kloster aufgehoben. Die Kirche blieb als Pfarrkirche erhalten. 1923 kauften holländische Prämonstratenser die Reste der Abtei zurück, da in Deutschland der Orden ausgestorben war. Die Chorherren in ihren weißen Mänteln unterhalten ein Jugendhaus und eine Jugendbildungsstätte. In Bayern gibt es nur noch eine einzige Prämonstratenser-Abtei, die nach den Regeln des Ordensgründers Norbert von Xanten lebt: Speinshart bei Grafenwöhr.

Der Kirchenraum verrät trotz der Rokoko-Ausstattung, der Stuckprofile über den Pfeilern seine romanische Dreigliederung. Neben den vier um Pfeiler komponierten, einmaligen Seitenaltären von Mathias Obermayer steht in der südlichen Apsis einer der schönsten romanischen Taufsteine. Er zeigt die zwölf Apostel, die aus einem Block gehauen sind und die auf vier Löwenköpfen ruhen.   Abb. 73/74

Nicht weit von Windberg erhebt sich der Bogenberg, einst nach Altötting Bayerns berühmteste und meistbesuchte Wallfahrt. Die Bauern von Holzkirchen bei

Ortenburg beispielsweise pilgern seit 1492 zu dem alten Heiligtum, opfern metergroße und zentnerschwere Votivkerzen. In einem Gnadenbuch aus dem Jahre 1645 sind 255 Strophen eines Wallfahrerliedes aufgezeichnet:
„Ein Edlman zu Cölln am Rhein
Fuel mit eim Pferdt ins Eyß hinein
Zerbrach ein Arm miten entzwey
Zur heylung deß hilfft kein Artzney
Der Artzt der richt den Werkzeug zue
Wolt ihn abschneiden Morgenfrue
Der Kranck in der schmertzhaften Nacht
hat her auff den Bogenberg gedacht
Verlobt sich mit eim Opffer dar
Der Bainbruch hailt bald wunderbar."
In der Kirche wird ein romanisches Marienbild aufbewahrt. Es ist 90 Zentimeter groß und aus Kalkstein. Die thronende Muttergottes hält das Jesuskind auf ihrem Schoß. Im Nachbardorf Oberaltaich befindet sich ein säkularisiertes ehemaliges Benediktinerkloster. Eigenwillig ist die Kirche, innen als besondere Schätze geschnitzte und messingbeschlagene Antependien, Altarblätter, bergend. Errichtet wurde das Gotteshaus unter Abt Vitus Höser (1614 bis 1634), der im Dreißigjährigen Krieg vor den Schweden in den Wald floh, verkleidet zurückkam und erlebte, wie ein Mädchen aus dem Ort sich im Kloster mit den Soldaten einließ.

MALLERSDORF

ehem. Benediktinerabteikirche

1829 sollte die Kirche abgerissen werden. Doch dem Staat war der Abbruch zu teuer. So blieb die Kirche der ehemaligen Benediktinerabtei Mallersdorf stehen. Bei der Säkularisation 1803 hatte sich der Staat an Kirche und Klöstern schadlos gehalten. Es wurde geraubt, verschleudert, zerstört, was unersetzbar war. Seit dieser Zeit ist die Kirche in staatlichem Besitz. Er muß für die Baulasten aufkommen.

Wie eine Burganlage beherrscht das Kloster Mallersdorf die Anhöhe, überragt von den beiden Türmen der Kirche. Das Romanische verdeckt ein Barock-Überzug. Die alte Pfeilerbasilika läßt sich nur an der Westfassade ablesen, am Südturm, dessen Mauerwerk noch original ist und am Portal, das wie ein Fremdkörper in einem Barock-Vorbau sitzt.

Nach einem ersten Verharren auf der Treppe muß man sich vortasten zu den Details, der Fülle von Plastik in den Kapitellen. Die Halbfigur eines reich gewandeten, bartlosen jungen Mannes fällt rechts auf, daneben, übereck gestellt, eine Frau mit einem die Rechte segnend erhebenden Kind, die Figur einer Frau folgt, die Hände auf die Knie gestützt, mit seitlich herabhängenden Zöpfen und zwei Schlangen an den Brüsten. In einem Deutungsversuch hat Richard Wiebel diese drei Figuren zusammengegriffen, erklärt die erste als Sonne, die zweite als Erde von der Sonne gesegnet und die dritte als „kalte Erde", sonnenverlassen.

Es schließen sich an: eine männliche Maske und, übereck, ein stürzendes Tier, ein Löwe möglicherweise, nach Wiebel eine Darstellung des Weltuntergangs. Dann folgt ein hockender, bärtiger Mann, dessen Mantel kurioserweise ab dem Knie die nackten Beine hervorschauen läßt, die Halbfigur eines Löwen-Menschen-Monstrums, aufrecht, Symbol des „Aufgangs". Ein im steinernen Blattwerk sich verlierender Männerkopf mit Bart und eine Sphinx schließen den Bilder-Zyklus ab. Wiebel hat daraus die vier Jahreszeiten, Himmel, Erde und das Ende der Welt herausgelesen. Ein flach gearbeitetes Kreuz, umrahmt von Flechtwerk im Tympanon, ein gewollter Kontrast zu den Kapitellen. Hinten in der Kirche überrascht der romanische Grabstein des Stifters Heinrich von Kirchberg. Er ist unten beschädigt, der Kopf primitiv in den Stein geritzt, die Hand am Schwertknauf, einen Hermelinmantel als Zeichen der Würde um die Schultern und in der Linken ein Modell der Kirche.

Graf Heinrich von Kirchberg (gestorben 1133) und sein Sohn Ernst errichteten in Mallersdorf um 1110 ein Doppelkloster mit einer gemeinsamen Umfassungsmauer, aber getrennten Klausuren. Die ersten fünf Benediktinermönche kamen aus Bamberg. Schon 1136 wurde das Frauenkloster aufgelöst und verlegt. Am 15. Oktober 1177 fand die Weihe der als Pfeilerbasilika erbauten Klosterkirche statt. Bereits 1265 wurde das Gotteshaus umgebaut. Aus dieser Zeit stammt das Portal.

Nach kurzer Blüte begann 1327 der Niedergang, der sich über zwei Jahrhunderte hinzog. Nahezu verwaist in der Reformation, nur drei Mönche waren geblieben, schien das Ende unabwendbar. Die Auflösung verhin-

derte 1596 der Wechsel von sieben Patres von Ebersberg nach Mallersdorf und der Eintritt von sieben jungen Männern in die Klostergemeinschaft.

Mallersdorf steht für das Auf und Ab, für Rückschläge und Neubeginn, für menschliches Ringen und Ausdauer in Stein. Elf Jahre nach dem Kommen der neuen Mönche begann Um- und Ausbau von Kloster und Kirche. Bis 1622 zogen sich die Arbeiten hin. 1634 zerstörten die Schweden, mitten im Dreißigjährigen Krieg, das Kloster. Die Mönche flohen. Unverzagt ordnete Abt Benedikt Wolf den Wiederaufbau an, den Feinden zum Trotz, Gott zur Ehre.

Aber erst unter Abt Heinrich Widmann (1732 bis 1758), einem Straubinger, bekam die Kirche ihre jetzige Gestalt. Der völlig zu Unrecht wenig bekannte Mathias Obermayr aus Straubing stuckierte, verausgabte sich in Früchte- und Blütengehängen, Rocaille-Vasen, Weintrauben und Ähren. Auch Ignaz Günther wurde gerufen. Er vollendete 1770 den Hochaltar, gestiftet vom Freisinger Kaufmann J. Oberbucher, dessen Stiefsohn ins Kloster eingetreten war. Günther bewältigte genial den Auftrag, das 12. Kapitel aus der Geheimen Offenbarung des heiligen Johannes darzustellen: „Am Himmel erschien ein großes Zeichen: Eine Frau, bekleidet mit der Sonne und einer Krone aus zwölf Sternen auf dem Haupt. Sie wird verfolgt von dem großen Drachen mit sieben Häuptern, den Michael auf die Erde geworfen. Aber sie kann fliehen, ausgestattet mit den beiden Flügeln des großen Adlers."

Auf die neue Orgel mußten die Mönche immer noch warten, das Chorgestühl wurde umgestaltet, immer noch kamen und gingen Handwerker, lieferten die Meister Konzepte, Kostenvoranschläge, war das Gotteshaus eine Baustelle, 1792 waren die letzten Arbeiten abgeschlossen.

Lange erfreuten sich die Benediktiner nicht am selbstgeschaffenen Glanz. Nach einem Festgottesdienst für den Ordensgründer am 21. März 1803 verlas ein Kommissär das „allerhöchste" Aufhebungsdekret. Abt Maurus Deigl, 36 Jahre alt, mußte mit seinen 15 Mitbrüdern den Berg verlassen. Währenddessen machten im Kloster Staatsbeamte Bestandsaufnahme, listeten nüchtern auf, schätzten, sonderten aus. Allein die berühmte Klosterbibliothek beschäftigte die Staatsdiener tagelang. Ergeben berichtete der kurfürstliche Oberhofbibliothekar Baron Christoph von Aretin nach München: „. . . viele brauchbare Werke sind vorhanden, die der

Aufhebung und Benützung würdig sind. Man war mit der Ausbeute sehr zufrieden."

Das Klostergut, 2000 Tagwerk groß, kam unter den Hammer, in sakrale Bauten zogen Behörden ein. 1869 kaufte die Kongregation der Armen Franziskanerinnen von der heiligen Familie aus Pirmasens den Teil, der in Privatbesitz war, 1913 vom Staat die übrigen Gebäude. Heute ist das Kloster Mutterhaus für 2600 Mallersdorfer Schwestern in Bayern, der Pfalz und Südafrika. Das Gotteshaus, 1972 bis 1975 innen renoviert, ist seit 1921 Pfarrkirche. Abb. 75

RINKAM

St. Johannes Baptista

Jahrhundertelang waren die Gotteshäuser letzte Zufluchtsorte für Flüchtlinge, Sklaven und Diebe. Niemand durfte sie in der geheiligten Stätte angreifen oder festnehmen. Doch das Asylrecht, kompliziert, differenziert, ständig geändert, wurde im 13. Jahrhundert eingeschränkt. Noch 1059 hatte Papst Nikolaus II. auch den Umkreis der Kirchen zu Schutzzonen erklärt: bei großen Kirchen 40 Schritte im Umkreis und bei Kapellen und kleineren Gotteshäusern 30 Schritte. Wer dennoch in diesem Bannkreis jemanden angriff, wurde exkommuniziert. Unter Innozenz III. galt das Asylrecht ab 1200 nicht mehr für Straßenräuber, Flurfrevler und Wegelagerer. Geflohene Sklaven jedoch durften weiterhin mit dem Schutz der Kirche rechnen. Papst Gregor IX. (1227 bis 1241) befahl ausdrücklich, in Kirchen geflüchtete Mörder an die weltliche Gerichtsbarkeit unverzüglich auszuliefern. Und Papst Innozenz IV. (1243 bis 1254) ordnete drastische Strafen für alle Priester an, die Mörder oder ihre Komplizen und Mitwisser verbargen.

Rinkam, kurz vor Straubing, auf einem Hügel über der Donau gelegen, gehört zu den seltenen Kirchen mit profanem Obergeschoß. Andreas Trapp hat sie 1956 in seiner Dissertation als „Asylkirchen" identifiziert. Mehr hoch als lang, das Kirchenschiff auf der Nordseite völlig fensterlos, mit einem massiven Turm im Westen, liegt das Gotteshaus frei auf der Kuppe. Weit geht der Blick hinab nach Straubing, hinüber zum Vorderen Bayerischen Wald. Äußerlich ist der Ostchor niedriger

und abgesetzt vom Schiff, das erhellt wird von drei Rundbogenfensterchen, von denen das mittlere noch romanisch ist. Erst Trapp gelang der Nachweis, daß die Kirche eine Burgkapelle war. „Eine zugemauerte ehemalige Türöffnung im zweiten Turmgeschoß hat ehedem zweifellos die Verbindung zu einem anschließenden Gebäudetrakt hergestellt, bei dem es sich nur um die Gebäulichkeiten eines Edelsitzes gehandelt haben kann". Außerdem entdeckte er in einer Urkunde vom 28. Juni 1302 diese Nachricht: „Albrecht Vicedom von Straubing und Herr Hinrich der Auer vom Purgtor, vergleichen die Brüder des Deutschordens-Hauses St. Gilgen zu Regensburg mit Herman von Rinchaim und Merbot seinem Bruder dahin, daß diesen beyden der Hof zu Rinchaim auf drey Jahre gegen Leistung des ganzen Dienstes zur Bebauung überlassen werde." Die Deutschherren besaßen also in Rinkam ein Gut, das sie 1302 den Brüdern von Rinkam überließen. Dieser Besitz war schon 1237 in einer Urkunde erwähnt worden.

Ein dritter Beweis, daß die Kirche einmal zu einer Burg gehörte, ist die Westempore, die jedoch bei der Renovierung 1965/66 entfernt wurde. Trotzdem unterscheidet sich Rinkam von den anderen Burgkapellen mit profanem Obergeschoß: der Zugang zur Westempore wie zum Obergeschoß erfolgte nicht direkt von außen, nicht unmittelbar über einen angebauten Seitentrakt, sondern vom Turm aus, vom dritten Stockwerk. Diese Sonderstellung kommt daher, daß Rinkam unter dieser Bautengruppe die einzige Kirche mit einem Westturm ist.

Das profane Obergeschoß liegt genau über dem Langhaus. Vom Kirchenschiff führt ein Eingang in den Turm. Etwa zwei Meter hoch ist der Asylraum, der Boden nach Osten abfallend, uneben, nur gestampfter Sand, vier schmale Fenster. Im Osten geht eine zweite Tür in den nicht ausgebauten Dachraum des Chores. Da das Asyl meist nur für kurze Zeit in Anspruch genommen wurde, waren solche primitiven Obergeschosse durchaus zum Wohnen geeignet. Die Frage, was Asylanten im Winter machten, da in keinem der profanen Obergeschoße Heizungsanlagen nachzuweisen sind, beantwortet Trapp so: „Im 12. und 13. Jahrhundert begnügte man sich besonders bei kleineren Räumen mit Kohlenbecken; schien es geboten, einen derartigen Raum zu erwärmen, dann trug man ein solches in den zu beheizenden Raum."

Das Asylrecht in Kirchen war übrigens keine Erfindung des Mittelalters. Bereits das 347 unter Kaiser Konstantin abgehaltene Konzil hatte beschlossen: „Da solche, die Ungemach erleiden, oder sich vergangen haben und dafür zur Verbannung, Deportation oder irgendeiner anderen Strafe verurteilt sind, ihre Zuflucht zur Kirche nehmen, daß diese Zuflucht zu gewähren sei und den Flüchtlingen Gnade werden solle."

Kaum verabschiedet, wurde das Asylrecht schon mißbraucht. Immer häufiger flüchteten Steuerschuldner in den Schutz der Kirche. Die Kaiser Theodosius I. sowie seine Söhne Arcadius und Honorius befahlen 392, daß in Gotteshäusern sich versteckt haltende Steuerschuldner ausgeliefert werden müssen. Den Bischöfen, die solche Leute verbargen, drohte er an, daß sie sonst deren Schulden bezahlen müßten.

Theodosius und Valentianus erweiterten 431 das Asylrecht auf den Hof vor der Kirche, verboten gleichzeitig Flüchtlingen mit Waffen ins Asyl einzudringen. Wer es trotzdem tat, konnte nur vom Bischof zum Ablegen der Waffen aufgefordert oder ausgewiesen werden. Ein bewaffneter Sklave dagegen durfte „unverzüglich" ausgeliefert werden.

Im 6. Jahrhundert wurde verboten, Mördern, Ehebrechern, Jungfrauenräubern und Schändern Schutz zu gewähren. Denn die Gotteshäuser sollten nicht dem Verbrecher Hilfe geben, sondern den Opfern. 683 entzog die Kirche das Asylrecht Priestern und Mönchen, die ihre Gemeinden und Klöster verlassen hatten. Ausdrücklich bestätigt wurde 895 der Asylschutz für Ehebrecherinnen. Sie durften von den Ehemännern nur dann zurückgeholt werden, wenn diese schworen, den Frauen nichts anzutun.

Eines der frühesten Beispiele für das Asylrecht stammt aus Regensburg: 1145 hatte sich ein Betrüger in ein Gotteshaus geflüchtet. Obwohl geweihter Ort drangen Bürger in die Kirche ein, griffen den Flüchtling an und töteten ihn, als er sich wehrte. Bischof Heinrich I. sühnte diesen Mord an heiliger Stätte hart. Er verhängte über die Stadt das Interdikt.

Schon nach kurzer Zeit machten sich die Folgen bemerkbar, nahm der Handel ab und es mangelte an Lebensmitteln. Erst als sich der Abt von Prüfening als Vermittler einschaltete, war der Bischof zum Nachgeben bereit.

Verbürgt ist auch dieser Vorfall aus dem Jahre 1239: Als päpstlicher Legat sollte Albert Behaim die Exkommuni-kation von Kaiser Friedrich II. auch in der Praxis durchsetzen, er sollte einen Teil der deutschen Bischöfe zur Verkündigung und Vollstreckung der päpstlichen Urteile gewinnen. Dabei stieß der Legat vor allem bei der Bevölkerung und dem Klerus von Regensburg auf Widerstand.

Hals über Kopf floh Albert Behaim daher zu seinem Verwandten Albert von Bärnstein, auf die Burg Bernstein, in das profane Obergeschoß über der Burgkapelle.

Alle anderen Deutungen der profanen Obergeschosse, wie Pilgerherbergen, Verteidigungsanlagen, Lagerraum, hält Andreas Trapp im Fall Rinkam für unwahrscheinlich. Zur Ausstattung des in der zweiten Hälfte des 12. Jahrhunderts errichteten Gotteshauses gehört ein mittelalterlicher Schalenstein, etwa 33 Zentimeter im Durchmesser, mit sieben Vertiefungen für Kerzen oder Öl. Abb. 76–78

ALTENMARKT

St. Martin am Angerbergl

Vier romanische Kirchen besaß Altenmarkt, früher eine kleine, selbständige Gemeinde bei Vilshofen, heute ein Ortsteil von Osterhofen. Die im 12. Jahrhundert erbaute Klosterkirche, eine Dorfkirche, eine 1298 über dem Karner errichtete, dem hl. Jakobus geweihte Kapelle und St. Martin auf dem Angerbergl. Erhalten als romanischer Bau hat sich nur die Martinskirche. Sie liegt versteckt östlich vom Ortskern, auf einer Hügelkuppe, von einem aufgelassenen Friedhof umgeben.

Eine verfallene Ziegelstützmauer, Treppen und ein wenig begangener Weg an Gesträuch und Gestrüpp vorbei, führt direkt zum Westportal mit dem romanischen Tympanon aus Granit.

Wie schwierig es sein kann, romanische Zeichen zu deuten, an der Martinskirche wird es besonders deutlich. Im Kunstdenkmälerband des damaligen Bezirksamtes Vilshofen, 1926 von Felix Mader und J.M. Ritz herausgegeben, heißt es: „Die Fußplatte schmückt eine Ranke; zwei Stäbe umrahmen die Rundung. Das Innenfeld zeigt in der Mittelachse einen Stab, den zwei primitiv stilisierte Bäume flankieren." Dazu der Kreisheimatpfleger von Deggendorf, Georg Leibl: „Die Deutung in der einschlägigen Fachliteratur ist falsch. Es handelt sich hier nicht um die Darstellung eines Lebensbaumes, sondern die Fußplatte zeigt eine Wasserschlange mit doppeltem Schwanzende und darüber zwei stilisierte Echsen."

Tatsächlich könnte die wie eine Ranke aussehende Ornamentik eine Schlange sein, das uralte Heils- und Erlöungssymbol. Die Schlange kann auch Klugheit und Redegewandheit bedeuten, oder ein Auferstehungssymbol sein, da sie sich häutet. Drei ineinander verschlungene Schlangen beispielsweise, von denen jede sich in den Schwanz beißt und so einen Ring bilden, stellen die Dreieinigkeit dar.

Auch die Eidechse steht für die Auferstehung, weil sie sich häutet und Widerstandskräfte besitzt. Außerdem ist die Eidechse ein Lichtsymbol. Im Physiologus, einem mittelalterlichen Naturkundebuch, erblindet die Eichdechse im Alter, legt sich in die Sonne und streift verjüngt und wieder sehend die alte Haut ab.

Das umstrittene Tympanon, durch zwei Steinstäbe gegen das quaderartige Bruchsteinmauerwerk abgegrenzt, gehörte ursprünglich zu einem jetzt vermauerten Portal an der Südfassade. Auf derselben Seite, hoch oben, sind die Umrisse von drei kleinen Rundbogenfenstern zu erkennen.

Die Martinskirche ist mehrfach verändert worden. Wann der erst Bau fertig war ist unbekannt, ebenso welchem Zweck das Gotteshaus einst diente. In einer Urkunde wird 1305 eine Weihe erwähnt. Sie deutet auf einen Erweiterungsbau hin. Etwa um 1700 erhielt das Kirchlein über dem Langhaus einen gemauerten Dachreiter, achteckig und ein Blechhelm darauf. Wenig später wurden ein steileres Dach aufgesetzt und die Mauern des Langhauses etwas erhöht.

Vergessen und überflüssig rettete der „Baumeister Bauer" 1959 die Kirche vor dem Verfall. Eine Steintafel, links vom Portal, hält dies fest.

Ein Chorbogen und ein romanisches Kapitell mit Palmetten, als Fuß einem spätgotischen Weihwasserbekken dienend – damit erschöpft sich im Innern die Romanik. Das kostbare Kruzifixus aus dem 12. Jahrhundert, im Viernageltypus, wird aus Sicherheitsgründen im Pfarrhof aufbewahrt. Nach einer im Mai 1981 abgeschlossenen Innenrenovierung erhielt St. Martin eine Ausstattung im barocken Stil – von einer abgerissenen Kapelle. Abb. 79

Von den drei anderen romanischen Gotteshäusern in Altenmarkt wurde die Pfarrkirche 1784 abgebrochen, zu einem unbekannten Zeitpunkt die Jakobuskapelle und die Klosterkirche erhielt schon frühzeitig ein gotisches, ab 1726 ein Barock-Rokoko-Gewand. Nur die romanischen Türme stecken noch, nicht erkennbar, in dem Neubau.

1128 wandelte Bischof Otto von Bamberg das Stift Osterhofen in ein Prämonstratenser-Kloster um. Norbert von Xanten, Gründer der weißgewandteten Chorherrengemeinschaft und späterer Bischof von Magdeburg, war Otto eng verbunden. Abt Josef Mari, ein Landshuter, hatte nach einem Brand 1701 die Pläne für einen Neubau der einsturzbedrohten Kirche in Auftrag gegeben.

Johann Michael Fischer, gerade 34 Jahre alt, seit 1723 Maurermeister in München, entwarf 1725 ein geniales Konzept. 1732 malte Cosmas Damian Asam das Gotteshaus aus. 1734 entstanden die mittleren Altäre, Werke Egid Quirin Asams. Sechs Jahre danach konsekrierte der Passauer Weihbischof Anton Josef Graf von Lamberg die Kirche, einen einzigartigen Thronsaal Gottes, farbig, faszinierend, lebensfroh, wie auch romanische Bauten nur aus der Zeit heraus verständlich und erklärbar. Die 18 Deckengemälde zählen zu den besten Leistungen von Cosmas Damian Asam.

Die Schulden, in die sich die Abtei durch den Neubau gestürzt hatte, waren der ebenso aufgeklärten wie kirchenfeindlichen Regierung ein willkommener Anlaß, die Abtei am 29. Dezember 1783 aufzuheben – 20 Jahre vor der Säkularisation. Kurz darauf zahlte die Witwe des bayerischen Kurfürsten Maximilian III., Anna-Maria-Sophie, die Schulden in Höhe von 301 000 Gulden freiwillig aus eigener Tasche, erwarb die Abtei und schenkte sie dem adeligen Damenstift St. Anna in München. Seither heißt das Gotteshaus Damenstiftskirche. Doch die Rettung war nur vorübergehend. Im Zuge der Säkularisation wurden die Gebäude versteigert, Handschriften, Meßgeräte und Paramente verschleudert. Die Kirche sollte sogar abgerissen werden. Der Passauer Bischof Heinrich von Hofstaetter überredete in letzter Minute die Englischen Fräulein von Altötting, das Kloster zu kaufen. Seit 1858 gehört ihnen nun die ehemalige Prämonstratenser-Abtei.

Biburg, Doppeltürme

Biburg, Seitenapsis

Biburg, Bilderband am Portal

Biburg, Ortstein

*Gasseltshausen,
Ostseite mit Apsis*

Geibenstetten, Tympanon

Bad Gögging, Portal

Bad Gögging, linke Portalseite

66

Bad Gögging, rechte Portalseite

Göttersdorf, überbaute Burgkapelle

Göttersdorf, Blick zum Altar

Straubing, Westfassade

Straubing, Südporta

Straubing, Hauptschiff

Windberg, Westportal

Windberg, romanischer Taufstein

Mallersdorf, Westportal

74

Rinkam, Südseite

Rinkam, profanes Obergeschoß

Rinkam, Blick zum Ostchor

Altenmarkt, Portal

ST. MARTINSKIRCHLEIN
ERBAUT UM DAS JAHR 1200

VOR DEM VERFALL GERETTET
1959
UNTER BAUMEISTER BAUER
GD. ALTENMARKT

PLANKSTETTEN

Hl. Maria und hl. Johannes

Plankstetten ist ein monumentales Beispiel für die steingewordene Suche eines mächtigen Adelshauses nach dem ewigen Seelenheil. Graf Ernst IV. von Hirschberg war zu Beginn des 12. Jahrhunderts einer der reichsten Männer im heutigen Bayern. Wie viele andere große adelige Familien seiner Zeit wollte auch er auf der Höhe seiner Macht ein Kloster gründen – als Grablege für sein Geschlecht, wo Mönche für die Toten beten sollten.

Lange suchte Graf Ernst IV. nach einem geeigneten Standort für den geplanten Sakral-Bau. Am Westhang des malerischen Sulztales bei Plankstetten, auf halber Strecke zwischen Beilngries und Berching, fand er ihn. Doch das Dorf gehörte seinem Bruder, dem Eichstätter Domvogt Hartwig. Die Geschwister beschlossen daraufhin einen Tausch. Ernst IV. bekam Plankstetten, sein Bruder Pretzabruck bei Schwarzenfeld in der Oberpfalz.

1129 begann der Bau der Benediktiner-Klosterkirche nach dem Hirsauer Grundschema. Am 1. November 1138 wurde die wuchtige, dreischiffige Basilika mit ihren 16 Pfeilern und den Reliquien von 208 Heiligen eingeweiht, obwohl die beiden Türme noch nicht fertig waren.

1180 erhielt der Platz zwischen den beiden freistehenden Türmen ein Dach und wurde zu einem sogenannten Paradies, einer Vorhalle, umgestaltet.

Heute betritt man durch ein barockes Portal zwischen den Türmen die Kirche, steigt einige abgewetzte Steinstufen hinab und steht in dem düsteren, fast fensterlosen Paradies. Rechts und links in die Türme mit ihren über zwei Meter dicken Mauern sind zweistöckige Kapellen integriert. Sakralen Zwecken dienen jedoch nur noch die beiden unteren Räume.

Die Vorhalle besticht durch ihre intime Kargheit und das diffuse Licht. Die Quader der Mauern sind nur grob verschlämmt und weiß gekalkt. Das einfache Gewölbe durchziehen graugetönte Steinrippen. Den Boden bedecken handgeschlagene Juraplatten im sogenannten Rosenspitzmuster.

Nach einigen Schritten stehen wir vor dem alten romanischen Portal. Im Halbdunkel sind auf der rechten Seite zwei Reliefs zu erkennen: ein Löwe mit dem Kopf eines alten, bärtigen Mannes und darüber Ranken und Weintrauben. Während die steinernen Früchte die heilige Eucharistie symbolisieren, gibt es für den Männer-Löwen mit den eindringlichen Menschenaugen keine gültige Deutung. Möglicherweise war das Portal ursprünglich üppiger mit Stein-Ornamenten geschmückt.

Ein barockes, teilweise vergoldetes Schmiedegitter öffnet sich knarrend und gibt den Blick frei auf eine helle Barock-Rokoko-Halle. Welch ein Kontrast! Und wieder geht es eine Treppe hinunter – hinein in eine andere Welt, eine andere Zeit.

1727 hatte Dominikus III. von Eisenberg das schlichte Kircheninnere barockisieren lassen. Der junge Adelige aus Franken war erst wenige Monate vorher zum Abt gewählt worden. Doch schon kurz nach der Wahl klagte er dem Eichstätter Generalvikar in einem Brief: „O daß ich doch niemals den Fuß in die Abtei gesetzt hätte". Und er schrieb weiter, daß ihn die Verantwortung seines Amtes so schwer bedrücke, daß er keinen Schlaf mehr finden könne. Aus dem schwermütigen Mann wurde einer der baufreudigsten Äbte von Plankstetten.

Schon beim Amtsantritt von Dominikus III. warf die für 1729 anstehende 600-Jahr-Feier des Klosters ihre Schatten voraus. Der Konvent wird sicher anläßlich des Jubiläums einen völligen Neubau der Kirche in Erwägung gezogen haben. Doch dafür fehlte das Geld. So entschieden sich die Mönche für eine viel billigere Neugestaltung des Inneren.

Das Kloster, das sich oft mehr schlecht als recht finanziell über Wasser hielt, konnte sich dazu keine erstklassigen Künstler leisten. Aber die Maler, Stukkateure, Schreiner und Schnitzer aus der engeren Umgebung schufen Überraschendes. Der Charakter der romanischen Flachdecke blieb trotz aller Veränderungen ebenso erhalten wie die romanischen Fenster im Mittelschiff. Nur die Fenster der beiden Seitenschiffe wurden vergrößert – um durch mehr Sonnenlicht eine bessere Wirkung des Stucks zu erreichen. Das Äußere des romanischen Baus blieb unangetastet. Erst 1928 wurde das Gotteshaus dort, wo einst die Apsis war, um einige Meter erweitert.

Trotz gelungener Barockisierung im Sinne des frühen Rokoko gab es 1729 keine großen Jubiläumsfeiern. Man mußte Geld sparen. Außerdem war es zu Beginn des Jahres so kalt, daß in einem Nachbardorf die Schafe in den Ställen erfroren und sich die Wölfe bis an die Orte heranwagten. Im März folgten dann schwere Überschwemmungen. Bis Mai standen die Äcker unter Wasser. Es konnte kein Feld bestellt werden. Und im Kloster selbst waren fast alle Patres so schwer erkältet, daß wochenlang das gemeinsame Chorgebet ausfallen mußte.

In Plankstetten ruhen übrigens die Gebeine des heiligen Felix. 9000 Gläubige, voran der Eichstätter Fürstbischof Johann Anton I. sowie die Äbte von St. Emmeram (Regensburg) und von St. Ulrich und Afra (Augsburg), geleiteten am 13. Oktober 1720 die Gebeine des Märtyrers feierlich in die Kirche. Der Heilige war ursprünglich in den Katakomben in Rom beigesetzt. Durch Vermittlung von Gönnern erhielt das Kloster die Reliquien. Der Benediktusaltar im rechten Seitenschiff birgt jetzt die Gebeine.

Über das Auf und Ab der Benediktiner in Plankstetten hat Kloster-Historiker Pater Petrus Bauer ein Buch geschrieben (1979 erschienen und an der Klosterpforte erhältlich). Allein die Biographien der Äbte vermitteln einen ungewöhnlichen Einblick in geschichtliche, kulturelle und soziale Zusammenhänge der letzten Jahrhunderte. Abb. 96/97

An Plankstetten läuft der Ludwig-Donau-Main-Kanal vorbei, 1836 unter König Ludwig I. begonnen. Das einst technische Wunderwerk ist heute ein Rückzugsgebiet für bedrohte Tierarten und Wasserpflanzen. Nach dem 1100 Jahre alten Städtchen Berching sind es nur einige Kilometer. Der Ort, auch „Klein-Rothenburg" genannt, hat eine noch vollständig erhaltene Stadtmauer aus dem 15. Jahrhundert. Einen Besuch wert ist auch Beilngries mit vielen historischen Gebäuden und dem Burg-Schloß Hirschberg mit dem berühmten Ritter- und Kaisersaal. Das Schloß mit den beiden romanischen Bergfrieden ist heute Exerzitienhaus der Diözese Eichstätt.

Kastl

St. Peter

„Jedem ein Ei, dem frommen Schweppermann zwei!" Das soll Ludwig der Bayer nach der letzten Ritterschlacht auf deutschem Boden 1322 bei Mühldorf angeordnet haben. Der Kaiser wollte damit den tapferen und treu ergebenen Nürnberger Feldhauptmann Seyfried Schweppermann besonders ehren. Da alle übrigen Teilnehmer nach dem Sieg über Friedrich den Schönen von Österreich nur ein Ei erhielten, war der kaiserliche Befehl eine ungeheure Auszeichnung für Schweppermann. Wenn auch Historiker Schweppermanns Anteil am Sieg anzweifeln, ihm sogar die Teilnahme am Kampf absprechen, der Feldhauptmann bleibt eine legendäre Figur.

In Kastl, im Kreis Neumarkt, dem östlichsten Eck der Diözese Eichstätt, liegt er begraben. Es erinnern ein Grabstein und eine Tumba an ihn. Als der umstrittene Feldhauptmann 1337 hoch über dem Tal beigesetzt wurde, hatte die Klosterburg bereits eine bewegte Geschichte hinter sich.

Im Lauterbachtal, an der alten Handelsstraße Erfurt – Forchheim – Regensburg – Lorch, stand schon im 10. Jahrhundert eine Burg. 1098 scheinen sich die drei Besitzer, Graf Berengar I. von Kastl-Sulzbach, Friedrich Graf von Kastl-Habsberg und Markgräfin Luitgard von Zähringen geeinigt zu haben, die Wehranlage in ein Kloster umzuwandeln. Eine große, wenn auch im einzelnen nicht belegbare Rolle, spielte dabei der Bruder von Luitgard, der als Gebhard III. auf dem Konstanzer Bischofsthron gesessen hatte. Im Investiturstreit vom Kaiser vertrieben, suchte Gebhard III. neue Aufgaben. Er wird es auch gewesen sein, der die drei Stifter überredete, Benediktiner zu rufen sowie einen Reformabt aus Hirsau.

Der zunehmenden Verweltlichung der Klöster, ihrem Mißbrauch zu politischen Zwecken, ihrem Absinken zu Versorgungsanstalten für unversorgte Söhne und Töchter des Adels, setzten mit als erste die Benediktinermönche von Cluny (Burgund) ein deutliches Zeichen entgegen. Zucht und Askese, Frömmigkeit, Abgrenzung zum Staat, früher selbstverständliche Begriffe, sollten wieder selbstverständlich werden. Die Reformbestrebungen von Cluny nahm als erstes deutsches Benediktinerkloster die Abtei Hirsau im Schwarzwald auf. Von dort breitete sich der Reformgedanke auch in Bayern aus. Die neue geistige Haltung beeinflußte nicht nur das Mönchsleben, sondern auch die Architektur.

So drangen in Kastl burgundisch-schwäbische Einflüsse ein, Strömungen aus Cluny und Hirsau, mit denen beiden Gebhard III. korrespondierte. Ein Bruder des Herzogssohns war Mönch in Cluny, er selbst war vor seiner Berufung 1084 auf den Konstanzer Bischofsthron Mönch in Hirsau, romtreu, ein nimmermüder Gotteskämpfer. Im Februar 1104 wies Papst Paschalis II. die Hirsauer Mönche an, Gebhard zu unterstützen und als „ihr Licht" zu betrachten.

1103 kamen zwölf Benediktiner aus Petershausen bei Konstanz nach Kastl, mit ihnen der Hirsauer Reformabt Theoderich. Vermutlich noch im selben Jahr begann der Kirchenbau. Bereits 1118 konnte das als Männer- und Frauenkloster gegründete Kastl mit 20 eigenen Mönchen ein neues Kloster gründen – Reichenbach am Regen (Kreis Cham).

Doch der Elan hielt nicht an. Ende des 14. Jahrhunderts – das Nonnenkloster war bereits aufgelöst – stellte Abt Otto III. Nortweiner fest: „So liegt unser Orden, abgefallen von seiner Bestimmung, im Elend. Jeder sucht, wie der Apostel sagt, nur das Seine, er verachtet die Sehnsucht nach dem Himmlischen, und voll Gier strebt er nach irdischen, fleischlichen Dingen."

Ein neuer Reformfunke sprang über und brannte sich in anderen Klöstern fest. In Kastl jedoch verschlechterten sich die religiösen Zustände erneut. Ein verheerendes Feuer, für viele ein Gotteszeichen, legte 1552 große Teile der Abtei in Schutt und Asche. Vier Jahre später führte der Neuburger Pfalzgraf Ottheinrich, Kurfürst von der Pfalz, auch in Kastl die Reformation durch. Als die Oberpfalz unter dem Münchener Kurfürst Maximilian I. wieder an Bayern kam, erhielt Kastl am 22. Oktober 1625 wieder einen katholischen Priester. Maximilian schenkte 1636 das Kloster den Jesuiten, die die Kirche so veränderten, daß sie wegen ihrer „geschmack- und pietätlosen Restauration" 1720 sogar getadelt wurden.

Nach dem Verbot des Jesuitenordens 1773 folgten die Malteserritter. Sie blieben bis zur Säkularisation. 1808 wurde die Basilika Pfarrkirche und der Klostertrakt Landgericht. Hitler mißbrauchte die Abtei als Unterkunft für den weiblichen Reichsarbeitsdienst, für Auslandsdeutsche und als Landschulheim. Heute ist der einstige Kapitelsaal Turnhalle und die übrigen Gebäude Internat und Schule des Ungarischen Gymnasiums.

Das Innere der Kirche wirkt im ersten Moment riesig, hell und hoch und breit. Auffallend ist das Nebeneinander von Säulen und Pfeilern. Dieser konsequente Stützenwechsel, in Bayern erstmals in St. Kastl praktiziert, blieb die Ausnahme. Noch eine Besonderheit: das St. Peter geweihte Gotteshaus ist eine im westlichen Teil dreischiffige, im östlichen jedoch fünfschiffige Basilika, angelehnt an das Vorbild Cluny. „Es bietet wohl das älteste Beispiel der Wölbung von fünf Schiffen in Deutschland, und diese lehnt sich hier offenbar an die hochbedeutende Wölbetechnik Burgunds; Kastl muß daher bei der kritischen Behandlung der Frage nach der Einführung der gewölbten Basilika in Deutschland als besonders wichtiges Denkmal ins Auge gefaßt werden" (Berthold Riehl).

Der Haupteingang in die zwischen 1103 und 1228 erbaute Kirche war im Westen. Auch ursprünglich dreischiffig, später gotisiert mit Mittelsäule, birgt die Vorhalle seit 1964 die Epitaphien und Gebeinschränke, die vorher in der Kirche aufgestellt waren. 1235 hatte das Kloster das Begräbnisrecht für seine Kirche bestätigt bekommen und wurde so eine der größten Grablegen des oberpfälzer Adels. Unauffällig, mit eingeritztem Wappen, ist die Grabplatte von Schweppermann. Barock, vergoldet, kurios der Gebeinschrank mit der mumifizierten Leiche der 1319 im Kloster dreijährig verstorbenen Tochter Ludwigs des Bayern. Die tote Prinzessin liegt in einem kleinen Holzsarg, als Schauobjekt, fast nackt, oben eine Glasplatte, darunter ein Lichtschalter; Konfrontation mit dem Tod per Knopfdruck.

1264 war der nördliche der im Osten stehenden romanischen Doppeltürme eingestürzt. Zentnerschwere Quader durchschlugen den Chor. Der Turm wurde nie mehr aufgebaut. In den Chor drang durch die Katastrophe frühe Gotik ein. Verhalten ordnete sie sich der Romanik unter. „Das vierjochige Tonnengewölbe im Chorraum ist von bezwingender Gewalt. Nicht so hoch wie das größere Tonnengewölbe im Würzburger Dom, das fast zwei Generationen später aufgeführt wurde, erscheint es uns hier in seiner näheren Greifbarkeit in männlicher Spannkraft und imponierender Wucht. Das Archaische und gewissermaßen Tastende des fast noch ausprobierenden Meisters erweckt ehrfürchtiges Staunen vor einer ersten Meisterleistung deutscher Tonnenwölbung" (Hugo Schnell und Ludwig Krauß).

Die Hauptapsis erhielt um 1400 eine Rippenwölbung. Bescheiden nehmen sich die zwei romanischen Seitenapsiden aus, durch Altäre völlig verstellt. Vor der rechten Apsis eine Nische, klein, einen seltenen romanischen Steinsarkophag bergend, belebt nur von flachen Rundbogenblenden. Ob der Sarkophag einst die Gebeine der Stifterin Luitgard aufnahm, ist ungeklärt.

Die einzige erhaltene romanische Plastik in St. Kastl ist in die Wand unter der Orgelempore eingemauert, das Relief eines sitzenden Mannes, bedächtig, die Rechte am Bart. Romanisch ist auch das Südportal links neben dem Turm.

Von außen erschließt sich die volle Ausdehnung der Klosterburg nur aus der Ferne, bietet die Anlage auch von oben, von der Straße nach Amberg, ein großartiges Bild. Abb. 98/99

Amberg, nur zwölf Kilometer entfernt, hat nach Nördlingen, Rothenburg und Berching eine der am besten und vollständigsten erhaltenen Stadtmauern Bayerns. Die ehemalige Hauptstadt der Oberpfalz, an der Vils gelegen, hat ein an Kunstschätzen reiches Hinterland.

Perschen

St. Peter und Paul

Ein erster Stützpunkt christlichen Glaubens im Naabtal, eine Urpfarrei, heute eine Idylle im Grünen: das ist die romanische Basilika von Perschen mit dem romanisch ausgemalten Rundkarner. Ursprünglich war das auf einer Wiese stehende Gotteshaus mit den markanten Doppeltürmen die Pfarrkirche von Nabburg und auch von Pfreimd. Doch schon 1216 wurde Pfreimd von Perschen abgetrennt, Nabburg folgte 1419.

Die Erbauung der dreischiffigen Basilika liegt im Dunkel. Sie dürfte um 1200 errichtet worden sein. Erste baugeschichtliche Nachrichten stammen aus dem 18. Jahrhundert. „Die Tabulatur am Langhauß alters halb also marb, daß die nägl hierine nit mehr halten" heißt es in einer 1752 datierten Notiz. Aber nicht nur die Tabulatur, die flache Holzdecke war morsch, auch die Dachstühle waren völlig verfault.

Im Osten, von der Straße her, bietet die Kirche das eindruckvollste Bild. Die beiden Türme mit dem Pyramidendach sind nahezu unverändert. Lange war angenommen worden, die letzten Geschosse wären nachträglich aufgesetzt worden. Aber die im Innern sichtbare einheitlich-nahtlose Mauertechnik widerlegt das. Der Querbau zwischen den Türmen, nicht original, hat einen Spitzgiebel abgelöst.

Ein bartloser, flach gearbeiteter Männerkopf sieht vom Westportal herab. Das glatte Tympanon ist eingebettet in ein rundbogig, zweimal gestuftes Portal. Innen zeigt sich das Gotteshaus romanisch-gotisch-barock. Original sind noch die quadratischen Pfeiler, der Chorbogen, dessen südlichen Kämpfer aus Platte, Kehle und Wulst Ornamente mit Weintrauben und Blättern zieren. Die Wandmalereien in Chor und Turm, auf sternenübersätem Hintergrund, sind gotisch: der Teufel, behaart am ganzen Körper, mit Klauenfüßen und Schweinskopf tritt den törichten Jungfrauen entgegen.

„Hussenturm" oder „Beinhäusl" nennt der Volksmund den runden, doppelgeschossigen, in die Friedhofsmauer integrierten Karner. Etwa um 1280 erbaut, nahm der untere kellerartige Raum die Gebeine der Toten auf. Darüber, der Eingang vom ebenen Boden aus, war die dem heiligen Michael geweihte Kapelle, 5,65 Meter im Durchmesser, von einer Kuppel überwölbt, im Osten eine kleine Apsis. Um 1900 waren die hoch aufgeschichteten Gebeine hervorgeholt und in der südwestlichen Friedhofsecke vergraben worden.

Von außen unscheinbar, auffällig nur die Form, überraschen im Innern romanische Malereien (Schlüssel im Edelmannshof daneben). Auf den nur fünf bis zehn Millimeter dicken, welligen Kalkmörtelputz kam lediglich eine starke Kalktünche. Noch auf den feuchten Anstrich trug der unbekannte Künstler in Kaseinfarben Christus auf, lebensgroß, streng, als Weltenrichter, umgeben von seinen Engeln, Aposteln und Heiligen, die Toten zum Gerichte rufend. Der Maler zeigte sich dabei als Marienverehrer, betonte ihre Stellung als Fürsprecherin und Königin der Heiligen besonders.

Auf gelblichem Teppich, zuunterst, stehen Heilige auf zinnoberrotem Grund. Im Bilder-Band darüber sitzen die zwölf Apostel unter romanischen Arkaden auf einer durchgehenden Bank, heben sich von einem blau-weißen gerauteten Teppich ab. Petrus hält einen überdimensionalen Doppelschlüssel hoch.

Die nächste Zone füllte der Künstler mit Halbfiguren von Heiligen und Engeln in abwechselnder Reihenfolge aus. Die Engel auf hellblauem Grund, gelbes Haar, große Flügel, die Heiligen auf hellgelbem Grund, jugendlich-schlank. Eine von ihnen, wahrscheinlich Maria Magdalena, trägt ein Salbgefäß, eine zweite einen Granatapfel und eine andere eine Lilie mit langem Stiel. „Bei aller monumentaler Ruhe ist doch Gesichtsausdruck und Bewegung belebt und charaktervoll. Die

Falten sind von edler, ruhiger Großzügigkeit, die Farben harmonisch. Die Malereien können nur von einem bedeutenden Meister geschaffen worden sein. Seine Heimat dürfen wir zweifelsohne in Regensburg suchen, das ja die innigsten Beziehungen zu Perschen hatte, und dessen Künst in dieser Gegend die allein herrschende war." Abb. 100–102

Unmittelbar neben der Kirche dient das frühere Pfarrhaus, der Edelmannshof, jetzt als Museum. Der Dreiseithof wurde 1605 umgebaut, wie eine Inschrift in einem Deckenbalken besagt. Die meisten Nebengebäude des stattlichen Anwesens sind noch mit Schilf gedeckt. Unverfälscht, nicht künstlich aufgebaut, kann man hier erleben, was 1861 der Oberfälzer Arzt und Heimatforscher Brenner-Schäffer so beschrieb: „In den meisten Fällen birgt das Bauernhaus nur eine Stube, darin weilen Männer und Weiber, Knechte und Mägde, Kinder und Nachbarn; unter dem kollosalen Oekonomie-Ofen, der Tag und Nacht gleich Hitze sei's Sommer oder Winter ausstrahlt, in dem für Menschen und Vieh Jahr aus Jahr ein gekocht wird, unter diesem stattlichen Gebäude, das keiner Bauernstube fehlt, schnattern Gänse, krähen Hähne, grunzen Schweine, hier wird das Futter des Rindviehs abgebrüht, dort Kartoffel für die Schweine gestoßen, ein immer offener Wasserhafen, der sogenannte Höllhafen, entwickelt fortwährend qualmenden Wasserdunst, während aus dem Rohre der Geruch des verbrannten Schmalzes, bratender Kartoffel und tausend anderer Gasarten das Zimmer durchziehen."

REICHENBACH

ehem. Benediktinerabteikirche

Zwei trutzige Türme, hoch über dem Regen, spiegeln sich im Wasser. Zwei Löwen-Türklopfer, 25 Zentimeter im Durchmesser, um 1250 aus Bronze geformt – mehr sichtbare Romanik ist im ehemaligen Benediktinerkloster Reichenbach nicht geblieben. Die romanischen Pfeiler der dreischiffigen Basilika deckt ein Rokoko-Überzug. Und Reichenbachs berühmte Steinplastik, der Christus Salvator, ist Prunkstück des Bayerischen Nationalmuseums.

Integriert in die riesige Vierflügel-Anlage bildet das Turmpaar, das nur im Abschluß später verändert wurde, zusammen mit der Basilika zum Fluß hin eine mächtige Wand. 1118 hatten Markgraf Diepold II. und seine Mutter Luitgard von Zähringen die Abtei als Reformkloster gegründet, beeinflußt vom von Hirsau ausgehenden neuen benediktinischen Geist. Aus Kastl kamen die ersten Mönche und stellten sich unter den weltlichen Schutz des Wittelsbacher Herzogs Ludwig des Kelheimers, der als Vogt über das Kloster wachte. Am 15. Juni 1135 weihte der Regensburger Bischof die Kirche mit ihrer dreischiffigen Vorhalle, doppelgeschossig und das Hauptschiff flachgedeckt.

1181 brannten der Konventbau und der Kreuzgang ab, doch sie wurden bald wieder neu errichtet. Durch Stiftungen des Adels der näheren Umgebung nie in Geldnot, konnten die Äbte bauen und immer wieder erneuern. So wurden beispielsweise 1302 ein neuer Hochaltar und fünf weitere Altäre geweiht. Vermutlich war damals bereits der Chor völlig umgestaltet worden.

Sank in vielen Klöstern im 15. Jahrhundert die Moral, Reichenbach, selbst Realisierung einer Reformidee, wurde nun Ausgangspunkt neuer Überlegungen, Vorbild, Beispiel. Abteien wie Weltenburg, Prüfening, Mallersdorf und Metten profitierten davon. Doch nach kurzer Erneuerung wurde auch Reichenbach vom Strudel des Niedergangs erfaßt, der sich auch wirtschaftlich ankündigte. Zu schwerwiegende und weitreichende Fehler waren in der Vergangenheit bei der Verwaltung des großen Klosterbesitzes gemacht worden, als daß Abt Michael Katzbeck sie noch hätte korrigieren können.

Dazu kam das Einsickern der Lehre Luthers, die auch um Reichenbach auf offene Ohren stieß. Von Protestanten umgeben, von Pfalzgraf Friedrich zu einer „lauteren, reinen und unverfälschten Verkündigung des Wortes Gottes dem Evangelio" gemäß aufgefordert, hatte der auf vier Mönche geschrumpfte Konvent eine aussichtslose Stellung. Die verbliebenen Ordensleute hielten außerdem nicht mehr viel von Klosterzucht und mönchischem Leben, sie begehrten auf.

In dieser Situation sympathisierte Abt Katzenbeck mit Pfarrer Kaspar Brusch, einem Humanisten, Dichter, Freund, der schon 1555 in einer Schrift das Papsttum angezweifelt hatte. Über einen seiner Besuche im Kloster schrieb Brusch überschwenglich:

„Als die Sonne nunmehr zur Mittagshöhe emporstieg, da erreichte ich schon Reichenbachs glanzvolles Haus.

Doch, was sage ich Haus? Ists eher als Stadt zu bezeichnen.

Hoch nämlich ragt es empor, so viele Türme ich sah, so viele Räume und so viel zum Himmel strebende Bauten.

Ja, es gereichte das Haus selbst einem Kaiser zur Ehr." Doch mit dem Glanz war es am 6. November 1556 vorbei. Das Kloster wurde aufgelöst, die seit 1355 nachgewiesene Klosterschule geschlossen. Kurfürst Ottheinrich, ein Büchernarr, der nach dem Wahlspruch „Mit der Zeit" lebte, ließ Handschriften abtransportieren. Es handelte sich um unersetzliche Werke. Er setzte einen eigenen Verwalter ein.

Bis 1669 verwalteten kurfürstliche Beamte das Kloster. Dann zogen wieder Mönche in die Abtei, aus St. Emmeram in Regensburg – ein Neubeginn, aufregend und aufreibend. Reichenbach wurde unter willensstarken Äbten erneut ein Zentrum von Wissenschaft und Kunst. Abt Plazidus rief Stukkateure und Maler und gab 1742 den Auftrag zu einer einschneidenden Renovierung der Kirche. Was an Romanik sich erhalten hatte, wurde durch ein grandioses Stuck-Konzept verhüllt, von dünnem Bandwerk versteckt, meisterhaft geformt, in Blau, Rot, Grün und Gold, an die Wessobrunner Schule erinnernd.

Auch die Klosterschule bildete wieder Ordensnachwuchs aus, nahm sogar talentierte Jugendliche aus ganz Bayern und Böhmen auf. Als Kloster-Singknaben wurden sie aber auch in Arithmetik, Sternkunde, Mechanik und Theologie unterrichtet und gefördert, wenngleich die Eltern arm waren. In einer Zeit ohne Schulzwang erhielten so hunderte junger Leute eine solide Ausbildung, ein Privileg, wie es normalerweise nur wenige genossen. Mit der Säkularisation 1803 war alles endgültig vorbei. Die Abteikirche wurde Filiale von Walderbach. Da überflüssig, sollte das Gotteshaus sogar abgerissen werden. Doch der Regensburger Domvikar Georg Dengler konnte in letzter Minute das Schlimmste verhindern. Großzügig stellte er den Bau den Missionsbenediktinern zur Verfügung. 1890 zogen in das ehemalige Kloster die Barmherzigen Brüder ein und errichteten eine Pflegeanstalt. Sieben Jahre darauf zerstörte ein Großbrand den gesamten Südflügel und einen Teil des Osttrakts mit seinen herrlichen Stuckdecken. Unverzagt bauten die Barmherzigen Brüder wieder auf, was das Feuer vernichtet hatte.

Erst Ende des 19. Jahrhunderts erkannten Kunstexper-

ten den Wert der Freifigur eines thronenden Christus Salvator, aus Kalkstein geschlagen, Rest der romanischen Ausstattung. 1884 kam die Plastik nach München. Hans Karlinger hat in seinem 1924 erschienenen Werk „Die Romanische Steinplastik in Altbayern und Salzburg" die Figur so beschrieben: „Das Haupt hoch aufgereckt, den Blick geradeaus gerichtet, die Segenshand vor der Brust, die Linke auf das Buch gestützt, die Knie weit auseinander genommen, die Füße auf der Schräge stark nach unten gepreßt, sitzt die Figur in breiter, mehr einem Relief als einem Vollbild zukommender Haltung. Umriß und Binnengliederung sind durchaus frontal, ihre räumlichen Beziehungen bedingen eine Ebene, nur widerwillig geht der Blick in die Tiefen."   Abb. 103

WALDERBACH

ehem. Zisterzienserabteikirche

Hussiteneinfälle, Pest, Reformation, Säkularisation: Walderbach am Regen, ehemalige Zisterzienser-Abtei, traf ein vierfaches Schicksal, hart und endgültig war der letzte Schlag.

Gegründet vom Regensburger Burggrafen Heinrich I. als Augustiner-Chorherrenstift, wurde Walderbach 1143 von einer Seitenlinie, den Landgrafen von Stefling, in ein Zisterzienserkloster umgewandelt. Die ersten zwölf Mönche kamen aus Waldsassen, das jahrhundertelang Mutterkloster der neuen Abtei blieb.

1196 starben die Landgrafen von Stefling aus. Ihr Grabdenkmal in der Kirche ist verschollen. 1488 schrieb ein Chronist die Inschrift nieder: „In dieser Gruft ruht die edle Nachkommenschaft der Grafen von Stefling/ Auch sie deckt der geschliffene Marmor/Ihr Stammvater war Landgraf Otto/Ein Sohn Friedrich wird Vater von acht Kindern/Graf Otto folgte den Mönchen nach in Lebensweise und Kleidung/die Welt mit ihrem Schein verachtete er aus Liebe zur Tugend/Eine Schwester von ihnen war eine adelige Königin von Ungarn gewesen/Sie ward ihrer Heimat wiedergegeben/Und ruht hier in der Gemeinschaft der Ihrigen/Besagtes Geschlecht hat diesen frommen Bau gestiftet/Diesem gleich möge sich die mönchische Schar verhalten in geistlichen Gesängen bei Tag und bei Nacht."

Nach dem Aussterben des Geschlechts fand Walderbach andere Gönner und Fürsprecher: die Grafen von Leuchtenberg, König Rudolf von Habsburg, Kaiser Sigismund. Er bestätigte 1434 dem Kloster alle Privilegien, auch daß es „Wein von der ehemals zum Kloster gehörigen österreichischen Propstey Grafendorf Zoll und Mauthfrei herbey schaffen konnte".

In dieses stete Aufwärts brachen die Hussiten ein, grausam und angestiftet von Johannes Hus, überfielen sie zwischen 1420 und 1434 von Böhmen aus die Oberpfalz. 1428 zerstörten sie das Kloster Walderbach, schlugen nieder wer nicht geflüchtet war und steckten in Brand was der Kirche gehörte. 1433 scheinen sie nochmal gekommen zu sein; aus diesem Jahr fehlen fast alle Klosterurkunden.

Der Wiederaufbau erforderte die letzte Kraft des Klosters. Knapp 70 Jahre dauerte es, bis sich die Abtei erholt hatte und alle Schulden bezahlt waren. Um die Finanzierung zu sichern, mußten sogar uralte Rechte verkauft werden.

Genau 400 Jahre nach seiner Gründung, im Jahre 1543, schleppte ein Mönch in Walderbach die Pest ein. Auch Abt Georg Agmann starb noch im selben Jahr an der Seuche. Zwölf Jahre danach folgte der nächste Schicksalsschlag. Der Landesherr, Kurfürst Ottheinrich von der Pfalz, war zum Luthertum übergetreten. Am 7. November 1556 traf von Amberg kommend eine kurfürstliche Kommission in Walderbach ein, blieb zwei Tage, setzte den Abt ab und erteilte den Mönchen Hausverbot. Ein Administrator übernahm die Verwaltung des Klosters. Alles Katholische wurde gründlich ausgemerzt, intensiviert unter Kurfürst Friedrich III., der zum Kalvinismus übergeschwenkt war. 1567 wurden Altäre, Gemälde und Skulpturen zertrümmert, die an den alten Glauben erinnerten; ein früher Bildersturm, konsequent, ganze drei Kunstwerke schonend.

Erst 1669, unter dem Münchner Kurfürsten Ferdinand Maria, einem tiefgläubigen Marienverehrer, fiel das Kloster an die Zisterzienser zurück. Der erste neue Abt, Johann Pichler, ließ um 1680 – damals noch Superior – die Klostergebäude neu aufführen. Die Abtei richtete sich völlig neu ein und zog Künstler an. Wie Adelshäuser übte auch Walderbach die Hofmarksrechte mit der niederen Gerichtsbarkeit aus. Ein Klosterrichter ahndete, was allgemein verboten war: „Fluchen, Falschschwören, Gotteslästern, Raufen, Verwunden, Schmähen und Diebstahl unter 4 Schilling Pfennig". Für

schwerere Delikte oder gar Todesurteile war der Klosterrichter jedoch nicht zuständig.

Von den Untertanen wurde aber nicht nur gefordert, sie konnten sich auch in einer Art frühem sozialen Netz sicher fühlen. So hatte das Kloster – wie Heimatforscher Ewald Stark nachwies – bereits 1578 ein Spitalgebäude errichten lassen, „für Ire arme Leuth", wie es auf dem Gedenkstein über dem Portal hieß.

1803 wurde die Abtei säkularisiert und so die Klosterkirche zur Pfarrkirche bestimmt. Der 49. und letzte Abt Albericus Eisenhut hatte noch 1779 den Dachreiter der Kirche durch einen Rokoko-Turm ersetzen lassen. Dann zogen in den Trakt neben dem Gotteshaus königliche Finanzbeamte ein, der Westflügel mit dem großen Speisesaal, dem Gästebau und der Klosterbrauerei wurde 1811 an einen Unternehmer verkauft, alle übrigen Gebäude an Private verschleudert.

Eine Synthese von Romanik und Rokoko, 65 Meter hoch der Turm, der Westfassade vorgesetzt, die dreischiffige Basilika verbergend: das ist die Klosterkirche. Der Turm bildet eine Vorhalle. Ein zweites Portal, um 1200 errichtet, führt in das Mittelschiff. Es wurde erst 1896 freigelegt. Das Innere der Säulenpaare hat Kapitelle, drei Blattreihen übereinander angeordnet. Am rechten Kapitell schauen zwischen den Zacken drei kleine Köpfe heraus. „Es ist eine Nachbildung des linken Zwischenkapitells in Freising" (Anna Landsberg).

Eine Stufe geht es hinunter ins Hauptschiff, in die von 14 Pfeilern, alle neun Meter hoch, getragene Halle. Die weißverfugten Pfeiler des noch beim Bau geänderten Gotteshauses, aus rötlich-gelbem Sandstein, wie er in der Gegend von Roding vorkommt, bestimmen das Bild. Die Kapitelle schmücken Blattwerk und Tierfiguren. Eigenartig wirkt das Gewölbe, es ist blau-schwarz gestrichen, den Himmel symbolisierend.

Auf dem fast schieferfarbenen, früher helleren Untergrund, die Überraschung: alle Scheid- und Gurtbögen sowie Diagonalrippen sind mit geometrischen Ornamenten bemalt, ständig variiert, ein Muster sich nie wiederholend. Erst 1888 waren diese Malereien freigelegt und seitdem nie mehr behandelt worden. Nur einmal wich der unbekannte Künstler von seinem Ornamentik-Konzept ab, malte im östlichen Kirchenschiffjoch auf die Kreuzung der Diagonalrippen ein Tier, langgestreckt mit vier Beinen, das sich in den Schwanz beißt.

Die Fenster, unter Wahrung der Rundbogenform im 18. Jahrhundert erweitert, geben zusammen mit dem großzügig-hellen Barock-Chor dem Gotteshaus das viele Licht, das zwar die romanischen Details leichter erschließt, aber die Atmosphäre zerstört. 1748 waren die drei Apsiden abgebrochen worden, nahm der neue Chor einen großen Rokoko-Hochaltar auf. Vier figürliche Kragsteine, hoch oben eingemauert, erinnern noch an die alten Apsiden.

Unter der Empore, an den Pfeilern, sind zwei Epitaphien aus rotem Marmor eingemauert, sie erinnern an die Äbte Georg Thannhauser (gestorben 1521) und einen weiteren namens Georg (1536). Eine rechteckige Juraplatte vor dem Hochaltar gibt die letzte Ruhestätte des Klostergründers an. Ob die Gebeine des Regensburger Burggrafen jedoch tatsächlich hier beigesetzt sind, ist umstritten.

In Walderbach ist auch die Gotik vertreten. Die Kapelle an der Nordseite, 1966 renoviert, barg eine Überraschung. Einen Meter tief unter dem Holzfußboden steckten im Schutt ein Altarsockel und ein Grabstein aus dem Jahre 1315. Außerdem wurde ein Eingang, möglicherweise zu einer Krypta, entdeckt.

Der Klosterkomplex, wie er sich heute bietet, stammt aus dem 18. Jahrhundert. Südlich an die Kirche angebaut ist der Konventbau mit Prälatur, Gästehaus und dem zwei Stockwerke umfassenden Speisesaal. In einem der Räume hat sich ein kleines Deckenfresko von Cosmas Damian Asam erhalten, 1718 ausgeführt, die büßende Magdalena darstellend. Ein Teil der Anlage ist in Privatbesitz, der Rest gehört dem Freistaat Bayern. Jahrzehntelang hat der Walderbacher Lehrer Ewald Stark nicht nur die Geschichte der Abtei erforscht, sondern auch bäuerliche Geräte aus der Gegend gesammelt. Die Exponate übergab er dem Landkreis Cham. Die seltenen Stücke werden nun in einem erweiterten Heimatmuseum im Klostertrakt neben der Kirche gezeigt. Abb. 104/105

Ebenfalls am Regen liegt Heilbrünnl, eine 1670 erstmals erwähnte Wallfahrtskirche zu „Unserer Lieben Frau". Eine Rokoko-Überraschung ist die ehemalige Benediktinerstiftskirche Frauenzell bei Falkenstein. Herbert Schindler hat sie in seinen „Reisen in Niederbayern" die „Wieskirche des Waldes" genannt. Das Gotteshaus mit dem merkwürdigen Grundriß und die Klosterbauten bilden ein reizvolles Ensemble. „Trotz mancherlei

Bemühungen der Bewohner durchzieht das säkularisierte, ausgeweidete Kloster noch immer die Luft eines Armenhauses, die Klosterbibliothek und das Refektorium dienten jahrzehntelang als Stall. Kaum aber hat man die kleine Freitreppe der Kirche betreten und das eichene, geschnitzte Portal geöffnet, steht man wie verzaubert in einem Kirchenraum von schwebender Leichtigkeit und strahlender Helle" (Herbert Schindler).

BREITENSTEIN

ehem. Burgkapelle

„Lieber Besucher dieses schönen Gotteshauses, das älteste Baudenkmal dieser schönen Landschaft, die romanische Doppelkapelle Breitenstein haben wir vor dem Verfall gerettet. Nun gilt es, Schulden zu bezahlen. Möchten Sie dabei helfen?"

Ein Zettel, an die Tür der schlichten Kapelle geklebt, beweist die wachsende Rückbesinnung auf das Einfache. Breitenstein, einsam zwischen Sulzbach-Rosenberg und Königstein auf steilem Felsen gruppiert, gehört zu den romanischen Sakralbauten in Bayern, denen engagierte Pfarrer sowie Heimat- und Denkmalpfleger eine neue Zukunft gegeben haben.

Der Ort zählt nur wenige Häuser und Bauernhöfe. Er wird überragt von der Kapelle und den Resten der Burganlage, versteckt hinter alten Laubbäumen. Romantisch auf ausgetretenen Steinstufen, die gleich neben einem Wohnhaus beginnen, ist die Kirche erreichbar.

In der zweiten Hälfte des 12. Jahrhunderts aus Quadersteinen erbaut, doppelgeschossig, wahrscheinlich sogar mit einem profanen dritten Stock, gehörte die Kapelle zu einer Burg als kaiserliches Lehen. Während von der Wehranlage nur noch einige Mauern stehen, blieb die Kirche außen im wesentlichen unverändert.

Eine Apsis im Osten, eine im 18. Jahrhundert aufgemauerte Freitreppe im Süden zur Oberkapelle, ein neuerer Dachreiter mit zwei Glocken – der gesamte Bau wurde renoviert und konserviert. Die untere, der heiligen Dreifaltigkeit geweihte Kapelle, hat vermutlich bei einer Restaurierung 1713 durch die Herzogin Eleonora von Sulzbach das jetzige Portal bekommen. Auch das nur 2,57 Meter hohe Gewölbe wurde damals eingezogen. Das alte Portal, jetzt zum Fenster umgestaltet, befindet sich links vom Altar, mit Steinknollen verziert, direkt über einem Abgrund. Vermutlich war es über eine Brücke mit der sich auf einem Felskegel nördlich davon fortsetzenden Burganlage verbunden. Der romanisierende, um eine Stufe zum Langhaus erhöht stehende Altar, der Ziegelfußboden, die leeren weißgekalkten Wände – Gedanken an eine ferne Zeit.

Auch die obere Kapelle, St. Johannes Nepomuk geweiht, ist 1713 verändert worden. Der Chorbogen, die flache Decke und drei große Fenster sind Ergebnis des damaligen Umbaus. Der Eingang ist original. Er war in romanischer Zeit von den Wohntrakten der Burg aus erreichbar.

Ursprünglich könnte der Raum um etwa 1,80 Meter niedriger gewesen sein, Platz lassend für ein drittes Geschoß. Andreas Trapp hat das an der Apsis unter der Traufe sitzende kleine romanische Rechteckfenster als Hinweis für einen profanen dritten Stock gedeutet.

Die überzeugendste Erklärung für profane Obergeschosse hat Andreas Trapp gegeben. Seiner Meinung nach sind es Asylräume. Und er versuchte auch, seine Bestimmung aus der Zeit heraus zu erklären.

Formal war der Investiturstreit zwischen Kaiser und Papst zwar durch das Wormser Konkordat 1122 beendet worden, doch die Fronten waren noch lange nicht endgültig geklärt. Immer wieder kam es zu neuen Zwischenfällen und Konflikten, die oft nur Lappalien zum Anlaß hatten, aber meist blutig endeten. Was als Streit auf höchster Ebene begonnen hatte, wurde mit der Zeit nach unten bis in die Familien von adeligen Mönchen getragen.

Besonders gefährlich lebten kirchentreue Geistliche, die dem Wirkungsort eines kaiserlich eingestellten Bischofs entflohen. „Sie mußten mit Verfolgung und Absetzung rechnen, sobald sie in ihre Heimatdiözese zurückkehrten. War es in diesen Zeitläufen nicht gerade ein Gebot der Stunde, Bezirke zu schaffen, die der weltlichen Obrigkeit entzogen waren und die im Notfall eine sichere Zuflucht boten? Eine solche Möglichkeit war aber nur im Rahmen des christlichen Asylrechtes gegeben, denn dieses schloß allein in sich, daß die weltliche Obrigkeit kein Recht auf einen durch das hl. Opfer geheiligten Bezirk besitze; vor dem Portal der Kirche bricht sich das irdische Recht" (Andreas Trapp).

Verschiedentlich sind die profanen Obergeschosse auch als Rückzugs- und Verteidigungsräume der Burgbewohner erklärt worden. Zu dieser Vermutung führten die gelegentlich im dritten Geschoß vorhandenen schmalen Schlitzfensterchen, die als Schießscharten gedeutet wurden.

Otto Piper (Burgenkunde – Bauwesen und Geschichte, 1912) hat jedoch nachgewiesen, daß die bis Ende des 12. Jahrhunderts errichteten Burgen keine Schießscharten hatten. Denn der bis dahin übliche mannshohe Bogen als Waffe konnte durch schmale Schlitze nicht eingesetzt werden – zumindest nicht für den Schuß nach unten. Die Schlitzfenster hätten außerdem – wegen ihrer geringen Breite – nur den Pfeilschuß geradeaus erlaubt. Der Verteidiger hätte also warten müssen, bis der Gegner sich genau in seinem auf nur weniger Zentimeter beschränkten Aktionsradius aufhielt.

Im übrigen wurden Burgen erst mit regelrechten Schießscharten ausgestattet, als sich etwa 1200 die Armbrust als Waffe durchsetzte. Die bis dahin bekannten schmalen Schlitze waren ausschließlich Licht- und Luftspalten, da Wehrbauten auf der Feindseite wegen der durch Brandpfeile drohenden Gefahr keine großen Fenster besaßen.

Die Burg, zu der die Kapelle gehörte, ist bereits im 17. Jahrhundert systematisch abgetragen und vernichtet worden. Wer die Erbauer der 612 Meter hochgelegenen, auf Dolomitfelsen errichteten Wehranlage waren, ist nicht gesichert. Vermutlich waren es die Grafen von Sulzbach, die 1188 ausgestorben sind.

Auch das weitere Schicksal der Burg ist nicht eindeutig geklärt. Wahrscheinlich fiel sie an die Staufer. Um 1250 amtierte ein Heinrich von Stein als Verwalter der Staufer bei Nürnberg. Wenig später scheint er in den Besitz von Breitenstein gekommen zu sein. 1279 vermachte Heinrich von Stein die Burg seinem Sohn, der sich künftig nach seinem neuen Besitz nannte.

Die Stellung der Breitensteiner festigte sich rasch, weiterer Besitz kam hinzu. Einer der Herren von Breitenstein war im 15. Jahrhundert Hofmarschall des Herzogs Georg des Reichen von Bayern-Landshut. Wie andere begüterte Geschlechter ihrer Zeit auch, zeigten sich die Breitensteiner den Klöstern gegenüber nicht kleinlich – vor allem im 13. und 14. Jahrhundert.

1666 erlosch das Geschlecht der Breitensteiner. So verfiel die ohnehin schadhafte Burg rapide. Herzog Christian August von Sulzbach, dem die Wehranlage zugefallen war, erteilte großzügig Genehmigungen, aus der Burg Quadersteine zu brechen. Der Nürnberger Patrizier Erasmus Tetzel holte sich „zwanzig bis dreißig Stück" zur „Reparierung" seines Eisenhammers bei Neuhaus an der Pegnitz; der Kirchturm in Königstein wurde mit den Quadern erhöht und auch die Bauern aus Namsreuth und Breitenstein bedienten sich und bauten mit dem Material ihre im Dreißigjährigen Krieg zerstörten Häuser wieder auf.

Der schwerste Schlag kam im 19. Jahrhundert. Als die Bahnstrecke Nürnberg-Bayreuth trassiert wurde, sprengte man einen Teil des Felsens, auf dem noch Burganlagen standen, kurzerhand weg – um einen Steinbruch zu gewinnen.

Was Gleichgültigkeit und Unverstand vollbracht haben, war für die Bevölkerung mehr. Es war Schicksal und Fluch. So bildete sich die Sage von den grausamen Herren auf Breitenstein, die eines Tages den Mann eines armen Holzweibleins in ihrem Turmverlies verhungern ließen. Die Frau verdammte die Breitensteiner mit den Worten: „Euer Geschlecht soll verkommen und von eurer Burg kein Stein auf dem anderen bleiben . . ."
Unberührt blieb nur die Kapelle. Bei einem Festgottesdienst, den der Kastler Dekan Ludwig Kraus und Pfarrer Josef Schwenzl aus Königstein 1974 zelebrierten, wurden zwei neue Glocken für die renovierte Burgkapelle geweiht.　　　　Abb. 106

NABBURG

St. Nikolaus in Venedig

„. . . sollen wir unterthänigst berichten, ob nicht allenfalls durch den Verkauf des Nikolai Kastens einiger Nutzen könne verschafft werden. – Gnädigster Herr! Der Nikolai Kasten ist nichts anderes, als der obere Boden der Nikolai Kirche in der hiesigen Vorstadt, Venedig genannt. Ob nun der obere Theil des Gebäudes Käufer finden könne, da im unteren Theil Gottesdienst gehalten wird, auch ob auf diesem Falle so ein Verkauf zuläßig und anständig sey, scheint uns mehr müßen bezweifelt, als behauptet zu werden . . ."
Die Bedenken, die der Nabburger Stadtrichter M. v. Schmidtmann am 18. Juni 1796 schriftlich der kurfürstlichen Hofkammer wegen eines Verkaufs des „oberen

Theils" der romanischen Nikolaus-Kirche mitteilte, waren nach der Säkularisation hinfällig geworden. Um die Staatskasse aufzufüllen, wurde überprüft, welche der beschlagnahmten Gotteshäuser verkauft oder abgebrochen werden konnten.

Am 4. Juli 1812 ging an das Generalkommissariat des Regenkreises in Regensburg diese Anweisung: „Das Generalkommissariat erhält hiermit die spezielle Ermächtigung, die Verkäufe der . . . Nikolauskirche in der sogenannten Vorstadt Venedig zu genehmigen ungeachtet . . . das Meistgebot zu 200 Gulden . . . den Schwätzwert von gleicher Summe nicht übersteigt . . ."
Das Schicksal einer der ganz wenigen romanischen Hallenkirchen Bayerns war damit besiegelt. Der Nabburger Tafernwirt Johann Pop erwarb das um 1150 errichtete, zweischiffige Gotteshaus mit zwei Türmen im Osten und einer Apsis. Schon kurz darauf wurde die Kirche im Stadtteil Venedig, einer früher sumpfigen Niederung direkt an der Naab, zum Stadel herabgewürdigt.

Um Platz für eine Einfahrt zu haben, brachen die neuen Besitzer die beiden Türme und die Apsis ab und so wurde der romanische Triumphbogen zum Tor. Im Innern standen die Pfeiler und Säulen mit den schönen Basen und Kapitellen im Weg. Sie wurden mit dem originalen Gewölbe herausgerissen. Verschont blieb jedoch die originale Westempore, die selten in dieser Form, einen eigenen Altar hat und vom übrigen Kirchenraum abgetrennt ist.

Frühe Denkmalpflege rettete den immer noch bedeutenden Rest-Bau. Mit sicherem Blick hatte 1909 der damalige Generalkonservator Georg Hager den kunsthistorischen Wert von St. Nikolaus erkannt. Er erreichte ein Jahr darauf, daß der Staat für 3100 Mark die Kirche kaufte – als „Denkmal und Forschungsobjekt". Verpachtet als Lagerraum und wieder vergessen, begannen erst seit 1964 unter Dr. Ing. Walter Haas eingehende Untersuchungen. Bei mehreren Grabungskampagnen bis 1966 legten die Fachleute interessante Bauteile frei. Bis tief in den Boden der 16,3 Meter langen Hallenkirche reichten die Sockel von zwei Pfeilern und vier Säulen. Walter Haas fand auch heraus, daß der Fußboden aus Mörtelestrich bestand, über einer „nicht überall dicht gepackten Bruchsteinstückung". Freigelegt wurden weiter die Grundmauern der Apsis, die eigenartigerweise nach außen hin trapezförmig ummantelt war. Dabei stießen die Fachleute auf Fragmente einer älteren

Kirche, aus Bruchsteinen geschichtet die Reste, bis zu 0,78 Zentimeter dick die Mauern, möglicherweise aus der ottonischen Zeit stammend.

Die Bauleute der Romanik hatten ein einfaches Konzept erdacht, die älteren Kirchen zu vergrößern: Sie ließen zunächst das ursprüngliche Gotteshaus stehen. Während es nach wie vor sakral genutzt werden konnte, bauten sie außen herum, wie eine Schale, die neue größere Kirche. So mußte sich die Kirchengemeinde für die Dauer der Bauarbeiten keinen anderen Raum suchen. Sie war in dieser Zeit nicht ohne Kirche. Das alte Gotteshaus wurde erst abgebrochen, wenn das neue benutzbar war. Diese Methode wies Haas für St. Nikolaus nach.

Ebenso selten wie interessant ist die Nabburger Westempore. Getragen wird sie von zwei gedrungenen Säulen mit Würfelkapitellen und Wandpfeilern. Zum Kirchenschiff hin ist die Empore zugemauert. Sie ist nur in der Mitte offen, wo einst ein eigener Altar stand, der ein Stück über die Brüstung hinausragte. Reizvoll gegliedert von einem doppelbogigen Fenster, mit Teilungssäule, einem Rundbogenfenster und der originalen Tür, gibt die Empore dem Raum ein eigenes Gepräge. Von unauffälligen Häusern eingekeilt, die Fassade schmucklos und durch Abrisse entstellt, läßt St. Nikolaus von außen nichts erwarten. Umso intensiver sind die Eindrücke in der Halle, die durch die abgebrochenen Stützen leer wirkt. Die Denkmalpfleger wollten im Zuge der Restaurierung nicht rekonstruieren – was anhand der eindeutigen Befunde möglich gewesen wäre. Vielmehr erhielt das einmal dreigeteilte Schiff eine flache Holzdecke, unter der die Ansätze der romanischen Gewölbe erkennbar sind.

Walter Haas hat 1969 das mittlerweile wieder einer sakralen Nutzung zugeführte Gotteshaus so gewürdigt: „Den Ausmaßen nach gehört die Nikolauskirche noch zu den kleinen Bauten. Von der großen Zahl romanischer Kirchen ähnlicher Größe hebt sie sich ab durch Eigenarten des Bautyps. Die in der Romanik Süddeutschlands seltene Form der Hallenkirche, die als Kapelle abgesonderte Empore, die Verwendung von Säulen als Stützen, zu denen noch ein Pfeilerpaar tritt, die über den östlichen Seitenschiffjochen aufsteigenden Türme und die trapezförmig ummantelte Apsis sind Erscheinungen, für die sich zwar manche Parallelen finden, die aber so gedrängt an einem kleinen Bau sonst nicht vorkommen.

Der kleine, rustikale Bau der Nikolauskirche ist als Denkmal hochromanischer Architektur weit über seine etwas kuriosen Züge hinaus von kunstgeschichtlichem Interesse. Der durch seine Emporenanlage gewichtige ottonische oder frühromanische Bau und sein trotz der kleinen Ausmaße aufwendiger Nachfolger führen zu der Frage nach dem Bauherrn dieser Kirchen und nach der Bedeutung Venedigs im 10. bis 12. Jahrhundert neben Nabburg und Perschen. Diese Fragen müssen nun an die Nachbardisziplinen der Landes- und Siedlungsgeschichte gerichtet werden." Abb. 107

REGENSBURG

ehem. Benediktiner-Abteikirche St. Jakob (Schottenkirche)

Sie ist ohne Vorbild und hat keinen ebenbürtigen Nachfolger. Ihr Nordportal ist Mittelpunkt einer bildüberladenen Schau-Wand, beispiellos in Deutschland. Doch in Regensburg, der romanischen Stadt, kann man solches erwarten.

Irische Missionare zogen schon im 7. Jahrhundert durch Deutschland, um zu predigen und zu taufen. Von den Einheimischen „Schotten" genannt, lebten die Mönche nach den Regeln des heiligen Benedikt, bauten sich 1075 im Süden von Regensburg ein erstes Kloster.

Die Kirche war schon nach einigen Jahren baufällig, das Kloster zu klein, kein Platz für den Ordensnachwuchs. Die Burggrafen Otto und Heinrich von Regensburg, die Herren von Laaber sowie reiche Bürger schenkten den Iro-Schotten einen weiten Platz am westlichsten Ende der Stadt, knapp vor dem Ruozanburgtor.

1112 begann der Bau von Kirche und Kloster, hastig und unter Zeitdruck. 18 Jahre später gab Bischof Hartwich dem Gotteshaus mit den beiden Türmen seinen Segen. Doch schon bald war die Kirche den Mönchen wieder zu klein, auch genügte sie hinsichtlich ihrer künstlerischen Ausgestaltung nicht mehr den gestiegenen Anforderungen. Abt Christian pilgerte daraufhin nach Irland und nach Rom, er bettelte um Geld und Geschenke für einen Neubau.

Sein Nachfolger Gregor, der von 1150 bis 1193 das Kloster leitete, ließ die alte Kirche mit den beiden Türmen stehen und baute westlich davon die neue

Basilika übergangslos an. Stolz konnten die „miseri peregrini", die fahrenden Mönche, wie die Iro-Schotten genannt wurden, 1184 ein Datum für die Weihe ihrer Baslika festsetzen, in der nach Abschluß aller Arbeiten die alte Kirche den Chor bildete.

Die Türme sind verputzt und ohne Patina, ihr Alter verbergend. Die augenfällige Bilder-Schauwand des Nordportals zur Straße hin ist schwarzgefärbt und abgasbedroht. So steht St. Jakob einige Stufen über der Fahrbahn.

Verschwenderisch und maßlos haben die unbekannten Bildhauer aus Stein geschlagen, was ihnen die Auftraggeber diktierten. Vielleicht auf seiner Pilger- und Bettelreise nach Italien von dortigen Bauten inspiriert, ordnete Abt Gregor ein Portal an, dessen Parallelen weit weg, in Italien oder Frankreich zu suchen sind.

In drei Stockwerke geteilt, präsentiert sich eine Rätselwelt, fremd und schwermütig. Dicht gedrängt in der obersten Reihe, genau über dem Portal, die zwölf Apostel, paarweise, wie Jesus sie zur Verkündigung des Evangeliums aussandte und Christus in ihrer Mitte. Je fünf leere Arkaden-Nischen gliedern links und rechts die Fassade. Das mittlere Feld schmücken wieder Arkaden, getragen von acht Karyatiden und zwei Säulchen.

Den meisten Raum beansprucht das unterste Feld, das auch am schwierigsten zu deuten ist: Drei Bögen zu beiden Seiten des Portals, darunter Tiere als Ornament, Fabelwesen, Halbfiguren. „Über die Bedeutung des Ganzen ist schon viel geschrieben worden. Der Scharfsinn Berufener und Unberufener hat sich in vielerlei Deutungen versucht. So viel steht fest, daß die Darstellungen religiös-symbolischer Natur sind und wir es nicht mit sinnloser Spielerei des Steinmetzen zu tun haben. Auf Wahrscheinlichkeit können nur jene Interpretationen Anspruch machen, welche sich an die christliche Symbolik anlehnen und von der Idee ausgehen, daß hier den Besuchern der Kirche schon beim Eintritte Darstellungen vor Augen gestellt wurden, die dem Volke damals – durch Predigt und Tradition unterrichtet – verständlich waren" (Hugo Graf von Walderdorff).

Überreich ist auch das eigentliche Portal, dreifach abgestuft, aus drei Säulenpaaren zusammengesetzt. Vor ihm liegen zwei Löwen. Auf den Kapitellen und ausgekehlten Wandvorsprüngen lagern links fünf Löwinnen, rechts fünf Löwen. „Wer durch mich eintritt, wird gerettet werden!" Das scheint der lehrende Christus im Tympanon zu sagen, assistiert von den beiden Kirchenpatronen Johannes dem Täufer und St. Jakob.

Von isolierter Größe ist die Basilika mit dem westlichen Querschiff auch im Innern. Als erste Säulenbasilika in Altbayern errichtet, geht sie auf Hirsauer Einfluß zurück. Denn die Reformbenediktiner, die vom Kloster Hirsau aus ihren Einfluß und ihre Beziehungen ausspielten, gaben der Säule den Vorzug gegenüber dem Pfeiler.

Allein an den Basen der fünf Säulenpaare zeigt sich der Ideenreichtum der Steinmetzen. Die Eckknollen sind als phantastische Tierköpfe gearbeitet. Auch die Kapitelle beweisen Vielfalt: Engel, Fratzen, Vögel, Fabelwesen, Trauben, Eichenblätter.

Nicht nur im Äußeren, in der Baukunst dokumentiert St. Jakob Einfluß und Reichtum. 1215 waren die zwölf deutschen Schottenklöster von Papst Innozenz III. zu einer Kongregation zusammengefaßt und der Abt von St. Jakob zu deren Präses bestimmt worden.

Verarmt, abgewirtschaftet und baufällig hatte das Kloster zu Beginn des 16. Jahrhunderts seinen Tiefstpunkt erreicht. 1515 setzte Papst Leo X. den Abt ab, übergab die bisher von Irländern geführte Abtei schottischen Benediktinern. Der Aufstieg unter Johann Thomson war nicht von Dauer, wieder ging es abwärts.

Neuen Aufschwung brachte 1719 die Gründung eines Seminars für junge Schotten, die auch zum Missionsdienst in ihrer Heimat bestimmt waren. Während alle übrigen Schottenklöster nach und nach aufgelöst wurden, hielt sich St. Jakob auch in den Wirren der Säkularisation. Zwar durfte die Abtei ab 1803 keine neuen Novizen mehr aufnehmen, aber das klösterliche Leben ging weiter. 1827 hob König Ludwig I. das Verbot auf.

Doch jetzt fehlte es dem Kloster an Nachwuchs. 1862 wurde die Abtei dem Bistum Regensburg überlassen, das die Anlagen für das bischöfliche Priesterseminar, das von Obermünster nach St. Jakob verlegt wurde, erweiterte. Abb. 108 u. 110/111

Regensburg

ehem. Benediktiner-Abteikirche St. Emmeram

Während viele romanische Kirchen einen Dornröschenschlaf führen, wird St. Emmeram täglich von Touristenscharen überflutet. Vor allem an Wochenenden halten unentwegt Busse vor dem seltsamen, abgasgeschwärzten frühgotischen Vorbau, hasten Schüler und Rentner, Interessierte und Gelangweilte hinter bezahlten Führern her, hören Daten, Geschichten, Fakten, die sie in der kurzen Zeit weder aufnehmen noch verarbeiten können. Wer in Ruhe dieses „Nationalheiligtum der frühbayerischen Zeit" mit den bedeutenden romanischen Bauteilen aufnehmen will, sollte sich noch vor Beginn der Bus-Invasion, zeitig am Morgen, auf den Weg machen.

Der Platz, auf dem Kloster und Kirche stehen, war schon in der spätrömischen Zeit Versammlungsort der ersten Christen. Um 685 ließ der bayerische Herzog Theodo den bei der Missionierung südlich von München ermordeten fränkischen Bischof Emmeram hier beisetzen. Vermutlich um 700 gründeten Mönche bei der Grabeskirche des Märtyrers Emmeram ein Kloster. 739 teilte der Apostel der Deutschen, Bonifatius, Bayern in die vier Diözesen Regensburg, Passau, Freising und Salzburg auf. Als ersten Bischof von Regensburg setzte er den Angelsachsen Gaubald ein. Gaubald war gleichzeitig erster Abt des Klosters St. Emmeram. Diese Personalunion Bischof und Abt bestand bis 975.

Bau und Entwicklung des Klosters waren wesentlich geprägt von der Märtyrerfigur Emmeram. Schon um 740 wurde er in eine größere Grabanlage umgebettet, in eine halbkreisförmige, tonnengewölbte, in ihrer ursprünglichen Form noch erhaltene Ringkrypta. Über der Grabstätte wurde ein Altar errichtet. Die Nähe eines Märtyrers, der für und wie Christus gestorben war, erschien damals vielen als Garantie für eine „sichere Auferstehung".

So drängten sich einige regelrecht darum, direkt neben Emmeram begraben zu werden. Nicht nur alle 13 Abt-Bischöfe ruhen deshalb im Kloster, auch Kaiser Arnulf von Kärnten (gestorben 899), sein Sohn Ludwig das Kind (911), die Frau von Ludwig dem Deutschen, Königin Hemma (876) sowie die Bayernherzöge Arnulf der Böse (937) und Heinrich der Zänker (995) sind hier bestattet.

Wer sich in St. Emmeram beisetzen ließ, war nicht kleinlich. Reiche Schenkungen sicherten dem Kloster die Stellung, die es jahrhundertelang halten konnte. Schon um das Jahr 1100 waren Kloster und Kirche eine riesige romanische Anlage. Eine schwere Brandkatastrophe 1166 konnte den unaufhaltsamen Aufstieg nicht bremsen. Obwohl auch das Gotteshaus stark beschädigt wurde, wurden erhebliche Teile der früheren Kirche in den Neubau integriert.

Wie die nach 1166 errichtete dreischiffige Basilika mit einem Querschiff im Westen aussah, ergibt sich aus alten Beschreibungen: Die Holzdecke im Hauptschiff war bemalt, zeigte in vier Zyklen Sinn und Ziel des Weltenablaufes. Am 1. August 1642 war ein Arbeiter damit beschäftigt, Löcher in der Dachrinne der Basilika mit Blei auszugießen. Als er neues Material über einem offenen Feuer schmolz, brach durch Unvorsichtigkeit ein Großbrand aus, der die bemalte Holzdecke des Hauptschiffes, sowie Altäre, Gestühl und die romanischen Hochgräber der Kaiser vernichtete. Obwohl auf dem freistehenden Kirchturm sogar die sieben Glocken durch die Hitze zu schmelzen begannen, konnte wie durch ein Wunder das Übergreifen der Flammen auf die angebauten Klostergebäude verhindert werden. „Es stunde das gantze Closter in höchster Gefahr, aber weil man mit Wasser wohl versehen ware, hat man fernerem Unglück begegnen können", steht in der Chronik. Abt Placidus Judmann schrieb 24 Stunden später einen Bittbrief an Kurfürst Maximilian nach München. Er bat um Geld zum Wiederaufbau.

„Meinen Leichnam begrabt ohne Pomp und Trauerrede zu Füßen des Liebfrauenaltars, wenn ihr mir eine Liebenswürdigkeit erweisen wollt. Lebt wohl!" So hatte sich der 1719 verstorbene Abt Baptist Hemm von seinen Mönchen verabschiedet. Nicht mehr so bescheiden war sein Nachfolger Anselm Godin. Er überraschte am 12. März 1732 den Konvent mit dem Plan, daß er sich von Kaiser Karl VI. gegen eine einmalige Zahlung von 12 400 Gulden in den Reichsfürstenstand erheben lassen wolle – „zu Ehren des heiligen Emmerami".

Ein Teil des Konvents sah das jedoch anders. Acht der 17 Mönche waren bei einer Stimmenthaltung gegen den Plan des Abtes. Sie glaubten auch nicht, daß der Titel „Fürstabt" der Disziplin innerhalb des Klosters etwas nützen würde. Erst bei einer Kampfabstimmung gelang es Abt Anselm Godin mit seiner eigenen Stimme die Mehrheit zu gewinnen.

Mit dem Eingang der kaiserlichen Urkunde am 16. Oktober 1732 begann ein anderes Leben. Im Kloster zog ein Hofstaat ein, ebenso ein Hofkavalier.

Am 1. Dezember 1791 wählte der Konvent den an der Universität Ingolstadt lehrenden Professor für Experimentalphysik, Astronomie und Meteorologie, Cölestin Steiglehner, zum letzten Abt. Die Wende, die gleichzeitig das Ende bedeutete, hatte sich auch so abgezeichnet: Nicht mehr wie früher überwiegend Adelssöhne, sondern Kinder von Bürgerlichen waren ins Kloster St. Emmeram gekommen. Von etwa 80 Mönchen, die innerhalb von 75 Jahren eingetreten waren, stammte die Hälfte aus Handwerker-, Gastwirts- und Brauersfamilien. Die anderen waren Söhne von Beamten, Professoren, Ärzten und Bauern. Nur drei Mönche waren adeliger Abstammung.

Am 1. Dezember 1802 erlosch die Unabhängigkeit des Reichsstifts St. Emmeram. Als Entschädigung für seine verlorengegangenen linksrheinischen Besitzungen erhielt der Kurerzkanzler des Deutschen Reiches und Erzbischof von Mainz, Carl Theodor Freiherr von Dalberg, die freie Reichsstadt Regensburg mit ihren Reichsstiften. Obwohl die Mönche im Kloster bleiben durften, löste sich der Konvent langsam auf. Einige ließen sich von der Ordensregel entbinden, andere widmeten sich mehr weltlichen als kirchlichen Dingen. Napoleon, der erst vier Jahre vorher den Münchner Kurfürsten Max Joseph zum König ernannt hatte, übergab am 25. Mai 1810 Fürstentum und Reichsstift St. Emmeram dem Königreich Bayern.

Die letzten 24 Benediktiner hatte Freiherr von Dalberg schon im März dispensiert. Bleiben durfte nur ein einziger: der fast völlig erblindete Pater Rupert Aign. Er starb knapp ein Jahr später. Der letzte Abt Cölestin Steiglehner, der sich in der Nähe der aufgelösten Abtei eine Wohnung gemietet hatte, versuchte noch bis zu seinem Tode 1819 mit früheren Mönchen wenigstens an hohen Festtagen in der Basilika Gottesdienste in gewohnter Form zu halten.

Doch die Geschichte der Abtei war zu Ende. 1812 hatte der Staat das eben selbst erst übernommene Kloster an das fürstliche Haus Thurn und Taxis weitergegeben – als eine Art Entschädigung für verlorengegangene Postrechte. Ausgenommen davon war nur die Basilika, die zur Pfarrkirche bestimmt wurde. Die Fürstenfamilie erhielt allerdings einen eigenen Zugang zum Gotteshaus.

Fürst Karl Alexander von Thurn und Taxis, dessen Familie schon seit Jahren einige Klosterräume gemietet hatte, ließ sofort mit der Umgestaltung der Abtei zum Schloß beginnen. Parallel dazu kaufte der Fürst rings um das Kloster Grund auf. Diese Käufe und die damit verbundene Anlegung eines großzügigen Schloßparks beeinflussen das Stadtbild Regensburgs bis heute.

Schon der Weg durch den Vorbau über den Vorgarten zur zweischiffigen Vorhalle läßt die Großartigkeit der Anlage erahnen. Im späten 12. Jahrhundert begonnen, überwölbt die Vorhalle ein wuchtiges Doppel-Portal, noch von der ersten unter Abt Reginward um 1050 errichteten Kirche stammend.

Epitaphien aus späteren Epochen lenken ab, verwirren und rauben der Vorhalle viel von ihrer ursprünglichen Ausstrahlung. Die drei Reliefs aus Kalkstein, die ältesten Werke dieser Art in Deutschland, haben früher sicher die Halle beherrscht. Etwa drei Meter über dem Boden sitzen sie in der Wand: zwischen den beiden Portalen Christus als Weltenrichter, im Typus der Majestas Domini, zu seinen Füßen ein Medaillon mit der Stiftungsinschrift von Abt Reginward. Daneben, ebenfalls um 1050 gearbeitet, der als Heiliger verehrte Emmeram und Dionysius.

Fünfschiffig, halbrunde Wandnischen, die ältesten verzierten Würfelkapitelle in Bayern: Die Wolfgangskrypta unter dem Westchor vermittelt unverfälschte Romanik. Vom Augsburger Bischof Ulrich 968 in Einsiedeln zum Priester geweiht, bestieg Wolfgang schon vier Jahre danach den Regensburger Bischofsthron. Er schickte seine Mönche zur Mission nach Böhmen und gründete das Bistum Prag. 975 trennte er das Kloster St. Emmeram, dessen Abt er gleichzeitig war, vom Bistum ab. Er starb am 31. Oktober 994 und wurde am 8. November im südlichen Seitenschiff beigesetzt. Seine Gebeine wurden schon bald verehrt, sie machten den Bau einer eigenen Krypta notwendig. Am 7. Oktober 1052 weihte Papst Leo IX. in Anwesenheit von Kaiser Heinrich III. die fünfschiffige Krypta und sprach gleichzeitig Bischof Wolfgang heilig. Aus dieser Zeit dürfte auch der sogenannte Heinrichsstuhl in einer der Nischen stammen.

1775 umgebaut wurde die 980 geweihte Ramwoldkrypta im Ostchor. Ramwold war als Siebzigjähriger 975 von Bischof Wolfgang zum neuen Abt von St. Emmeram geweiht worden.   Abb. 109 u. 113

PRÜFENING

ehem. Benediktiner-Abteikirche

„Im Jahre des Herrn 1119, an den 4. Iden des Mai ist konsekriert worden dieses Münster zu Ehren des hl. Georg von den sehr verehrungswürdigen Bischöfen Hartwich von Regensburg und Otto von Bamberg. Es sind enthalten im Hauptaltar Reliquien vom Kreuzesholz des Herrn, der hl. Maria, der Apostel Petrus, Paulus und Andreas, der Evangelisten Matthäus und Markus, des Barnabas, der hl. Märtyrer: Stephanus, des Erzmärtyrers, des Clemens, des Dionysius, des Rusticus, des Eleutherius, des Laurentius, des Vincentius, des Sebastian, des Chrisogonus, des Pancratius; der hl. Bekenner: Ermachora, des Fortunatus, des Salinus, des Albinus, des Furseus, des Gundolf, des Drudon, des Juventinus; der hl. Jungfrauen Genoveva, Grata, Columba, Glodesindis."

Mit dieser Inschrift, der Text lateinisch, in Ton geritzt, die Tafel in bunte Streifenfelder aufgeteilt, besitzt die ehemalige Benediktiner-Abteikirche Prüfening eine einzigartige Kostbarkeit. Die Weihetafel, bei einer früheren Restaurierung entdeckt, ist nun in den südwestlichen Vierungspfeiler eingelassen. Eine so ausführliche, deutliche und für jeden sichtbare Baugeschichte besitzt keine romanische Kirche in Bayern.

Der Basilika und dem Kloster, einst weit außerhalb Regensburgs gelegen, sind vierspurige Schnellstraßen und monströse Ampel-Kreuzungen nahegerückt. Doch der engste Bannkreis um die Anlage hat trotz bedrohlicher Nähe kinderfeindlicher Wohnsilos seine alte Struktur bewahrt. Fast scheut man sich einzubrechen und durch das Tor zu treten, die prächtige Lindenallee auf ungeteerter Straße hinaufzugehen bis zu dem scharfen Knick, der auf einmal den Blick auf die schloßähnliche Klosteranlage freigibt.

Tote Wasserspiele, geschlossene Fensterläden, bröckelnder Putz, überall ein Hauch Melancholie und Verfall. Die barocke Westfassade der Kirche ist dem Klostertrakt angepaßt. Sie läßt nicht vermuten, was an Romanik in ihr steckt. Groß ist dann die Überraschung. 1109 hatte Bischof Otto von Bamberg das Kloster Prüfening gegründet und Benediktiner aus Hirsau berufen. Vermutlich noch im selben Jahr begann der Bau der dreischiffigen Pfeilerbasilika. Der erste Abt, Erminold, streng, auch gegen sich selbst, verlangte von seinen Mönchen ein Leben getreu der Ordensregel und Opferbereitschaft. Das forderte einen der Mönche heraus. Noch bevor am 12. Mai 1119 die Kirche eingeweiht wurde, erschlug der Aufsässige den ersten Abt des Klosters.

Unter Erminolds Nachfolger entwickelte sich Prüfening zu einem Zentrum romanischer Buchmalereien. In der Abtei entstanden mit die bedeutendsten Werke dieser Zeit. So sehr Kunst und Wissenschaft blühten, so mißlich war im 13. Jahrhundert die wirtschaftliche Lage des Klosters. 1291 mußte Abt Ulrich den Regensburger Bischof um Hilfe bitten – ein Eingeständnis eigener Fehler. In der folgenden Zeit stand die Abtei mehrmals erneut am Rande des Ruins. Unter Abt Ulrich IV., der 1529 sein Amt übernommen hatte, war das Kloster nahezu ausgestorben. Die Mönche waren geflohen, viele der neuen Lehre Luthers gefolgt. 1633 ausgeplündert, begann der neue Aufstieg des Klosters erst nach dem Dreißigjährigen Krieg. 1684 war Prüfening wieder so reich, daß der bayerische Kurfürst Max Emanuel, der wegen seiner vielen Kriege ständig über leere Staatskassen verfügte, das Kloster enteignen wollte. Zwei Drittel des Klosterbesitzes sollten an den Staat fallen, der Rest an das Regensburger Kloster St. Emmeram. Papst Innozenz XI. segnete diese Pläne zwar ab, doch die 1685 ausgestellte päpstliche Aufhebungsbulle scheiterte am Widerstand der Bischöfe von Regensburg und Bamberg.

Mit 40 Mönchen erreichte das Kloster im 18. Jahrhundert seine Glanzzeit, geführt von fähigen Äbten. Der aus Ingolstadt stammende Sohn eines kurbayerischen Beamten, Rupert Kornmann, wurde 1790 erst 33jährig letzter Abt. Am 21. März 1803 wurde die Abtei aufgehoben. Die Basilika verfiel nicht wie andernorts der Säkularisation. Sie wurde 1806 Pfarrkirche für das damalige Dorf Prüfening mit seinen 54 Einwohnern. Für 1,4 Millionen Goldmark kaufte 1899 Fürst Albert von Thurn und Taxis die inmitten eines riesigen Parks liegende Klosteranlage.

Ein kleiner weißer Zettel, unauffällig an die Kirchentüre geheftet, teilt mit, daß die Basilika wegen „wiederholter Diebstähle" versperrt ist. „Schlüssel nebenan bei Pater Emmeram oder im Katholischen Pfarramt." Wer sich die Mühe macht, die Schlüssel im mehrere Kilometer entfernten Pfarramts-Neubau zu besorgen, wird reich entschädigt. Bereits 1888 hatte Berthold Riehl in seinen „Kunsthistorischen Wanderungen" festgestellt: „In der bayerischen Kunstgeschichte gebührt der Kirche von Prüfening eine hervorragende Stellung, durch sie fassen die Hirsauer Fuß auf bayerischem Boden, durch sie wird das Querschiff, die Verlängerung der Seitenschiffe jenseits desselben, der technische Fortschritt der Kreuzgewölbe in den Seitenschiffen und die elegantere Behandlung der Türme nach Bayern gebracht." Die größte Kostbarkeit der Kirche, die zwischen 1130 und 1160 entstandenen Fresken, hatte Riehl noch gar nicht gesehen. Sie wurden erst ab 1897 nach und nach entdeckt.

Unversehrt stehen die fünfgeschossigen, aus verfugten Kalksteinquadern bestehenden beiden Türme im Osten. Der südliche Turm hat noch eine Glocke aus der Zeit um 1200, der nördliche Turm eine aus dem 13. Jahrhundert.

Die barocke Vorhalle, rechts unter schweren Steinplatten mit Eisenringen die Gruft bergend, gibt den Weg frei zum romanischen Westportal. Während die Malerei im Tympanon modern ist, sind die aufgemalten vier Engel rechts und links romanisch.

Auf den ersten Blick triumphiert der Barock, nicht gerade üppig, aber typisch. Das Gewölbe im hinteren Hauptschiff, um 1609 anstelle einer flachen, bemalten Holzfelderdecke eingezogen, schmücken Wandmalereien von 1715. Doch je näher man der Vierung kommt, vorbei an den weiß gekalkten Pfeilern mit den einfachen Kapitellen, desto stärker wird das Romanische, bis man überwältigt ist angesichts der Fresken.

Christus als Pantokrator fehlt in Prüfening. Sein Fresko schmückte vermutlich die im 17. Jahrhundert abgebrochene Hauptapsis. An seiner Stelle beherrscht im Gewölbe des Hochchores eine Frau den Raum, auf einem Thron sitzend, ein Kreuz mit der einen und die Erdscheibe mit der andern Hand umklammernd. „Die immerwährende Jungfrau, voranleuchtend mit den Edelsteinen ihrer Tugenden, auf bräutlichem Lager geeint, regiert mit dem Bräutigam in Ewigkeit," steht auf lateinisch in einem Kreisband. Möglicherweise als Pendant zu Christus gedacht, versinnbildlicht sie die Kirche.

Ein Monarch, die Krone auf dem Kopf, die Hände ausgestreckt nach Osten zum Altar hin, in den Feldern darüber vier Mönche, sieben weitere Geistliche, teils Bischöfe und schließlich vier Propheten, drei davon durch Textbänder als Ezechiel, Zacharias und Daniel ausgewiesen: das sind die Fresken an der Nordwand.

Gegenüber reihen sich über einem reizvollen romanischen Fenster Märtyrer, preisen auf Spruchbändern in lateinischer Sprache Christus. Restauriert wurden nach ihrer Entdeckung nur die Fresken im Hauptchor. Alle übrigen zeigen ihre originale Farbenpracht, ungebrochen auch nach über acht Jahrhunderten.

In ihrer plastischen Wirkung verblüffende ornamentale Malereien tragen die Pfeiler, Konsolen und Bogengewände. In der Vierung setzen sich die romanischen Malereien fort, zeigen auch die Pfeiler figürliche Darstellungen. Ohne Übergang schließen sich die Barock-Fresken an.

Ursprünglich war das Gotteshaus mit roh bearbeiteten, kleinen Steinen, einer Art Kopfsteinpflaster ausgelegt. Es wich einem gotischen Ziegelboden, von dem sich in den beiden Nebenchören noch Fragmente erhalten haben.

Während die Klosterbauten dem Hause Thurn und Taxis gehören, ist die Basilika im Besitz der Kirchenstiftung Regensburg-West Prüfening. Jeden Sonntag findet hier ein Gottesdienst statt. Abb. 112

In Sichtweite der Basilika, inmitten einer ebenso seltenen wie wohltuenden Wildnis, steht die seit 1803 profanierte romanische Andreas-Kapelle. Das Gelände um das Bauwerk war einst Friedhof, die Kirche selbst stand dem Personal der Abtei offen. Den trutzigen Turm, dem eine Apsis vorgelegt ist, gliedern auf allen vier Seiten gekuppelte Schallöffnungen.

Plankstetten, Paradies

Plankstetten,
Figurenschmuck im Paradies

Kastl, romanischer Sarkophag

Kastl, romanische Plastik

Perschen, Rundkarner und Basilika

Perschen, Fresko im Karner

Perschen, Westportal

102

Reichenbach, Klosterkirche

Walderbach, romanisches Gewölbe

Walderbach, Hauptschiff

Breitenstein, Burgkapelle

Nabburg, Emporenanlage

Regensburg St. Jakob, Portal

Regensburg St. Emmeram, Vorhalle

Regensburg St. Jakob, Portalanlage

Regensburg St. Jakob, Portalanlage

Prüfening, „immerwährende Jungfrau"   *Regensburg St. Emmeram, Christus als Weltenrichter*

BAMBERG

Dom

Das Große, Gewaltige hat die Menschen schon immer fasziniert. Die Größe hat oft das Kleine übersehen lassen. Selbst der Münchner Privatdozent und Kunsthistoriker Dr. Berthold Riehl, mit Superlativen geizend und zurückhaltend in seiner 1888 erschienenen Beschreibung romanischer Bauten in Bayern, wird angesichts des Bamberger Doms überschwenglich. Er nennt ihn eine der „hervorragendsten und künstlerisch anziehendsten Leistungen deutscher Baukunst".

Entgegen seiner nüchtern-knappen Art schreibt er über Bamberg: „Der Dom, die herrliche Schöpfung des 13. Jahrhunderts, gewährt unbedingten, künstlerischen Genuß; er spricht, wie alles wahrhaft künstlerisch Bedeutende, nicht nur zum grübelnden Verstande, sondern auch zum warm fühlenden Herzen. Die klare, organische Entwicklung des trotz der verschiedenen Bauperioden in der Gesamtentwicklung einheitlichen Baues, sein edler, ernster, aber auch wieder anmutiger Charakter wird Jeden, der nur überhaupt für Künstlerisches empfänglich ist, erfreuen und erheben."

Imponierend liegt der Dom über der Stadt, düster, viertürmig. Er wurde am 6. Mai 1012 geweiht. Die prunkvolle Feier, zu der sich 45 Erzbischöfe und Bischöfe versammelt hatten, fand am vierzigsten Geburtstag seines Stifters, Kaiser Heinrich II., statt. 1007 hatte sich Heinrich in Frankfurt vor den deutschen Bischöfen auf den Boden geworfen, untertänig, demütig. Mit seinem Kniefall wollte der Monarch die Einwilligung der Oberhirten zur Gründung eines neuen Bistums erreichen.

Den Bau des Domes hatte der Monarch längst in Angriff nehmen lassen. 1007 war Bamberg dann Diözese geworden – die achte in Bayern.

Regensburger Bauleute hatten am Dom gearbeitet und den Stil beeinflußt. Was sie schufen, sollte Generationen überdauern: eine mächtige Pfeilerbasilika mit zwei Chören, westlichem Querschiff, zwei Türmen im Osten, zwei Krypten, Fresken und Holzdecken.

Am Ostersonntag 1081 brannte der Dom aus. Die Flammen vernichteten Holzdecken, Dächer, Turmhelme und Wandmalereien. Stehen blieben nur die Mauern.

Dreißig Jahre lang zog sich der Wiederaufbau hin, schleppend und stockend. Erst der Bamberger Bischof Otto der Heilige forcierte die Arbeiten. Unter ihm wurde der Dom in der alten Pracht wiederhergestellt. Um künftig Brandkatastrophen auszuschließen, wurde ein Großteil der Holzeinbauten mit Kupfer verkleidet. 1111 konnte der Bischof das Werk, das er als Verpflichtung angesehen hatte, weihen.

1185 fiel der Dom erneut einem Großfeuer zum Opfer. Doch diesmal orientierte sich der Wiederaufbau nicht am Vorhandenen. Obwohl bereits notdürftig instandgesetzt, gab Bischof Ekbert, seit 1203 Oberhirte, ein Sohn des Herzogs Berthold IV. von Meran, den Auftrag zu einem völligen Neubau – gegen den Willen konservativer Kräfte im Domkapitel.

Doch mit dem Beginn des Neubaus um 1220 hatten die Gegner noch lange nicht aufgegeben. Mehrmals wurde das Konzept geändert, wurden Zugeständnisse an die Konservativen gemacht, später wieder revidiert. In Anlehnung an den ersten Dombau war zunächst begonnen worden eine Flachdecke einzuziehen. Aber noch mitten in den Arbeiten siegten die Befürworter von Gewölben. Um die Finanzierung zu sichern, gewährte der vom Bischof angegangene Papst Gregor IX. großzügigen Spendern immer wieder Ablässe.

1237 waren die Arbeiten abgeschlossen. Alle Schiffe waren gewölbt. Am 6. Mai wurde der Dom in Anwesenheit der Bischöfe von Eichstätt, Würzburg, Naumburg und Merseburg konsekriert. Der Bamberger Oberhirte Ekbert, dem der Neubau zur Lebensaufgabe geworden war, starb wenige Wochen nach der Weihe.

Trotz spätromanischem Charakter, errichtet im „Übergangsstil" zwischen Romanik und Gotik, zeigt der Dom ein „entschiedenes Festhalten" am 12. Jahrhundert. „Aber doch sehen wir allenthalben das Auflösen der alten Formenwelt, das Tasten nach Neuem, in den Zacken- und Kleeblattbögen, den überschlanken Säulen mit ihren flachen Basen und vor allem in der Wölbung, die besonders im Westchor und Querschiff mit den verschiedensten Systemen experimentiert" (Berthold Riehl).

Viertürmig, der Georgenchor mit der Adams- und der Gnadenpforte im Osten, überreich gegliedert, bestimmt der Dom die Silhouette der Stadt. Er steht auf einem Ausläufer des Steigerwaldes, was ihn noch beherrschender macht. Zum Georgenchor führt eine breite Freitreppe hinauf; links und rechts wachsen die beiden

Osttürme heraus, in denen die Gnadenpforte liegt, das Gegenstück zur Adamspforte.

Thema des Tympanons der Gnadenpforte ist Maria als Vermittlerin der Gnade. Das Stifterpaar des ersten Doms, Kaiser Heinrich und seine Frau Kunigunde, stehen seitlich vor ihr, Modelle des Kirchenbaues in der jeweils linken Hand haltend.

Neben Maria, die das Jesuskind auf dem Arm trägt, und dem Kaiserpaar, fallen alle übrigen Figuren im Tympanon deutlich an Größe ab. Von der originalen Ausmalung des Portals, das an einigen Stellen auch mit Gold belegt war, zeugen nur noch Spuren.

Einzig offener Zugang zum Dom ist heute die Adamspforte. Ursprünglich wurden durch dieses Portal die Büßer aus der Kirche gewiesen. Aufseher wachen gleich hinter dem Eingang über den Touristenstrom, der sich täglich wie in einem Museum durch den Bau drängt.

Das, was Barock und andere Stilarten im Dom hinterlassen hatten, ließ der bayerische König Ludwig I. wieder entfernen. Schon kurz nachdem er 1825 den Thron bestiegen hatte, ordnete er an, den Bau wieder auf sein mittelalterliches Bild zurückzuführen.

Ein einmaliges Kunstwerk steht im Peterschor im Westen: die einzige Grabstätte eines Papstes in Deutschland. Suitger, zweiter Bischof von Bamberg, war 1047 als Clemens II. gestorben. Originale Teile der Tumba sind die Seitenteile aus Kärntner Marmor. Eindrucksvoll zeigt die Tumbawand am Kopfende als Relief den heiligen Johannes, den Patron der Papstkirche im Lateran, an den Längsseiten den Paradiesesstrom, originell sich teilend in die vier Tugendströme Temperantia und Justitia, Fortitudo und Prudentia, und am Fußende der Papst, schlafend, wie ihm der Todesengel erscheint.

Vom nördlichen Pfeiler des Georgenchores, über der Ostkrypta, blickt der berühmte Bamberger Reiter nach Westen, bis heute nicht identifiziert. Möglicherweise ist es der Ungarnkönig Stephan, ein Verwandter von Bischof Ekbert von Andechs-Meranien (gestorben 1237), der der Sage nach als Heide in den Dom kam und sich spontan taufen ließ.

Nicht nur romanische, auch jüngere Schätze bewahrt der Dom. Der große Bildschnitzer Veit Stoß schuf 1523 sein letztes Altarwerk, Tilman Riemenschneider aus Würzburg arbeitete von 1499 bis 1513 am Grabmal für das Stifterpaar Heinrich und Kunigunde, das die romanischen Tumben ersetzte.   Abb. 122–124

BRONN

St. Katharina und St. Jakobus

Imposant, breit, aus grauem Sandstein und vier Stufen bis zur Tür, sitzt das seltsam-seltene Zackenportal in der Nordfassade der bescheidenen Chorturmkirche von Bronn bei Pegnitz. Normannischer Einfluß hat sich hier nach Franken verschlagen. Ähnliche Zackenportale finden sich nur noch am Bamberger Dom, an der Karmelitenkirche in Bamberg und in Großbirkach.

Alfred Schädler hat das Portal 1961 im Kunstdenkmälerband Pegnitz so beschrieben: „In das dreifach gestufte Gewände sind je drei kräftige Rundstäbe über zum Teil beschädigten, vierkantigen Schildbasen mit Wulstringen eingestellt, die mit den begleitenden dünneren Rundstäben in den Kehlen der Stufungskanten im Bogen kämpferlos als Zickzackarchivolten weitergeführt werden. Die Stufungskanten schneiden zwischen den Basen der Rundstäbe mit gespitzten Abläufen ein.

Der Türbogen hat außen eine spätere Kehlung. Vereinzelt zeigen sich Spuren einer früheren Bemalung mit Ochsenblutfarbe. Das Dachgesims des Portals ist gekehlt."

Der Künstler hat die Regeln der Perspektive nicht nur gekannt, sondern auch meisterhaft umgesetzt. Das Portal erscheint ungemein tief, großzügig, obwohl es einschließlich der Tür nur etwa 2,70 Meter breit ist. Entstanden sein dürfte das Zackenportal im frühen 13. Jahrhundert, vermutlich durch normannische Bauleute. Wie diese jedoch nach Franken gekommen waren oder wer sie gerufen hatte, läßt sich nicht mehr nachvollziehen.

Schon unter Karl dem Großen hatten die Normannen das europäische Festland überfallen, immer wieder und unerwartet. Unter den Karolingern wurden sie zur latenten Gefahr. Die Fürsten mußten sich immer öfter gegen hohe Lösegeldsummen von der Bedrohung regelrecht loskaufen. Schließlich schufen sich die Normannen im Mittelmeerraum feste Stützpunkte. Sie gründeten in Unteritalien und auf Sizilien Territorien und in Frankreich ein Herzogtum in der Normandie.

Von den neuen Nachbarn gingen schon bald Impulse aus – auch auf kulturellem Gebiet. Als ein Normannen-Heer 1066 England eroberte, bedeutete dies für die Baukunst eine normannische Version der Romanik.

Daß Portale im Mittelalter so aufwendig, ideenreich und verschwenderisch gestaltet wurden, liegt nicht nur an ihrer Funktion als Eingang in den geweihten Kirchenraum. Vielmehr stellten sie Christus dar, der sich selbst als ostium, als Eingang bezeichnet hat, durch das „allein ein Durchgang zum Vater möglich ist" (Joh. 14,6).

Bronn, in einer Bamberger Bischofsurkunde 1196 als „Brunnen" erstmals erwähnt, war ursprünglich eine Filiale von Velden. Etwa seit 1350 gehörte es zur Pfarrei Pottenstein, nach der Reformation zu Pegnitz. Seit 1572 ist Bronn eine selbständige evangelisch-lutherische Pfarrei.

Über den Bau der romanischen Kirche fehlen Aufzeichnungen. Sie wurde im Dreißigjährigen Krieg von den Kaiserlichen samt dem Ort zerstört. Unversehrt blieb nur das Portal, das beim Neubau zwischen 1650 und 1653 wieder verwendet wurde.

Die neue Kirche mit dem Turm im Osten, dessen Erdgeschoß gleichzeitig den Chorraum bildet, wurde auf der Süd- und Westseite um etwa 1,25 Meter erweitert. Bei Bodenarbeiten entdeckte man 1909 die romanischen Grundmauern.

Ein Blitz beschädigte 1711 den Turm so stark, daß er – auf dem alten Grundriß – neu aufgemauert werden mußte. 1749 wurde das Langhaus um „sechs Schuh" erhöht, eine Stuckdecke eingezogen und eine neue Empore in Auftrag gegeben. Der Sakristeianbau stammt aus dem 18./19. Jahrhundert.   Abb. 125

Pegnitz, 1119 erstmals in einer Urkunde genannt, ist nur einige Minuten entfernt. Der Ort erhielt schon 1350 das Stadtrecht verliehen. Heute zählt Pegnitz etwa 15000 Einwohner.

Rund um die Stadt dehnt sich der Veldensteiner Forst, mit 82 Quadratkilometern eines der größten zusammenhängenden Waldgebiete Bayerns mit bizarren Dolomitfels-Formationen, einer der größten Dolinen Deutschlands und im romantischen Weihersbachtal der gewaltigen „Teufelshöhle".

Nicht nur Natur, auch drei prachtvolle Beispiele barocker Baukunst locken: Gößweinstein mit der berühmten Wallfahrtsbasilika Balthasar Neumanns, das Prämonstratenser-Kloster Speinshart, ein Meisterwerk Wolfgang Dietzenhofers und die Klosterkirche Michelfeld, ein Jugendwerk der Gebrüder Asam. Sehenswert ist auch die Kirche in Lindenhardt mit den Altarbildern Mathias Grünewalds.

Leider nicht zugänglich ist Schloß Trockau, an der Autobahn Richtung Bayreuth, Stammburg des seit 1287 beurkundeten fränkischen Uradelsgeschlechts der Freiherren Groß von Trockau. Das Schloß, eines der schönsten in Oberfranken, steht westlich vom Dorf über dem Tal der Püttlach. Die alte, baufällige Burg war ab 1663 instandgesetzt und umgebaut worden. Das heutige Bild geht auf einen Umbau zwischen 1772 und 1780 zurück. Damals erhielt der Adelssitz qualitätvolle Stuckarbeiten von den Brüdern Jakob und Johann Gerstendörfer.

GROSSBIRKACH

St. Johannis

Frei auf einer Anhöhe außerhalb des Ortes, umgeben von Wiesen und Gebüsch, steht die Steigerwaldkirche Großbirkach, ausgezeichnet durch eine der ältesten fränkischen Steinplastiken. Die Geschichte der Kirche reicht zurück in die Zeit, da es auf Drängen Kaiser Karls des Großen zu einer neuen Welle von Klostergründungen kam.

816 gründeten Benediktiner im 18 Kilometer entfernten Schwarzachtal Megingaudeshausen, Münsterschwarzach. Missionierend sollen die Mönche in Großbirkach eine Taufkirche errichtet haben – möglicherweise an der Stelle einer heidnischen Kultstätte.

Über die Errichtung der jetzigen Kirche gibt es keinerlei Aufzeichnungen. Waren die ältesten Kirchen überwiegend aus Holz gebaut, bestimmte ein Erlaß Karls des Großen (742 bis 814) für Gotteshäuser Steinmaterial – als Ausdruck der Achtung vor der Majestät Gottes. Der Chorturm könnte aus der ersten Hälfte des 11. Jahrhunderts stammen.

Sichere Nachrichten gibt es erst aus dem 14. Jahrhundert. 1352 wurde Großbirkach Pfarrei. Kirche und Dorf wechselten mehrmals den Besitzer. Von den Herren von Thüngfeld kam es an das Zisterzienserkloster Ebrach und 1533 an die Herren von Crailsheim. Diese führten noch im selben Jahr im Ort die Reformation durch.

Hoch oben eingemauert im Turm neben dem südlichen Schallfenster befindet sich ein sitzender Mann, die Hände auf die Knie gestützt. Daneben ein Pendant, stehend, die Arme gekreuzt; mysteriös und zu Erklärungen herausfordernd. Gemeinsam mit einem am Sattelstein der Schallarkade vermauerten primitiven

Kopf wurden sie als Götterdreiheit gedeutet, als Steine, die nach der Christianisierung zur Abwehr von Unholden nahe den geweihten Glocken eingefügt wurden.

Der Volksglaube las aus den verwitterten Figuren Fesseln heraus. Er hält die beiden Männer für gefesselte Götzen, von Christus besiegt.

Durch ein Zickzack-Portal betritt man das Gotteshaus, wird von den übereinanderliegenden Holz-Emporen an der Nord- und Westseite abgelenkt. Massig wölbt sich der Chorbogen, der das Langhaus vom Altarraum abtrennt. Das kleine romanische Rundbogenfenster im Osten wirft sein Licht auf die größte Kostbarkeit der Kirche.

Es handelt sich um ein Relief, aus Sandstein gehauen, 1,30 mal 0,70 Meter groß. Außerhalb des Rahmens steht in romanischer Kapitalschrift der Name „Wolfherus Abbas". Abt Wolfher, Stifter des Kunstwerks, leitete das Kloster Münsterschwarzach von 1034 bis 1046. Vermutlich ist die Platte ein Geschenk der Mutterkirche an die Taufkapelle in Großbirkach.

Groß und würdevoll steht Johannes der Täufer in der Mitte, der Patron der Kirche. Das lange Haar ist streng gescheitelt. Ein runder Nimbus, der Heiligenschein, deutet die Rangstufe des Abgebildeten an. Der runde Nimbus kommt nur den mit Christus Vereinigten zu, im Gegensatz zum beispielsweise viereckigen Nimbus für damals noch Lebende.

Johannes der Täufer trägt eine Tunika und einen offenen Mantel mit breiten, fein gearbeiteten Schmuckborten. Seine Hände umfassen eine Scheibe mit einem rückwärtsschauenden Lamm, dem Attribut Johannes des Täufers. Die Scheibe, der Kreis, ohne Anfang und Ende, steht für Gott. Die Füße von Johannes ruhen auf einem Tierkopf, der sich duckt, der Sieg des Lammes über den Satan.

Deutlich abgesetzt, verharren rechts und links zwei Männer vor dem Kirchenpatron, kleiner als er, in kurzen Röcken und bortenbestickten Mänteln, Adelige, die Finger zum Taufgelübde erhoben.

Nach einer Außen- und Innenrenovierung von 1966 bis 1968 hängt das frühere Altarkreuz, eine Arbeit aus der Zeit um 1650, an der Wand rechts neben dem Eingang. Die Kanzel stammt aus der Kirche von Untersiemau. Sie zeigt in ihren Bildtafeln die vier Evangelisten und in ihrer Mitte Christus als Salvator Mundi, als Erlöser der Welt. Der Taufstein, den eine Akantusranke umgibt, trägt die Jahreszahl 1723.   Abb. 126/127

Westlich von Großbirkach liegt Wiesentheid, 918 erstmals urkundlich erwähnt. Durch Heirat kam die Herrschaft 1701 an die Grafen von Schönborn. Wie allen Schönborns lag auch dem Besitzer von Wiesentheid das „Bauen" im Blut. 1708 begann Rudolf Franz Erwein von Schönborn mit der Neugestaltung des Schlosses. Die aufwendigen Umbauten, die aus Wiesentheid eines der bedeutendsten Schlösser Unterfrankens machten, zogen sich bis 1730 hin. Der mitten im Ort stehende prächtige Vierflügelbau ist schon von weitem zu sehen.

Auch nach Rüdenhausen ist es nicht weit von Großbirkach aus. Hier stand bereits im Mittelalter eine Wasserburg. 1544 zogen mit Georg II. die Grafen von Castell in Rüdenhausen ein. Zum Hauptbau auf der Ostseite geht es durch einen Treppenturm. Schräg gegenüber dem alten Schloß sind die Reste des neuen Schlosses zu erkennen. Es war von 1803 bis 1807 errichtet, 1873 umgebaut und 1945 von amerikanischen Truppen geplündert worden.

Schloß Castell und das gleichnamige Dorf schmiegen sich an einen Hang des Steigerwaldes. Aus dem Zentrum des Ortes wächst die mächtige Vierflügel-Anlage, die zwischen 1687 und 1691 erbaut wurde. Der Ort war bis 1806 Residenz und Mittelpunkt einer reichsunmittelbaren Grafschaft.

Dietersberg

Ruine der Dreikönigs-Kirche

„Wir haben hier keine bleibende Statt, sondern die zukünftige suchen wir" (Heb. 13, Vers 14). Zwei Kilometer hinter Egloffstein in der Fränkischen Schweiz, Richtung Thuisbrunn, steht die romanische Kirchenruine Dietersberg, hundert Meter unterhalb eines Hanges. Die Anfahrt führt durch eine Bilderbuch-Landschaft, weitgehend unberührt, unvermarktet, zaghaft erschlossen.

Die Gegend ist uralter Siedlungsraum. In der „Dietersberger Schachthöhle" wurden Funde aus der Hallstattzeit gemacht, etwa 2500 Jahre alt. Der Ort selbst wurde 1048 erwähnt, Dietkeresbērch hieß er damals und gehörte dem Domstift Bamberg. Im 12. Jahrhundert dürfte – vielleicht auf einer heidnischen Opferstätte – die Kirche erbaut worden sein. Sie wurde den Heiligen Drei Königen geweiht.

1184 tauchte erstmals die etwa zwei Kilometer entfernte Burg Egloffstein in einer Urkunde auf. Jünger als Dietersberg, entwickelte es sich rascher, wurde schnell größer. Trotzdem blieben die Bürger von Egloffstein jahrhundertelang ohne eigene Kirche vor der Haustüre, mußten sie jeden Sonntag nach Dietersberg, den beschwerlichen, 20minütigen Fußmarsch auf sich nehmen.

Über Generationen hinweg ließen sich die Herren von Egloffstein in der Gruft der Dreikönigs-Kirche beisetzen, war der Platz um das Dietersberger Gotteshaus Gemeindefriedhof. Erst 1750 wurde die Burgkapelle in Egloffstein zur Pfarrkirche erweitert, der Fußmarsch nach Dietersberg hinfällig. Das Gotteshaus, überflüssig, geriet in Vergessenheit, der Bau, vernachlässigt, verfiel. 1803 wurde die Kirche offiziell aufgegeben, der Gemeindefriedhof nach Egloffstein verlegt.

Was Menschen der Natur abgetrotzt hatten, holte sich diese nun zurück. Einer Gesetzmäßigkeit folgend, drang die Wildnis wieder vor, sprengten Wurzeln ganze Mauern, brachten Wände zum Einsturz, tat die Witterung das ihre.

Der Hauptvorsitzende des Vereins „Fränkische Schweiz", Fritz Preis und seine Frau, gaben den Anstoß, die Ruine zu retten, eine Stätte der Besinnung daraus zu machen. Ihre Arbeit, unterstützt von freiwilligen Helfern, dauerte drei Jahre. Am 2. September 1973 versammelten sich Hunderte von Gläubigen vor der Ruine, sprach der Erlanger Universitätsprofessor Dr. Werner Goez: „Wir können nur anerkennen, aus welchen Motiven hier gearbeitet wurde. Und es ist zu hoffen, daß dieses Ethos nicht ausstirbt. Tätige Verbundenheit mit der Heimat, ihrer Natur, ihrer Geschichte gibt dem von Orientierungslosigkeit und Entwurzelung bedrohten Menschen unserer Tage einen festeren Sitz im Leben zurück. Das öffentliche Leben krankt daran, daß jene so selten geworden sind. Und diese alte, neu ausgegrabene Friedhofskirche mahnt eindringlich, das nicht zu versäumen, zu vergessen, verkümmern zu lassen, was uns allen not vor vielem anderen tut."

Und Hermann Riedmüller aus Erlangen dichtete aus diesem Anlaß:
„Fränkische Schweiz, manch Denkmal ist schon Dein,
ein neues Zeichen tritt nun in die Reihe:
Ein schlichtes Kreuz gibt dieser Stätte Weihe
hier zwischen Thuisbrunn und Egloffstein.

Den Heiligen Drei Königen geweiht
stand auf dem Dietersberg vor alten Zeiten
ein Kirchlein, wo der Platz voreinst den Heiden
bei feierlichem Opfer schon bereit.

Wallfahrer pilgerten zu diesem Ort
und in der Gruft des Kirchleins fanden Frieden
die Burgherrn Egloffsteins, die abgeschieden –
in alten Schriften lebt die Kunde fort.

In den Ruinen, müh'voll freigelegt,
ist die Geschichte nun in Stein zu schauen –
,Vergänglich ist, was Menschen je auch bauen'
zeigt dies Symbol, das Herz und Sinn bewegt.

Hoch ragt das Kreuz – es soll ein Zeichen sein,
die Menschen uns'rer Tage still zu mahnen,
stets eingedenk der Spuren ferner Ahnen –
Fränkische Schweiz, dies Denkmal sei nun Dein!"

Ein kleines Schild an der Straße von Egloffstein nach Thuisbrunn zeigt den Weg, linksab geht es, auf einen schmalen Teerpfad. Die letzten Schritte muß man zu Fuß gehen. Hinter dichtem Grün verbirgt sich die Ruine, 18 Meter lang, knapp 7 Meter breit, das Mauerwerk gerade noch 2,50 Meter hoch. Auch die Umfriedung des ehemaligen Friedhofs steht noch.

Auf einer Säule sind die wichtigsten Daten des Kirchenbaus festgehalten. Noch unterm Lesen spürt man die Natur, stärker als sonstwo, auch das Gezwitscher der Vögel ist ein anderes als in der Stadt. Hier stören kein Verkehrslärm, kein Maschinengeratter. Wie aus weiter Ferne klingen die Glocken von Egloffstein herüber, feierlich, erhaben.

Wo einst das Westportal saß, tritt man ein, schaut Richtung Altarraum, auf das jetzt dort stehende riesige Holzkreuz.

Etwa in der Mitte des Schiffes führen Treppen hinab zur ehemaligen Gruft, die nun verschüttet ist, nicht mehr zugänglich. Aus dem Steinbodenpflaster wachsen Sträucher, dringen Löwenzahn und Gräser. In den Außenmauern sind noch einige Fenster erkennbar. Besitzerin der Ruine ist die evangelisch-lutherische Kirche in Egloffstein. Einmal im Jahr, am dritten Sonntag nach Pfingsten, findet hier ein Gottesdienst statt. Abb. 129

Malerisch liegt sie über dem Ort, beherrscht schon von weitem sichtbar das Trubach-Tal, verwinkelt, immer wieder umgebaut – Burg Egloffstein. Die ältesten Teile der Anlage stammen vermutlich aus dem 12. Jahrhundert. Ursprünglich erstreckte sich die Burg fast 1200 Meter nordwestlich des heutigen Baus. 1484 bis 1493 wurde der sogenannte Lange Bau verlängert, erhielt einen Turm. Schwere Schäden im Dreißigjährigen Krieg bedingten erneut größere Umbauten, nachten aus der Wehranlage endgültig ein Schloß mit repräsentativen Räumen. Im 18. und 19. Jahrhundert wurden wieder umfangreiche Umbauten durchgeführt. Das im Privatbesitz befindliche Berg-Schloß ist der Stammsitz der Freiherren und Grafen von und zu Egloffstein.

Im nahen Hundshaupten steht ein romantisches Schloß. Der jetzige Bau, eine Vierflügel-Anlage, geht auf die Zeit um 1600 zurück. Die der heiligen Anna geweihte Schloßkapelle hat einen etwa 450 Jahre alten Altar aus der Ausburger Ulrichskirche. Das Schloß gehört seit 1661 den Freiherren von Pölnitz.

In Forchheim überrascht die sogenannte Pfalz, ein Bau aus dem späten 14. Jahrhundert, heute Museum der Fränkischen Schweiz. Später mehrmals umgebaut birgt der Haupttrakt ineressante gotische Fresken aus der Zeit um 1392. So hat sich beispielsweise im Kaisersaal im Erdgeschoß die Darstellung König Davids als Richter erhalten. David sitzt auf einer Art Thron, mit dem Zepter in der Hand. Neben ihm hat der Maler einen Elefanten mit Turm als Symbol der Tapferkeit, Klugheit und Beständigkeit abgebildet. Auch die Kapelle im ersten Stock schmücken gotische Wandmalereien.

EBRACH

ehem. Zisterzienserabteikirche

Die Kirchen mußten in einsamen Tälern erbaut werden, Türme waren ebenso verboten wie Fresken, Steinplastik unerwünscht, bei Kapitellen magere Ornamentik gerade noch vertretbar. Nach diesen Grundsätzen begannen die Zisterzienser auch ihre Klosterkirche in Ebrach zu bauen. 1134 war die Weihe. Nur wenige Jahrzehnte zuvor, 1098, war der Orden als benediktinischer Reformzweig in Burgund gegründet worden und seit 1123 auch in Deutschland präsent.

Mit dem Beitritt des heiligen Bernhard von Clairvaux erlebten die Zisterzienser einen ungeahnten Aufschwung; was sich durch zahlreiche Klostergründun-

gen – auch in Bayern – zeigte. Bernhard, ein französischer Adeliger, war nach dem frühen Tod seiner Mutter 1113 ins Kloster geflüchtet – gemeinsam mit seinen fünf Geschwistern und seinem Vater. Er starb 1153 als Abt von Clairvaux, nachdem er ein Leben lang seine Mitbrüder angehalten hatte, die Regel des heiligen Benedikt in ursprünglicher Strenge zu verwirklichen: durch Abgeschiedenheit, Schlichtheit der Liturgie, karge Lebensführung, körperliche Arbeit und Ablehnung der Zins- und Feudalwirtschaft.

Im Jahre seines Todes gab es bereits 344 Zisterzienserklöster. Erster Abt in Ebrach wurde ein enger Vertrauter Bernhards, der Kreuzzugsprediger Adam. Doch Bernhards Idee von der Kargheit hielt nicht lange an. Der Orden mußte schon bald damit fertig werden, daß viele Abteien wegen großzügiger Stiftungen und Schenkungen der Gefahr des Reichtums permanent ausgesetzt waren. Ebrach hatte durch den Ministerialen Berno, der selbst als Laienbruder in das Kloster eintrat, dessen Bruder Richwin und seine Schwester Berthrade Grund und Boden bekommen. Auch der spätere Stauferkönig Konrad III. (1138 bis 1152), dessen Frau Gertrud (gestorben 1146) und Sohn Friedrich (gestorben 1161) in Ebrach begraben wurden, zeigte sich der Abtei gegenüber nicht kleinlich.

Bereits zu Beginn des 13. Jahrhunderts hatte das Kargheits-Ideal nicht mehr den anfänglichen Stellenwert. So war auch den Ebracher Zisterziensern die einfache Kirche nicht mehr gut genug. Sie wurde bis auf den letzten Stein abgerissen.

Am 4. Juni 1200 wurde der Grundstein zu einem Neubau im Boden versenkt. Die Arbeiten zu der 84 Meter langen dreischiffigen Basilika mit einem 44 Meter breiten Querhaus begannen im Nordosten. Als erster Abschnitt war die im nördlichen Querschiff liegende Michaelskapelle fertig. Sie wurde 1207 geweiht.

Erst 1285 war die ganze Kirche vollendet. Die lange Bauzeit bedingte, daß nur die zuerst begonnene Michaelskapelle noch spätromanisch, die meisten übrigen Bauteile bereits frühgotisch und schließlich hochgotisch ausgeführt worden sind.

Während das Äußere des Riesenbaus mit seiner 7,60 Meter breiten, um 1280 entstandenen Fensterrose bis heute kaum verändert wurde, herrscht innen der Frühklassizismus. Denn von 1778 bis 1791 war die Kirche durch den Würzburger Hofstukkator Materno Bossi im Louis-XVI.-Stil umgestaltet worden.

Schon vorher, 1687, hatten die Ebracher Äbte den Ausbau ihrer Konventgebäude zu einem barocken Kloster-Schloß angeordnet. In Franken gab es damals keine Abtei, auch nicht die eines anderen Ordens, die sich mit den Zisterziensern von Ebrach hätte auch nur annähernd messen können. Bis 1738 entstand auf einer Fläche von 200 000 Quadratmetern eine monumentale Pracht, die nicht nur die wichtigsten Gebäude erfaßte, sondern auch Nebensächliches, Stallungen, Gärten, Beamtenwohnungen, Mühle, Wirtschaftsgebäude, Verwaltungsbauten, alles von einer riesigen, mehrere Meter hohen, durch Türme gesicherten Mauer umgeben.

So viel Glanz, unvorstellbarer Prunk und grenzenloser Reichtum mußten Mißtrauen und Neid wecken – vor allem, als der Abt von Ebrach 1738 versuchte, sich vom Würzburger Fürstbischof als nächstem Territorialherrn zu lösen und die Reichsunmittelbarkeit anstrebte.

Doch dieser letzte Sprung gelang den Ebracher Zisterziensern des 18. Jahrhunderts, die Welten von den Erbauern des Klosters trennten, nicht mehr. Sogar noch 1784 druckte ein Mönch auf das Titelblatt eines von ihm verfaßten Fachbuches „Ebrach – Reichsunmittelbares Stift in Franken". Der Würzburger Fürstbischof Erthal ließ das Werk öffentlich verrufen und zerreißen. Dem Kloster warf er „Arroganz und Unfug" vor und drohte mit scharfen Strafen.

Im Gegensatz zu vielen anderen Klöstern lebten auch zu Beginn des 19. Jahrhunderts in Ebrach noch 51 Mönche und zehn Laienbrüder. 1803 hob der Staat das Kloster auf, kassierte die wertvollsten Bestände der Bibliothek, die kostbarsten Gold- und Silberarbeiten sowie die bedeutendsten Gemälde. Der Rest wurde versteigert, das mittelalterliche Torhaus, die frühgotische Sepulturkapelle sowie die 1276 gestiftete Pfarrkapelle abgebrochen. Noch im selben Jahr degradierte staatliche Willkür die Abtei-Basilika zur Pfarrkirche. Das Kloster einschließlich der Prunkräume des Abtes wurde 1851 Zuchthaus. Heute ist darin eine Justizvollzugsanstalt für Jugendliche untergebracht.

Durch den einst geschlossenen Komplex verläuft jetzt die vielbefahrene Straße von Bamberg nach Würzburg, direkt vorbei an der Kirche, an den herrlichsten Barockbauten. Noch im Niedergang empfand der Kunsthistoriker Udo von Alvensleben die Spuren eines grandiosen Ganzen, als er 1948 mit seinem holländischen Freund Anco Wigboldus Ebrach besuchte: „Um die Basilika ein ungeheurer Komplex von Barockgebäuden, Höfen und Gärten. Die Abteikirche ist im Äußeren edel und bedeutend, leidet im Inneren aber unter einer bunten, überladenen Dekoration der Zopfzeit. Dafür entschädigen im Klostergebäude das Treppenhaus – eines der großen Schaustücke des deutschen Barock – und der Kaisersaal, die einzigen Reste der einst verschwenderisch reichen Ausstattung. Anco erschrickt, als Sträflinge gefesselt durch den Saal geführt werden. Statt meditierender Mönche hausen in dieser Pracht Zuchthäusler! Von Stund an geht ihn Ebrach innerlich nichts mehr an, und keine der kühnen Bauideen Balthasar Neumanns und J. L. Dientzenhofers, die hier zusammen arbeiteten, findet mehr sein Interesse."

Wer durch das Rokokogitter das Schiff betritt, an den überwuchernden, nicht mehr aufnehmbaren Details vorbei in Richtung Hochaltar geht, wird sich fragen, wo inmitten dieses späten Prunks Platz für eine romanische Kapelle geblieben ist. Die Michaelskapelle ist auch nur nach eingehender Beschreibung auf Anhieb zu finden. Im nördlichen Teil des Querschiffes verbirgt eine hohe, frühklassizistische vergoldete Holztüre das romanische Portal.

Der Kontrast ist unbeschreiblich. Inmitten dieses gewaltigen Pomps hat sich völlig stilrein, nackt, leer und kahl die Michaelskapelle erhalten, kreuzförmig angelegt, zum „Schönsten und Anziehendsten gehörend, was der Spätromanismus in Bayern geschaffen hat" (Berthold Riehl).

Ungläubig steht man minutenlang auf dem Sandplattenboden, hört Trillerpfiffe von Justizvollzugsbeamten vom nahen Gefängnishof, hört Lastwagen direkt an der Kapelle vorbeibrausen, schaut in eine vergessene Welt. Acht Stufen höher stehen im Chor der Kapelle drei gemauerte Altäre, ziehen Säulenbündel mit üppigen Kapitellen die Blicke auf sich. Unten wirkt die mit Kleeblattbögen gegliederte Wand, die frühe Gotik ankündigend. Die Platte am Boden in der Vierung bezeichnet das Stiftergrab des Ministerialen Berno.

Unter der Kapelle liegt die Krypta mit interessanten Resten spätromanischer Linearmalerei. Die hier gefundenen Gebeine wurden 1955 im Ehrenhof vor der Kirche bestattet. Abb. 128 u. 130

Am Ausgang des Tales liegt Burgwindheim, ein Sommersitz der Ebracher Äbte, 1720 bis 1728 errichtet. Es wirkt wie eine Vorbereitung, eine Einstimmung auf das ungleich größere Ebrach. Entgegengesetzt zur Straßenfront führte eine Freitreppe hinunter in einen Barock-Garten mit Sandsteinfiguren. Im Innern besticht ein protziges Stiegenhaus, bestehend aus zwei parallelen Treppenläufen. Im zweiten Obergeschoß ist ein großer Saal, von Georg Hennicke stuckiert. Heute dient der Sommersitz als Pfarramt und Kindergarten.

BAMBERG

Thomas- und Katharinenkapelle

In die Wand geritzte Namen und Symbole beweisen die Zweckentfremdung. „Georg Ruppert 1431" steht beispielsweise auf einem Sandsteinblock, darunter ein pfeildurchbohrtes Herz. Die Thomas- und Katharinenkapelle, möglicherweise Bambergs älteste Kirche, ist bereits im 15. Jahrhundert als Kerker mißbraucht worden. Einige der Insassen haben mit Strichen Buch geführt, die Tage ihrer Haft in dem verliesartigen unteren Teil des Gotteshauses gezählt.

Aber trotz aller Forschungsarbeit, die Geschichte des Gotteshauses bleibt geheimnisumwittert. Eine Weihinschrift, weiße Prunkbuchstaben auf Purpurgrund, existiert zwar, jedoch nicht vollständig. Der Anfang fehlt und mit ihm das Datum der Konsekration. Aus dem übrigen läßt sich allerdings schließen, daß die Kapelle um 1020 ihrer sakralen Bestimmung übergeben wurde. Wahrscheinlich vollzog sogar Papst Benedikt VIII., der um diese Zeit Bamberg besuchte, die Zeremonie.

Im Ostteil der alten Hofhaltung gelegen, unmittelbar neben dem Palas, dem herrschaftlichen Wohntrakt, der vermutlich die Privaträume des Bischofs beherbergte, könnte das Gotteshaus eine Art bischöfliche Hauskapelle gewesen sein.

Bereits im 12. Jahrhundert erfolgte ein erster Umbau. Der Innenraum wurde durch sechs Pfeiler aufgegliedert und gewölbt. Zu der Maßnahme gehörte auch eine Westempore, die durch eine Tür eine Verbindung zum angrenzenden Wohntrakt erhielt.

Nach dem großen Brand von 1185, der nicht nur den nahen Dom, sondern auch die Hofhaltung, den umliegenden Stadtteil und die Kapelle heimsuchte, ist St. Thomas und Katharina umgestaltet worden.

Der Wiederaufbau der Hofhaltung bedingte einschneidende Eingriffe in die Bausubstanz der Kapelle. Einem zur Verstärkung der Bischofsburg in der Nordost-Ecke neu hinzugefügten Turm mußte die Apsis teilweise weichen.

Der Turm wurde so mit der Kapelle verzahnt, daß sein erstes Geschoß gleichzeitig als neuer, hochgelegener Chor diente. Er wird getragen von zwei Säulen. Entgegengesetzt, im Westen, wurde wieder eine Empore eingebaut und der gesamte Raum noch oben durch ein höheres Gewölbe erweitert. So entstand eine Doppelkapelle, und zwar im Turm die Katharinenkapelle, während der übrige Betraum Thomaskapelle genannt wurde.

Immer wieder verändert, wurde schließlich aus der Empore ein Vorraum zum Verbindungsgang zwischen Hauptgebäude und Turm. Auf unterschiedlichem Niveau liegend, dienten die unteren Räume auch als Grabstätte. Sie wurden in Urkunden als „Gruft" oder „Gewölb" bezeichnet. Zugänglich waren sie durch ein ebenerdiges Portal auf der Südseite, das direkt neben einem Tor zur Hofhaltung liegt und mit Palmetten und Sternen verziert ist.

In späterer Zeit scheint das Untergeschoß als Stall verwendet worden zu sein. Die alten Altarstufen wurden abgeschlagen – weil sie störten.

Hans Brütting hat in einer vom Historischen Verein publizierten Arbeit die weitere Geschichte der Kapelle anhand des Baubefunds zu rekonstruieren versucht: „Die ganze östliche Kapellenhälfte wurde im 15. Jahrhundert im gotischen Stil umgebaut; der bis auf den Sockel herunterreichende, heute noch sichtbare Mauerriß ist wohl ein Rest jener Bauschäden, die zu diesem radikalen Umbau zwangen. Als dann das Trockau'sche Wohngebäude durch den in den Baurechnungen wiederholt erwähnten Gang mit der Hohen Warte bzw. mit der Kapelle verbunden wurde, mußte das nordöstliche Fenster in eine Tür umgebaut, einige Quader der Turmmauer ausgewechselt und eine Stiege ‚in die kirch' angelegt werden. Wie schonungslos man hierbei mit dem alten architektonischen Schmuck umgegangen ist, das zeigen die an der Nordseite abgeschlagenen Kämpferplatten an Säule, Karnies und Wandpfeiler, an letzterem auch die eingekerbte Balkenauflage für die Holzempore, aus welcher man in die Kapelle hinabstieg."

Abb. 131

Bamberger Dom, Gnadenpforte

Bamberger Dom, Tympanon

123

Bamberger Dom, Georgenchor   *Bronn, Zickzack-Portal*

Großbirkach, Sandsteinrelief

Großbirkach, Portal

Ebrach, Michaelskapelle

Dietersberg, Kirchenruine

Ebrach, Michaelskapelle

Bamberg, Katharinenkapelle

GREDING

St. Martin

Wer je auf der Autobahn von München nach Nürnberg oder in umgekehrter Richtung gefahren ist, kennt Greding. Nachts fasziniert die hellerleuchtete St. Martinskirche, hoch auf einem Hügel den Ort überragend und wehrhaft wie eine Burg. Greding gehört zu den Orten, bei denen man sich spontan vornimmt, einmal zu halten und in Ruhe zu schauen – es aber verschiebt, auf das nächste Mal, das übernächste Mal, . . .

Ältestes Bauwerk Gredings ist der Turm der Martinskirche, um 1100 aus wuchtigen Tuffsteinquadern in exponierter Lage auf dem Kalvarienberg errichtet. Das vorletzte Geschoß wurde allerdings erst in der frühen Gotik und das oberste im 16. Jahrhundert aufgesetzt. Die Kirche selbst, eine dreischiffige Basilika mit drei Apsiden, dürfte aus der Zeit um 1150 stammen.

Das Hauptportal an der Südseite ist zweimal abgestuft. Kühl, kahl und abweisend erscheint das Innere auf den ersten Blick. Man muß sich an das trübe Dämmerlicht gewöhnen. Doch nach einiger Zeit fängt der Raum an zu leben, als würde er aus sich selbst Licht holen. „Und darin öffnet sich der Mensch Gott, der Licht ist vom ewigen Lichte" (Franz Dietheuer).

St. Martin ist nur wenig verändert worden – es war nie Geld da für aufwendige Umbauten. 1406 heißt es in einem Ablaßbrief: „Wer am Feste der Himmelfahrt Mariae, am Pfingsttage, am Feste der Beschneidung des Herrn, der Kirchweih und des Schutzheiligen Martin die Kirche wahrhaft reumütig besucht, auch kleine Almosen gibt, dem wird eine hundertjährige Kirchenbuße erlassen." Später haben „schlimme Zeitumstände" und „ungetreue Diener ihres Fürsten" jeden Versuch, das Gotteshaus dem Stil der Zeit anzupassen, im Keim erstickt.

Im späten 16. Jahrhundert wurden die beiden Seitenschiffe erhöht. Die romanischen Fenster im Hochgaden des Mittelschiffes blieben. 1907 wurden die romanischen Malereien in der Hauptapsis renoviert – Christus thront auf dem Regenbogen, eine Mandorla umgibt ihn. Ringsum reihen sich Evangelistensymbole.

Die Fresken im Schiff sind aus verschiedenen Epochen. Stark und voller Kraft, über fünf Meter groß, zieht St. Christophorus die Blicke auf sich. Hingepreßt zwischen Arkadenbogen und Holzbalkendecke, ein Riese, denn er trägt kein Kind, sondern Gottessohn (etwa 1370). Rechts daneben und kleiner der Kirchenpatron. Hoch auf dem Pferd sitzt St. Martin. Er teilt seinen Mantel (frühes 15. Jahrhundert). Auch einige der Pfeiler zeigen Malereien (meist 14. und 15. Jahrhundert).

Gotisch ist auch der Hochaltar mit eingebautem Beweinungsbild. Die Figuren unter dem Kreuz sind Rokokoschöpfungen um 1780. Die beiden Nebenapsiden haben keine Altäre.

Mit einer Kanzel soll die St. Martinskirche nie ausgestattet gewesen sein. Predigten wurden, so die Überlieferung, vom Erker der an der Kirchmauer liegenden Michaelskapelle gehalten. Die Gläubigen standen zwischen den Gräbern.

Die zweigeschossige Kapelle wurde im 12. Jahrhundert errichtet, möglicherweise gleichzeitig mit der Kirche. Im 14. Jahrhundert mußte das Untergeschoß den Karner aufnehmen, denn der Friedhof war zu klein geworden und durch seine Lage nicht erweiterungsfähig. Die Angehörigen ließen die Verstorbenen nach einigen Jahren wieder ausgraben und die Gebeine im Karner aufschichten. Im 18. Jahrhundert wurden die Bestattungen eingestellt. Durch ein Holzgitter blickt man heute auf die Knochen von 2500 Toten – peinlich genau getrennt nach Schädeln, Arm- und Beinknochen. Der Gredinger Karner ist nach Chammünster (5000 Tote) der zweitgrößte in Bayern. Die darüberliegende Kapelle wird seit 1945 als Leichenhaus genutzt.

Ursprünglich war die Kapelle dem heiligen Sebastian geweiht (S. Sehr). Erst ab der Zeit als Karner wurde der Heilige Michael ihr Schutzpatron. Er gilt als Führer und Lenker der Seelen. Karner heißen auch Beinhäuser. Der Volksmund nennt sie „Seelenkerker" oder „kalte Kirchen".   Abb. 142

Greding selbst bietet zahlreiche Sehenswürdigkeiten: die 1250 Meter lange, großteils erhaltene gotische Stadtmauer, das unter dem Eichstätter Fürstbischof Johann Euchar Schenk von Castell 1696 erbaute Jagdschloß (heute Privatbesitz mit Antiquitätenhandel und Heimatmuseum), Rathaus (1699), Schulhaus (1741) und Stadtpfarrkirche (1725 bis 1727). Das Gredinger Umland war früher äußerst wildreich. Fürstbischof Franz Ludwig Schenk von Castell veranstaltete 1730 von Greding aus zu Ehren des Kurfürsten von Mainz eine fünftägige Hofjagd. Dabei wurden 170 Hirsche, 91 Hirschkühe oder Schmaltiere, 23 Rehe, 81 Eber, 204 Hasen, 2 Wölfe, 19 Füchse und 2 Dachse erlegt.

ALTENFURT

St. Johannes d. T. und St. Katharina

Jahrhundertelang gehörte sie dem Nürnberger Egidienkloster, war eine einsame, geweihte Stätte mitten in der Wildnis des riesigen Reichswaldes. Als Ende des 15. Jahrhunderts die Mönche wieder einmal Bilanz zogen und ihr Salbuch, das Grundbesitzerverzeichnis, auf den neuesten Stand brachten, trugen sie ein: „Dise wirdige cappel alhie zum Altenfurt geweicht, in der ere Sant Johanns des heiligen tauffers und sant Katherine der heiligen junckfrawen und mertrerin . . . ist bei dem gemelten ckloster und gotshaus gewesen . . . lenger dann menschliche gedechtnuß raichen mag, wiewohl man nit vindet schriftlich wie oder von wem dise vorgemelte capell mit den genanten zugehorungen an das obgenant unser ckloster kumen sey. . ."

Legenden, Sagen, Irriges, Widersprüchliches – über die Entstehung der einzigartigen romanischen Rundkapelle von Altenfurt bei Nürnberg zerbrechen sich Chronisten, Gelehrte und das Volk seit Generationen den Kopf. Gleich in mehreren Varianten hielt sich lange die Version von der Gründung des Gotteshauses durch Kaiser Karl den Großen. Auf der Jagd habe er sich verirrt, allein im Wald übernachtet, durch Gottes Hilfe den Angriffen wilder Tiere getrotzt, und aus Dank das Kirchlein bauen lassen. Andere Chronisten führten die Kapelle als eine Klause des heiligen Sebald auf, des Nürnberger Stadtheiligen. Noch 1833 wurde das Gotteshaus für einen früheren Heidentempel der Römer gehalten.

Am 2. Juli 1225 wurde in einer in Nürnberg ausgestellten Urkunde König Heinrichs VII., die Kapelle erstmals erwähnt. Auf Bitten des Abtes nahm der Monarch die Kirche in seinen persönlichen Schutz, bestätigte ältere Privilegien. Besitzer der Rundkapelle war das von Regensburg aus gegründete St. Egidienkloster in Nürnberg. Von da ab taucht die Kapelle immer wieder in Urkunden auf. Es ist auch von einem dazugehörigen Fischteich die Rede.

Mit dem Einzug der Reformations-Idee im Nürnberger Raum verlor die Kapelle ihre Bedeutung. 1525 zogen die Benediktiner-Mönche ab, ließen den geweihten Ort verlassen zurück. Zusammen mit dem Gut, das sich um das Gotteshaus ausdehnte, kam Altenfurt an die Freiherren von Scheurl. Unmittelbar neben der romanischen Kapelle ließen die neuen Eigentümer 1691 ein barockes Herrschaftshaus bauen, das heute noch das Kirchlein zur Straße hin verdeckt. Die Kapelle, zweckentfremdet, diente als Lager für Wein und hölzernes Geschirr. Am 29. August 1943 fielen in nächster Nähe Sprengbomben und zerstörten das barocke Holzdach des Kirchleins.

1950 kaufte die katholische Kirchenstiftung Altenfurt die immer noch in Privatbesitz befindliche Kapelle zurück. Initiiert hatte den Kauf Benediktinerpater Walter Wiesmeier von der Abtei Münsterschwarzach, geboren in Pietenfeld bei Eichstätt. Zwei Jahre später weihte der damalige Eichstätter Bischof Dr. Josef Schröffer die Kapelle zu Ehren des heiligen Johannes des Täufers und der heiligen Katharina von Alexandrien.

Das einst einsame Kirchlein ist mittlerweile von der Großstadt eingeholt worden, Verkehrslärm macht die Idylle zunichte. Zwar im Grünen, aber direkt an einer Ampelanlage, eine Tankstelle in der Nähe, Hochhäuser, zum Nürnberger Autobahnkreuz nur einige hundert Meter, liegt die Kapelle an der Straße nach Feucht. Im trüben Wasser eines Weihers spiegelt sich der bräunlich-rote Sandstein, um 1140 errichtet, die Apsis 100 Jahre später angebaut. Belebt wird die Fassade von einem umlaufenden Rundbogenfries, unregelmäßig ausgeführt und primitiv. Im Rundbogen rechts oberhalb des Eingangs hat sich eine kleeblattähnliche Verzierung erhalten, daneben ein roh gearbeiteter Kopf und drei ineinander verschlungene Ringe. Möglicherweise besaß jedes zweite Feld eine Verzierung.

Als immer öfter größere Wallfahrer-Gruppen in die Abgeschiedenheit des Reichswaldes kamen, wurde rechts vor dem Portal ein Freialtar errichtet. Sogar Aachen-Pilger aus dem heutigen Ungarn machten in Altenfurt Station und feierten vor der Kapelle eine heilige Messe. 1468 meldet die Chronik: „Item LXIIII haben die Ungarn auf Tafel geopfert." Die Fundamente des Altars wurden bei Grabungen freigelegt, aber wieder zugeschüttet.

Was der Nürnberger Konservator und Verfasser einer Studie über die Kapelle (1908), Dr. Fritz Traugott Schulz, nur vermutete, bestätigten Restaurierungen im Innern: die Kuppel war bemalt. Unter der Tünche fanden sich Reste von Malereien aus dem 18., 17. und 16. Jahrhundert sowie romanische Fresken, die in acht Felder eingeteilt waren.

Abb. 143

HEIDENHEIM

Münster

Eines Nachts erschien dem Eichstätter Bischof Otgar (um 850) die heilige Walburga in einem Traumgesicht. Sie tadelte ihn. Denn Otgar hatte geduldet, daß beim Umbau der Heidenheimer Kirche ihr Grab mit Füßen getreten wurde. „Ich werde Dir ein eindeutiges Zeichen geben." Kurz darauf stürzte nachts eine Mauer ein. Das berichtete der Priester Wolfhard um 900. Von ihm stammt auch das älteste Mirakelbuch Bayerns, aufbewahrt in der Staatsbibliothek München, Wundertaten der heiligen Walburga enthaltend.

Heidenheim am Hahnenkamm ist ein uraltes Missionsfeld. Im 8. Jahrhundert begann hier Willibald sein Wirken, unterstützt von seinen Geschwistern Wunibald und Walburga, Walliser, von ihrem Landsmann Bonifatius gerufen. Alle waren Kämpfer gegen das Heidentum. Schon 752 entstand in Heidenheim ein erstes Benediktinerkloster und eine Kirche, alles aus Holz. Ein Nonnenkloster folgte und wurde verwaltet von Walburga als Äbtissin. Es wurde 20 Jahre später nach Eichstätt verlegt.

Mehrmals erweitert und umgebaut, entstand 1170 nach einem verheerenden Brand das Münster, dreischiffig, im Kern heute noch romanisch. Die riesige Halle, offen nur den wenigen Mönchen, eine kaum nachvollziehbare Dimension in einer Zeit, da die Höfe in den Dörfern meist winzige Holzhütten waren, strohgedeckt, die Orte nur wenige Einwohner zählten, Arbeitskräfte begrenzt zur Verfügung standen und Steinmaterial mühsam mit Fuhrwerken auf schlechten Wegen transportiert werden mußte.

Monumental steht das Münster an der Straße. Die Türme sind nicht mehr original. Sie waren so baufällig, daß sie 1859 bis auf die Grundmauern abgebrochen werden mußten und im neuromanischen und neugotischen Stil wieder aufgebaut wurden. Zwischen den Türmen verbirgt sich eine romanische Vorhalle, Aufbewahrungsort eines Tymapanons aus der Zeit um 1150, rechts an der Wand befestigt, von einem kleinen Portal stammend. Bunt war einst der Stein, meist in den vier Elementarfarben rot, blau, grün und gelb getönt. „Rot für das Feuer, das die Gaben des Heiligen Geistes bedeutet und zugleich an den kommenden Weltenbrand erinnert. Das Blau, das an die Sintflut mahnt, wo sich die Gerechtigkeit Gottes gezeigt hat. Dann das Grün, das vom Erbarmen des Herrn kündet. Endlich das Gelb, das die Lichtnatur Gottes meint und Gnade verspricht. Gelb oder Gold ist seit der Antike die Farbe und der Ausdruck des Lichtes, der Majestät, der Glanz Gottes" (Franz Dietheuer).

60 Meter lang, 15 Meter breit, das Mittelschiff 15 Meter hoch; die Hirsauer Proportionen bestimmen immer noch den Bau. Seit Abschluß der großen Renovierung (1965 bis 1978) hat das Münster an romanischer Kraft gewonnen. Man geht wieder auf dem alten Niveau durch das Gotteshaus. Ein alter Plan bewies nämlich, daß in mittelalterlicher Zeit der Fußboden „drei Fuß" tiefer lag. Die schwierigen Arbeiten lohnten. Im Erdreich steckten prachtvolle Epitaphien von Äbten und der „Heidenheimer Stern". Freigelegt liegt das einzigartige Stern-Ornament etwa im Mittelpunkt des Kirchenschiffs, zusammengesetzt aus gebrannten Backsteinen, zum Teil farbig, einen sechszackigen Stern ergebend, ein Schifflein umschließend, der Stern als Symbol für das Alte Testament, das Schiff Symbol des Neuen Testaments.

Ein Erlebnis, nur schwer beschreibbar, ist das Walburgis-Mausoleum mitten im Münster. Die Memoria, ein Gedächtnisbau ohne Reliquien der Heiligen, um 1220 errichtet, hat ein Portal an der Westseite. Nach Norden zu öffnet sich der eigentümliche Quaderbau in vier Rundbögen mit drei kleinen Säulen, stilisierte Palmblätter im Kapitell, in Stein gearbeitete Psalmworte („Der Gerechte blüht wie eine Palme", Psalm 91, 13).

Streng, fromm, grau, aus Sandstein, Walburga auf der Deckplatte, ein Zepter in der rechten Hand, das Ordensregelbuch der Benediktinerinnen in der linken, spätgotisch, eingemeißelt „Grab der heiligen Walburga 1484". Die Gebeine der Toten ruhen in der Gruft der Walburgiskirche in Eichstätt.

Im linken Seitenschiff, hinter einer Eisenkette, reiht sich Grabstein an Grabstein, kunstvolle Werke, lebensecht der baufreudigste Heidenheimer Abt, Wilhelm von Vestenberg, körperlich verwachsen, nur 1,42 Meter groß, 1446 gestorben. Eine Art Gegenstück zur Walburgis-Tumba ist das Grabmal ihres Bruders, Wunibald, des ersten Abtes von Heidenheim (701 bis 761), unter der Vierung, das Leopardenwappen zu seinen Füßen, eine lateinische Inschrift, daran erinnernd, daß hier ein Sohn des englischen Königs Richard begraben ist.

Wie in Auhausen wurden im 15. Jahrhundert die Apsiden abgebrochen, ein gotischer Chor angebaut, gewölbt, von außen höher als das Hauptschiff. Die hölzerne Kassettendecke ist erneuert worden.

Mit dem Niedergang des Klosters trat auch im Münster ein Stillstand ein. Es wurde kaum mehr verändert, umgebaut oder hinzugefügt – fast alles blieb romanisch-gotisch. Im Bauernkrieg 1525 hatten die Aufständischen ein erstes Zeichen gesetzt. Die in ihrer Mentalität eher zurückhaltende, passiv-duldende Bevölkerung glaubte an Luther und seine Lehre von der Freiheit. Sie machte sich falsche Erwartungen. Auch im Kloster fand Luther Anhänger. 1528 zog der letzte Abt, Christoph Mundscheller, mit seiner Geliebten nach Wassertrüdingen und starb dort zwei Jahre später. Vier der letzten Mönche wurden evangelische Pfarrer im Hahnenkamm. Der Ansbacher Markgraf, der vor den anrückenden Bauern die wertvollsten Kloster- und Kirchenschätze in seine Residenz hatte bringen lassen, ordnete nochmal eine Abtwahl an. Balthasar Rösner blieb bis 1537 Titularabt. Der letzte Mönch starb 1570. Das Klosterleben war zu Ende.

Über das „tote Kloster" informiert ein Inventarverzeichnis, 1534 erstellt. Die Wohnung des Abtes mit Abteistube, Wohnzimmer, Schlafkammer, kleiner Abteistube, Abteibadestube, mehreren Kammern, einem Söller und einem Herrenzimmer war noch vollständig eingerichtet. Für die Abteistube wurden aufgeführt: „Ein gemeiner eichener Tisch, ein umgehender Sessel, ein Lotterbett mit roten, ledernen Pfülben und Kissen, ein Gießbehälter, ein Gießfaß, mehrere Stühle, ein grüner Ofen, zwei lederne Fensterpolster, ein messingenes Doppelbecken sowie eine Anzahl kleiner Einrichtungsgegenstände, darunter auch ein schlagendes Ührlein, eine Laterne, ein Schweinespieß und ein beschlagenes Spitzmesser."

Als 1551 die Heidenheimer Dorfkirche abbrannte, wurde das Münster Pfarrkirche und allgemein zugänglich. Der erste lutherische Pfarrer war Johannes Pierbreu aus Ursheim.

Von den alten Klostertrakten haben sich nur noch Bruchstücke erhalten, ein Kreuzgang-Rest mit 1975 entdeckten Wandmalereien aus der Zeit um 1500, der Heidenbrunnen, ein Ort der Ruhe unter alten Bäumen. Alle anderen Klostergebäude wie Refektorium, Brunnenhaus, Schlachthaus und Ställe wurden abgebrochen.

Abb. 144/145

Nicht weit nach Spielberg, der öttingischen Burg auf einem vorspringenden Bergkegel mit herrlicher Fernsicht. Noch bis zu fünf Meter hoch ist die Ringmauer. Im Erdgeschoß des Palas die Dorfkirche. Nordöstlich von Heidenheim die „Gelbe Bürg", eine vorchristliche Fliehburg. Ein Ringwall umzieht die kahle Kuppe, die bereits ein wichtiger Siedlungsort der Hallstatt-Menschen und der Kelten war. Der Wall der oberen Terrasse stammt aus der Zeit um 500 vor Christus. Zwischen Gunzenhausen und Treuchtlingen liegt bei Wolfsbronn die „Steinerne Rinne", ein einmaliges Naturdenkmal. Das Wasser hat sich nicht einen Lauf gegraben, sondern einen bis zu 1,5 Meter hohen Damm aus Kalktuff aufgebaut. Der Grund dafür: das Wasser enthält eine starke Konzentration kohlensauren Kalks, der mit der Zeit versteinert.

HEILSBRONN

Münster

Ein Bauer namens Haholt gründete den Ort. Zehn Höfe groß war Haholtisbrunnen, im Quellgebiet der Schwabach, nahe der alten Heerstraße Ansbach-Nürnberg, als 1132 der Bamberger Bischof Otto der Heilige in Heilsbronn ein Kloster gründete und den Zisterziensern übergab. Der Bischof als unermüdlicher Gönner, die Grafen von Abenberg als Mitstifter, der Kaiser selbst als oberster Schirmherr – die Stellung Heilsbronns im Mittelalter war geprägt. Der regelmäßige Kaiserbesuch von Rudolf von Habsburg, Albrecht I., Heinrich VII., Ludwig dem Bayern, Karl IV. bis Friedrich III. brachte Steuerfreiheit, eigene Gerichtsbarkeit und sonstige Privilegien.

Der Höhenflug hatte Grenzen. Mit der Reformation, dem Tod des Klosters, brach das Aufstrebende ab, begann sich der Ort in ein behäbiges Landstädtchen zu wandeln. 1856 war Heilsbronn Durchschnitt. Das liest sich in der nüchternen Statistik so: 966 Seelen, eine Pfarrei, zwei Schulen, Sitz eines königlichen Landgerichts, eines Physikats, eines königlichen Revierförsters, einer Aufschlagstaion, einer Poststation und Gendarmerie-Brigade. Jährlich gab es vier Märkte. An Gewerbe waren vorhanden: eine Apotheke, ein Chirurg, zwei Brauer, ein Müller, vier Wirtschaften, ein Bader, fünf Bäcker, ein Färber, sieben Metzger, eine

Nagelschmiede, ein Rotgerber, ein Schmied, fünf Bier-schenken, ein Ziegler, ein Buchbinder, ein Bürstenbinder, zwei Büttner, zwei Drechsler, ein Fallmeister, zwei Flaschner, zwei Glaser, ein Hafner, ein Bandhändler, sechs Spezereihändler, ein Eisenhändler, ein Kaminfeger, ein Kirschner, ein Kupferschmid, zwei Lebküchner, sieben Leineweber, zwei Maurermeister, vier Melber, ein Ölmüller, drei Sattler, zwei Schlosser, fünf Schneider, vier Schreiner, acht Schuhmacher, ein Seiler, zwei Tuchmacher, ein Wagner, ein Weißgerber, ein Zimmermeister, zwei Hebammen.

Der große Touristenstrom fließt heute an Heilsbronn vorbei, trotz der nur 500 Meter entfernten Bundesstraße 14 Nürnberg-Stuttgart. Der 1932 zur Stadt erhobene Ort gilt als Geheimtip.

Das Münster, dreischiffig, steht mitten im Städtchen. 1132 war es von den Zisterziensern in Auftrag gegeben worden als erstes der Klostergebäude. Eine romanische Basilika, beeinflußt von Hirsau, aber doch anders, ohne die Doppeltürme, nur mit einem hölzernen Dachreiter, der 1427 in Stein ausgeführt wurde. Bis auf die Ende des 12. Jahrhunderts erbaute Grabkapelle der Herren von Heideck mit der Erker-Apsis fehlt außen das Romanische: verdrängt von der Gotik, von einer heute unverständlich-gleichförmigen Erneuerung der Maßwerke im 19. Jahrhundert, von einem gleich weit heruntergezogenen Dach.

Umso mehr überrascht das Innere, das 85 Meter lange Hauptschiff, die mächtigen, gedrungenen zehn Säulen. „Der Blick vom Westchor in die Basilika läßt das Bild eines reinen romanischen Kirchenraumes vor unseren Augen erstehen, gewaltig, ernst, aber voll warmen Lebens durch den rötlichen Fränkischen Sandstein, der hier von aller Inkrustation befreit wurde. Zu jeder Tageszeit erleben wir ein neues Spiel des Lichtes, um dann in der Nacht überwältigt zu werden von der feierlichen Schönheit des herrlichen Raumes" (Th. Schmidt).

Vor dem einfachen Steinaltar mit dem Kreuz, unter der Vierung, erschließt sich die klare Gliederung des Gotteshauses: gotischer Westchor, aus einer romanischen Vorhalle hervorgegangen, die Laienmönchskirche mit den zehn Säulen, die Mönchskirche vom Lettnergitter bis zur Vierung, das Presbyterium unter dem romanischen Tonnengewölbe, der frühgotische Ostchor, der sich der Romanik unterordnet, unauffällig, nicht höher als das ursprüngliche Hauptschiff.

Schon 1297 diktierten weltliche Herren dem Zisterzienserkloster eine neue, zweite Aufgabe: es wurde die größte Hohenzollern-Grablege Deutschlands. Der Hohenzoller Friedrich III., Burggraf von Nürnberg, wurde als erster des berühmten Geschlechts im Münster bestattet. 20 weitere Mitglieder des Hauses Hohenzollern fanden später hier ihre letzte Ruhestätte – bis 1625. Sechs Jahre danach, im Dreißigjährigen Krieg, wurden zwei Hohenzollern-Gräber geschändet, ein Anlaß, künftig die Angehörigen des fürstlichen Hauses in Ansbach beizusetzen. Abb. 146/147

ROSSTAL

St. Laurentius

Unter der Kanzel eine steile Treppe, eine schmale Rundbogentüre, dann wird es finster – so betritt man die Kryptahalle der Laurentiuskirche von Roßtal, an der Straße zwischen Fürth und Ansbach. Archaisch ist die Halle, still, groß in ihrer konsequenten Einfachheit, von zwölf Sandstein-Pfeilern getragen. Wer glaubt, wenigstens die engere Heimat zu kennen, wird immer wieder überrascht.

Die Krypta ist eine der ältesten in Bayern, frühromanisch, um 1040 errichtet. Sie ist Grabstätte für Irmingart, die Stifterin der Kirche. Krypta, aus dem griechischen „krypté", bedeutet gedeckter Gang, unterirdische Kammer. Ursprünglich waren die Krypten bei Sakralbauten nicht für liturgische Zwecke gedacht, sondern ausschließlich Begräbnisstätten für Heilige oder Märtyrer, mit eigenen Zugängen von außen. Der einfache Steinaltar in der Mittelapsis der Krypta von Roßtal dürfte erst später aufgemauert worden sein.

Ausgrabungen ergaben, daß die Roßtaler Kirche in ihren Abmessungen trianguliert war. Aus diesem uralten Meßverfahren ergaben sich auch die Maße für die Krypta. Wurde die Triangulation anfangs vor allem wegen ihrer einfachen Handhabung mit Pflock und Schnur angewandt, bekam sie schließlich mystischen Sinn. Denn das gleichseitige Dreieck, das dabei eine wichtige Rolle spielt, symbolisierte die Dreifaltigkeit, Gottvater, Gottsohn und heiligen Geist.

Vermutlich aus Sühne für eine damals zwar in Adelskreisen nicht seltene, aber von der Kirche als Sünde angeprangerte Verwandten-Ehe ist die große Roßtaler Kirche entstanden. Zweimal – zur tausendjährigen Wiederkehr des Geburtstages und des Todestages Jesu im Jahre 1000 und 1033 – erwartete die Christenheit den Weltuntergang. Als das Ende ausblieb, erhielten religiöse Reformbewegungen ungeahnten Zulauf, wurde der Sühnegedanke Mode.

Gräfin Irmingart von Hammerstein, Schwägerin der Kaiserin Kunigunde, verheiratet mit einem Verwandten, wurde auf Drängen Kaiser Heinrichs II. exkommuniziert, später jedoch wieder zu den Sakramenten zugelassen – weil der neue Herrscher Konrad II. selbst eine Verwandten-Ehe führte. Zwischen 1041 und 1043 starb Irmingart und wurde in der Roßtaler Krypta beigesetzt. Möglicherweise hatte die Gräfin in Roßtal sogar uneigennützig ein Kloster stiften wollen, allerdings nicht realisiert durch das Aussterben der Familie. Die Dimension des Gotteshauses würde das erklären.

Vom Volk als Heilige verehrt und Wallfahrer anziehend, wurden die Gebeine von Irmingart etwa 130 Jahre nach ihrem Tod in einem Hochgrab im Schiff der Kirche beigesetzt. Das romanische Grabmal der Stifterin ist seit 1627, als am Laurentitag ein Blitz in den Turm schlug und ein Brand das Gotteshaus zerstörte, verschollen. Seitdem steht auch von der auffällig großangelegten frühromanischen Kirche, die fast so breit wie das jetzige Langhaus, aber nach Westen viel länger war, fast nichts mehr.

1528 war in Roßtal der erste evangelische Pfarrer eingezogen. Von Wallenstein belagert, brachte der Dreißigjährige Krieg für den Ort unvorstellbares Leid. Es gab 632 Tote. Evangelische Einwanderer aus Österreich – vor allem Kärnten – bevölkerten 1650 den Ort neu.

Eigenartig, befremdend fast, wirkt für Nicht-Franken das Gotteshaus innen, mit den doppelten Holzemporen auf zwei Seiten, der trapezförmigen Konstruktion unter dem Gewölbe. Der Turm, im Westen stehend, zeigt im ersten Obergeschoß auf der Südseite das Wappen der Nürnberger Burggräfin Elisabeth (1401 bis 1442), im Geschoß darüber spitzbogig-gotischen Blendfries mit bärtigen Köpfen, weiblichen Büsten und Pflanzen-Ornamenten. Der Ölberg, außen am Chor, um 1500, besticht durch edle, lebensgroße Sandsteinfiguren. Abb. 148

Kirche und Friedhof umgibt eine mittelalterliche Befestigungsmauer, durchbrochen von mehreren Privathäusern. Einbezogen in die Mauer ist das erste evangelisch-lutherische Pfarrhaus (Haus 94), einer der ältesten und bedeutendsten spätgotischen Fachwerkbauten Deutschlands, vermutlich um 1450 errichtet. Der Westgiebel wurde später völlig verändert. An der östlichen Kirchhofseite (Haus Nummer 73) steht das zweite evangelisch-lutherische Pfarrhaus, 1698 erbaut und später umgebaut. Der Pfarrstadel im Pfarrgarten stammt aus dem frühen 16. Jahrhundert, das Mesnerhaus (Nummer 74) aus der Zeit um 1750. Das kleine Gebäude außen an der Nordwest-Seite der Mauer war das ehemalige Gefängnis. Scherbenfunde beweisen, daß sich hier oben bereits im 10. Jahrhundert eine Wehranlage befand.

MÜNCHSTEINACH
ehem. Benediktinerabteikirche

Münchsteinach besuchte ich als etwa dreißigste Kirche. Ich hatte Biburg, Straubing, Ainau, Gasseltshausen, Bad Gögging, Auhausen, Heilsbronn und die Kirche auf dem Petersberg bei Dachau gesehen. Große Überraschungen erwartete ich nicht mehr. Dann die Fahrt von Neustadt an der Aisch die wenigen Kilometer ins Steinachtal, nach Münchsteinach, am Rande des Steigerwaldes. Von weitem schon fällt die ehemalige Benediktiner-Klosteranlage auf. Ein ansteigender Weg, ein Torhaus, dahinter ein zweiter Durchgang unter dem ehemaligen Gästetrakt, und man steht etwas verunsichert im leeren, durch den Abbruch der meisten Klausurgebäude weitgewordenen Innenhof. Die Sonne scheint, erstes Grün an den Bäumen, erste Blüten, eine Betonmaschine rattert. Der unverputzte Bau links mit den drei rechteckigen Fenstern, den zwei durch Holzläden geschlossenen Luken, dem Rest eines Aufzugs an der Giebelspitze – das ist die Kirche.

Die Überraschung kommt, sobald man die Tür öffnet. Eine finstere Halle öffnet sich, verwirrt die vom Sonnenlicht geblendeten Augen. Man steht auf einem Podest mit Geländer, zu beiden Seiten führen Stufen hinunter ins Schiff, man ahnt Pfeiler, Kapitelle, Romanik. Sobald sich die Augen an das Dämmerdunkel gewöhnt haben, fängt der Raum an zu leben, wird bunt. Die auf Anhieb nicht erfaßbare Fülle romanischer Details, versteckter Köpfe, Bruchstücke, zugemauerter Portale und Fenster, abgeschlagener Pfeiler erfordert Zeit, langsames Vortasten.

Die Geschwister Adalbero und Adelheid von Steinach trennten sich um 1140 von weltlichen Dingen, stifteten ihren Besitz für ein neues Kloster. Noch während des Investiturstreits begann der Bau der Anlage, von den Benediktinern übernommen. Um so schnell wie möglich Gottesdienste in würdigem Rahmen abhalten zu können, wurde als erstes der Chor errichtet. Knapp 40 Jahre haben die ganzen Arbeiten gedauert. Zwei 1966 gefundene Gerüsthölzer beweisen das. Fachleute fanden mit raffinierten Untersuchungsmethoden heraus, daß die Bäume, von denen das Holz stammte, 1173 und 1177 gefällt worden waren.

Bereits um 1220 rissen die Mönche den gesamten Ostteil der Kirche wieder ab, bauten ihn größer, schöner wieder auf. Ein Beweis für die gesunde finanzielle Basis des Klosters, dessen Vögte und Schutzherren die mächtigen Staufer waren. Doch schon wenige Jahrzehnte später begannen Schwung und Kraft des Klosters im wirtschaftlichen wie auch im geistlichen Bereich zu erlahmen, fast parallel zu der 1265 erfolgten Übergabe der Vogtei durch den Staufer Konradin an die Burggrafen von Nürnberg. Die Nürnberger wurden später von den Ansbacher Markgrafen abgelöst.

Bis auf eine großzügige Ausbesserung 1482 unter Abt Wilhelm von Abenberg blieben Kloster und Kirche unverändert – auch ein Zeichen des Niedergangs. 1519 entstand im Innenhof ein turmartiges Schloß, hoch ummauert, von Abt Christoph von Hirschaid gleich nach seiner Wahl als sein standesgemäßer Privatwohnsitz in Auftrag gegeben. Sechs Jahre danach kamen die Bauern, empört, aufgebracht und zerstörten, was schon lange ihren Zorn auf sich gezogen hatte. Christoph von Hirschaid, der nur noch vier Mönche um sich hatte, wurde gefangengenommen, das Kloster 1528 endgültig aufgelöst. Was von der Benediktiner-Anlage noch stand, profanierten die Ansbacher Markgrafen und richteten im Kloster bis 1792 ein markgräfliches Amt ein. Den Ostteil der schwer beschädigten Kirche trennten sie durch eine Mauer ab, stellten ihn dem ersten evangelischen Pfarrer Münchsteinachs als Gotteshaus zur Verfügung, verwendeten den übrigen Kirchenraum als Scheune, den Speicher als Lagerplatz für Hopfen.

Viel war an romanischer Substanz zerstört, aber viel war auch noch erhalten, als 1965 eine durchgreifende, sich fünf Jahre hinziehende Renovierung begann. Außen versuchten die Denkmalpfleger erst gar nicht, der Kirche ihr romanisches Gesicht wiederzugeben. West- und Südfassade behielten das Aussehen, das sie beim Umbau nach dem Bauernkrieg zu einer Scheune erhalten hatten. Unangetastet blieb auch der 1735 um ein Stockwerk erhöhte Südturm, dessen Pendant im Norden nach der Reformation abgetragen worden war.

Im Inneren tasteten sich die Denkmalpfleger behutsam an den romanischen Bau heran, holten hervor, was noch ursprünglich war. Als dem Gotteshaus das alte Niveau wiedergegeben und spätere Trennmauern herausgerissen wurden, fanden sich Bruckstücke von Kapitellen, Pfeilern, Reliefs – und ein Teil des Lettners, der steinernen Schranke zwischen dem Chorraum für die Priester und dem Laienschiff. Für eine Rekonstruktion am originalen Platz hätte zu viel ergänzt werden müssen. So wurden die Bruchstücke an der Wand des südlichen Seitenschiffes zusammengesetzt, vermitteln plastisch Funktion und Konstruktion der für größere romanische Kirchen typischen Anlage.

Ursprünglich vermutlich weiß gekalkt, wurde das Schiff in der späten Romanik bunt ausgestattet, so auch der Lettner. Die Bögen sind rot-gelb gerahmt, unaufdringlich und einfach. Auch die Pfeiler leben von nur vier Farben, von schlichten geometrischen Mustern. Üppiger ist der plastische Schmuck, vor allem in der Taufkapelle im Turm-Erdgeschoß neben dem Hochaltar. Rechts das Adler-Kapitell, vollendet gearbeitet, das Vergleiche mit stilähnlichen in der berühmten romanischen Doppelkapelle der Kaiserburg in Nürnberg nicht zu scheuen braucht. Die anderen Kapitelle überraschen durch ihre erfinderischen Varianten, Blatt- und Würfelmuster, Flechtband- und Knospenornamente. Abb. 149/150

In Neustadt a. d. Aisch sind noch zahlreiche Türme der Stadtbefestigung erhalten. Im Alten Schloß (Untere Schloßgasse 8) befindet sich das Heimatmuseum. Ursprünglich ein merowingischer Königshof, kam das Gebiet über die Bischöfe von Würzburg an die Nürnberger Burggrafen, die vor 700 Jahren die Stadt gründeten.

MÜNCHAURACH

ehem. Benediktinerabteikirche

„Münchaurach gehört zu den interessantesten und besterhaltenen Resten der Baukunst des 12. Jahrhunderts in Bayern – es ist ein Bau, der durch das ernste würdige Innere bedeutend wirkt; zu erwünschen ist nur, daß die entsetzlich rohen, zwischen die Säulen eingebauten, hölzernen Emporen aus der Kirche entfernt werden." Der Wunsch des Privatdozenten an der königlichen Universität München, Dr. Berthold Riehl, der 1888 diese Zeilen schrieb, ging schon drei Jahre später in Erfüllung. Die Emporen wurden herausgerissen, der Barockaltar nach Herzogenaurach verkauft, die Inneneinrichtung einheitlich im neugotischen Stil ausgeführt.

Das ehemalige Benediktinerkloster Münchaurach, zwischen Erlangen und Höchstadt, im Tal der Aurach gelegen, ist eine Gründung der Grafen Gozwin und Hermann von Höchstadt und Stahleck sowie der Grafen von Bergtheim. Die ersten Mönche kamen zwischen 1124 und 1128 aus Hirsau, reform- und baufreudig, finanziell abgesichert durch reiche Schenkungen. 1128 weihte der Bamberger Bischof Otto die sicher noch lange nicht fertige dreischiffige Basilika mit den zwei Querschiffen, den zwei Türmen, und den drei Apsiden dem heiligen Petrus. Otto, Oberhirte, Kanzler des Deutschen Reichs und Hofkaplan der Polenherzogin Judith, gilt als Mitbegründer und Erneuerer von 27 Klöstern.

Die Haupttrakte des Klosters bauten die Benediktiner direkt an die Kirche an, ein Viereck bildend. Die Blüte dauerte nur einige Generationen, dann begann der Niedergang, langsam, aber unaufhaltsam und beschleunigt durch Plünderungen im ersten Markgrafenkrieg 1450.

Trotzdem stürzte sich der Konvent in kostspielige Umbauten, ließ die romanischen Doppeltürme abbrechen, durch einen gotischen Turm ersetzen, einen gotischen Chor anstelle der alten Apsis aufmauern, die Querschiffe erhöhen sowie über dem Hauptportal eine Empore einziehen. Direkte Folge der Baumaßnahmen war die Absetzung des Abtes. Der Ansbacher Markgraf griff ferner in die Selbstverwaltung des Klosters und in seine Finanzen ein. Der Bauernkrieg, etwa ein halbes Jahrhundert später, gab der Abtei den Rest. Die Auf-ständischen begnügten sich nicht mit plündern, sie äscherten ein, was ihnen schon lange verhaßt war.

1528 wurde Münchaurach evangelisch. Der greise Abt durfte bis zu seinem Tod bleiben, einige wenige Mönche ebenfalls. Sie mußten mit ansehen, wie der ganze Besitz von den Markgrafen beschlagnahmt wurde, wie verfiel, was das Feuer verschont hatte. Nur der Haupttrakt des Klosters und die Wohnung des Abtes wurden notdürftig hergerichtet und umgebaut zu einem ansbachischen Amt. Gleichzeitig war es Sitz des 1530 ernannten ersten evangelischen Pfarrers Pankraz Neundörfer.

1810 kam Münchaurach an Bayern. Es wurde 1846 Sitz eines Evangelisch-Lutherischen Dekanates. 1972 wurde das Dekanat aufgelöst. Die Pfarreien kamen zum Dekanat Erlangen.

Der schlanke, gotische Turm verwirrt. Doch vor der Westfassade ist deutlich die dreischiffige Basilika zu erkennen (Schlüssel beim Pfarrer, der rechts im ehemaligen Abthaus wohnt). Einfach fügt sich das romanische Portal in die Sandsteinfassade, die im Westen ohne Gliederung ist.

Je sechs Säulen trennen im Innern die Schiffe. Sie sind grau lasiert, wodurch der Naturstein verdeckt wird und verjüngen sich stark. Die Würfelkapitelle sind schlicht umrahmt oder durch Auskehlungen belebt. Auf die Kapitelle drücken kräftige Kämpfer, wie die beiden Pfeiler der Vierung mit Schachbrettmuster, typisch für Kirchen der Hirsauer Schule.

Größtes Kunstwerk des Gotteshauses ist die hölzerne Kreuzigungsgruppe an der Wand des nördlichen Querschiffes. Das Karfreitagsgeschehen ist lebensgroß, in spannender Plastizität dargestellt, die beiden Schächer etwas kleiner als Christus. „Obwohl keine Belege über die Herkunft des Werkes bisher gefunden werden konnten, darf mit großer Wahrscheinlichkeit angenommen werden, daß die Gruppe aus der Nürnberger Schule des ersten Viertels des 16. Jahrhunderts stammt. Sie weist deutlich Parallelen zu der Kreuzigungsgruppe von Adam Krafft auf dem Nürnberger Johannisfriedhof auf" (Hans Küfner).

Die später erbaute Sakristei ziert eine Renaissance-Holzdecke, Künstler und Auftraggeber sind unbekannt. In Mischfarben, vor allem gelb und gold, rosa und braun, sind seltene Motive aufgetragen. Es sind Vögel und Weintrauben, sich in Variationen wiederholens sowie romanisierende Elemente mit eingearbeitet. Im gotischen Chor fällt links eine alte Glasmalerei auf.

Es handelt sich um das Klosterwappen mit den gekreuzten Schlüsseln. Der im südlichen Querschiff in den Boden eingelassene hölzerne Deckel ist zugleich der Eingang zur Gruft. Er ist unbenutzt seit langem und deshalb nicht zugänglich. 1542 soll hier der letzte Mönch beigesetzt worden sein.

Die gesamte übrige Kircheneinrichtung ist neugotisch, der Ersatz für die vorherige Barock-Ausstattung. Bei der Renovierung 1891 bis 1893 wurden eigens angefertigt: Altar, Gestühl, Empore und die getönten Scheibchen der Fenster.

Als südliche Vorhalle dient der Rest des früheren Kreuzgangs mit dem Epitaph für Abt Johannes Groß, der beim Konstanzer Konzil 1415 an der Verurteilung von Johannes Hus zum Feuertod mitgewirkt hat. Einige Meter weiter rechts ein eingemauertes romanisches Tympanon, stark verwittert, möglicherweise Schlangen darstellend. Abb. 151

Urphertshofen

St. Jakobus und Nikolaus

Efeu klettert an der Kirche hoch, ein Birnbaum blüht tausendfach, eine sattgrüne Gänseblümchenwiese – wie in einem Garten steht das romanische Gotteshaus von Urphertshofen bei Obernzenn. Von dem ummauerten Kirchhügel mitten im Dorf geht der Blick auf Walmdachscheunen, Fachwerkställe und ein Flachsbrechhaus. Der „Garten", einst Friedhof, steigert die Ausstrahlung der um 1200 erbauten Chorturmkirche.

Neben dem kleinen alten Schulhaus, das immer noch Schulhaus ist, geht es auf den Friedhof. Der Weg, sterilgraue Betonsteinplättchen, führt am Turm vorbei zum Südportal. Behäbig, fast überdimensioniert, sitzt es in der unverputzten Langhausmauer mit breit gestuftem Rundbogengewände, die Kanten zu einem Wulst gearbeitet. Die Tür ist, wie bei fast allen romanischen Gotteshäusern, nicht mehr original, zweiflügelig, die Beschläge stammen aus der Zeit um 1700. Original ist auch nicht mehr der Dachstuhl. Im 18. Jahrhundert wurde er erneuert, der romanischen Dachneigung jedoch angepaßt.

In der Westfassade, ungegliedert und schlicht, befindet sich eine weitere rundbogige Tür, darüber symmetrisch angeordnet zwei kleine Emporenfenster und oben in der Mitte ein Kreuzfenster.

Im Abschluß verändert ist der Turm. Der kaiserliche Feldmarschall Christoph Ludwig von Seckendorff-Aberdar, Patronatsherr der Kirche, ließ ihn 1755 um „12½ Schuh" erhöhen. Damals dürften die noch erkennbaren, hoch gelegenen, gedoppelten Schallarkaden vermauert worden sein.

Innen erdrückt eine auf zwei Seiten umlaufende Holzempore die Romanik. Noch zur Originalausstattung des Gotteshauses gehört der Stein-Altar. Unter der Mensaplatte liegen die Gebeine eines unbekannten Christen.

Jahrhundertelang wurden unter dem mit Ziegeln ausgelegten Chor Angehörige des Hauses Seckendorff beigesetzt.

Zusammen mit dem Deutschordenskomtur von Virnsberg und dem Bischof von Würzburg teilten sich die Grafen von Seckendorff die Mitbestimmung bei der Pfarrei von Obernzenn, von wo aus auch Urphertshofen immer schon seelsorgerisch betreut wurde. Die Reformation fand auch bei den Seckendorffs Anhänger; die ursprünglich dem heiligen Nikolaus geweihte Kirche wurde protestantisch.

Hans von Seckendorff, Minister des Ansbacher Markgrafen Georg des Frommen, bestellte Philipp Getreu als ersten Prediger der neuen Lehre in Obernzenn, betraute ihn mit der Reformation und Visitation auch der umliegenden Ortschaften. Die klare Anweisung an den Pfarrer lautete: „Die Reformation ohne Tumult durchzuführen erstens mit Lesung der Episteln und Evangelien in deutscher Sprache und zweitens mit der Reichung des heiligen Abendmahls in doppelter Gestalt und Verrichtung der Taufe in deutscher Sprache."

Die Deutschordensherren protestierten heftig und erzwangen 1630 gewaltsam nach jahrzehntelangem Streit sogar wieder katholische Messfeiern in Urphertshofen. Doch mit dem Ende des Dreißigjährigen Krieges 1648 kehrte der evangelische Pfarrer wieder in seine Kirche zurück.

Mit Urphertshofen und Obernzenn eng verbunden ist der Name Seckendorff. Nach einer alten Sage wurde Kaiser Heinrich II. bei der Jagd von einem Auerochsen angegriffen. Todesmutig warf sich der Knappe Walter aus Seckendorff dazwischen, lenkte den wütenden Bullen ab, tötete ihn und rettete so dem Kaiser das Leben. Zum Dank schlug Heinrich II. Walter zum

Ritter. Ein Lindenzweig, rot gefärbt vom Blut des Auerochsen, wurde ihm als Wappen verliehen. Nicht kleinlich schenkte der Kaiser dem Ritter am 8. September 1017 den Besitz an dem Flüßchen Zenn mit allen Bewohnern. Abb. 152

Noch immer sitzen die Seckendorffs auf ihren Besitzungen um Urphertshofen. Während die Linie der Grafen von Seckendorff-Aberdar Unternzenn bewohnt, gehört der Linie der Freiherren von Seckendorff-Gutend Obernzenn. Ein riesiger Park verbirgt ein Blaues und Rotes Schloß. Ihre Namen erhielten die Schlösser nach den Farbton der Fassaden. Am Ausbau des Blauen Schlosses zwischen 1711 und 1718 war vermutlich auch der Eichstätter fürstbischöfliche Hofbaumeister Gabriel de Gabrieli beteiligt.
Das Rote Schloß wurde 1745 errichtet. Lisenen und Putzfelder gliedern die Fronten und geben dem Bau einen vornehmen Charakter. Über einen Graben im Park spannt sich eine Eisengußbrücke aus dem Jahre 1747 – angeblich die früheste Eisengußkonstruktion in Deutschland.

OBERFELDBRECHT

St. Maria und Georg

Zur Pfarrei Neuhof a. d. Zenn gehört die Filiale Oberfeldbrecht. Die kleine Chorturmkirche, im Kern romanisch, gotisch verändert, liegt direkt an der Orts-durchgangsstraße, eingekeilt beiderseits von Häusern, mit einem Vorgarten samt Zaun.
Durch seine klare Linie überzeugt das Portal auf der Süd-Seite. Während einige Teile erneuert sind, ist das Tympanon noch romanisch. Aus vertieftem Feld hebt sich, erhaben, das Kreuz ab, häufigstes, einfachstes und eindringlichstes christliches Symbol; daneben ein Drei- und ein Vierblatt.
Obwohl vor 900 Jahren die wenigsten Menschen lesen und schreiben konnten, verstanden sie die Bildzeichen, derer sich die Künstler bedienten: ein Dreiblatt bedeutet Dreieinigkeit, ein Vierblatt Gottes Königsherrschaft. So oft es ging, griffen die Künstler, Maler wie Bildhauer, auf die Zahlen-Symbolik zurück. Eine Eins stand für Gott – denn sie ist unteilbar. Selbst bei der Einrichtung und Ausschmückung einer Kirche spielten Zahlen eine wichtige Rolle. Zwei Kerzen beispielsweise deuteten auf das Alte und das Neue Testament hin. Die Drei ist die bei mittelalterlichen Bildern am häufigsten verwendete Zahl. Eine Vier versinnbildlicht die Welt, die Königsherrschaft Gottes, die alle vier Himmelsrichtungen umfaßt. Die Fünf weist auf Christus und die vier Evangelisten hin sowie auf die fünf Wunden Jesu.
Als heilige Zahl galt die Sechs. Vielfach ist ihre Bedeutung: die Erschaffung der Welt an sechs Tagen, die sechs Krüge beim Weinwunder zu Kanaa. . . Eine der wichtigsten Zahlen des Alten Testament ist die Sieben. Hinweisend auf den siebten Tag nach der Schöpfung, den Ruhetag des Herrn, bedeutet die Sieben das Unbegrenzte, das Ewige. Leuchter sind deshalb oft siebenarmig.
Schon in vorchristlicher Zeit galt die Acht als heilig. Sie stand für die Erde mit den acht damals bekannten Planeten. Taufsteine wurden oft als Oktogon, als Achteck gearbeitet. Die Zehn, u. a. für die zehn Gebote stehend, ist die Zahl der Vollendung. Die Zahl der Stämme Israels bezeichnet die Zwölf im Alten Testament. Im Neuen Testament weist sie auf die zwölf Apostel hin, den Urbeginn der christlichen Gemeinde. Außerdem ist sie die Offenbarungszahl.
Die Entstehung der Kirche von Oberfeldbrecht ist nicht aufklärbar. 1479 wurde sie in einer Urkunde erstmals erwähnt. Die Emporentreppe im Westen, eine Verbindung zu einem mittelalterlichen Ansitz vortäuschend, ist erst im 17. Jahrhundert angebaut worden. Das unregelmäßig geschichtete Steinmaterial des Langhauses wird als Beweis für mehrere Umbauten gedeutet. Neben dem Südportal hat sich ein vermauertes, romanisches Fensterchen erhalten.
Das unterste Geschoß des im 14. Jahrhundert neu gestalteten Turmes bildet den Chor, den Raum für den Altar. Aus Sandstein gehauen, ist der spätgotische Altar modern überarbeitet worden. Auf der Steinplatte steht ein kleiner Flügelaltar aus der Zeit um 1520. Wie das Langhaus ist der um eine Stufe erhöhte Chorraum mit neuen Ziegelplättchen ausgelegt.
Oberfeldbrecht gehört zu den Kirchen, die nur noch selten gottesdienstlich genutzt werden. Dreimal im Jahr – an Christi Himmelfahrt, Kirchweih und drei Wochen später – trifft sich hier die Gemeinde. Abb. 153

Greding, nördliches Seitenschiff

Altenfurt, Rundkapelle

Heidenheim, Blick ins Hauptschiff   *Heidenheim, Walburgis-Mausoleum*

Heilsbronn, romanische Säulen

Heilsbronn, Südportal

Roßtal, Krypta

Münchsteinach, Blick ins Hauptschiff

Münchsteinach, Adler-Kapitell

Münchaurach, Mittelschiff

Urphertshofen, Südportal

Oberfeldbrecht, Portal

WÜRZBURG

ehem. Benediktiner-Abtei (St. Burkhard)

„Es weinet der Himmel ob der Ruinen" steht unter dem kleinen Kunstwerk und: „Was Haß und Neid zerstöret, baut Liebe wieder auf."

Der aus Holz geschnitzte Engel, der sich in der Würzburger Kirche St. Burkhard die Hand vor das Gesicht hält, ist eine stete Mahnung, Erinnerung an den „schwarzen Tag von Würzburg". Alliierte Bomberverbände warfen am 16. März 1945 über der Stadt ihre tödliche Fracht ab, legten in Schutt und Asche, was in Jahrhunderten gewachsen und unersetzlich war. Bomben trafen auch St. Burkhard. Trotzdem beeindruckt in dem Gotteshaus immer noch die Romanik, strahlt das Langhaus benediktinischen Geist aus.

Die Abtei St. Burkhard geht auf das von Bischof Burkhardus 748 am Fuße des Marienbergs gegründete Andreaskloster zurück. Einer seiner Nachfolger, Bischof Hugo, ehrte den heiliggesprochenen Stifter, indem er seine Gebeine um 984 in die restaurierte Kirche des Andreasklosters überführen ließ und die Reliquien den Benediktinern anvertraute. Von da ab erhielt das Gotteshaus den Namen St. Burkhard.

Ein Brand zerstörte jedoch schon in den folgenden Jahren Kloster und Kirche. Abt Willemuth (1033 bis 1062) gab den Auftrag zum Wiederaufbau des Gotteshauses – 280 Schritte nördlich vom alten Platz. An Pfingsten 1042 weihte der heilige Bruno, Bischof von Würzburg, in Anwesenheit von Kaiser Heinrich III. die dreischiffige Basilika.

Schwere Baufehler hätten nach etwa hundert Jahren fast zum Einsturz der Kirche geführt. Abt Engelhard, 1168 in einer Urkunde als „Restaurator" des Gotteshauses bezeichnet, beseitigte die Gefahr und schuf sich mit dem großen Nordportal und der Vorhalle ein stolzes Denkmal.

Die Um- und Neubauten zogen sich bis 1249 hin. Aus diesem Jahr stammt die Katharina-Glocke im Nord-Turm, die älteste Glocke im Bistum Würzburg. Im 15. Jahrhundert setzten sich weltliche Auffassungen im Kloster durch. Unzufriedene Mönche drängten Abt Johannes von Allendorf, aus der Abtei ein adeliges Ritterstift zu machen.

1464 hörte die Abtei auf zu existieren. Der letzte Benediktiner-Abt, Johannes von Allendorf, wurde erster Propst des Ritterstiftes. Noch unter ihm begann der einschneidendste Eingriff in die romanische Substanz. Allendorf ließ die Hauptapsis abbrechen, die Basilika zum Main hin mit einem hohen Querschiff und einem gotischen Chor vergrößern. Später wurden der Abschluß im Westen und der romanische Turm abgebrochen, um Platz zu schaffen für die weit ins Tal herunterreichenden Verteidigungswerke der Feste Marienberg.

Unzufriedene Bauern plünderten 1525 das Stift. Im Dreißigjährigen Krieg, 1631, ausgerechnet am 14. Oktober, dem Fest des heiligen Burkhard, zertrümmerten die Schweden im Innern der Kirche Altäre, Figuren und Gestühl. Seit dieser Zeit sind auch die Reliquien von Burkhard verschollen. 1803 wurde das Ritterstift säkularisiert. Der letzte Propst, Graf von Trockau, bestieg einige Jahre darauf den Würzburger Bischofsstuhl. Aus der einstigen Abtei-Basilika wurde eine Pfarrkirche.

Das Gotteshaus duckt sich an den Marienberg und wird von einer breiten Uferstraße in die Zange genommen. Unaufhörlich flutet der Verkehr vorbei, zentimeterdicht am gotischen Ostchor. Denn bei der großzügigen, 1497 abgeschlossenen Erweiterung, hatte sich der Baumeister etwas Besonderes einfallen lassen: Er überwölbte den am Kloster vorbeiführenden Weg einfach, schuf eine Durchfahrt unter dem Chor, die heute gerade noch den Fußgängern Platz bietet.

Im Innern fällt sofort die Harmonie von Gotik und Romanik auf. An der Nahtstelle, wo das zu einem Opferstock umgearbeitete spätromanische Würfelkapitell steht, bietet sich ein faszinierender Blick in die vier Stufen tiefer gelegene Basilika mit den Seitenschiffen. Der Wechsel zwischen Pfeiler und Säule, die Farbe des Sandsteins und die rötlichen Bodenplatten ergeben trotz aller Zurückhaltung ein ungemein farbiges und ruhiges Bild.

Die Seitenschiffe, in die Epitaphien eingelassen sind, wirken wie eine Totenhalle. In vollem Ornat, mit Stab und Mitra, ist Abt Hermann Lesch von Hiligartshausen, gestorben 1408, abgebildet. Auch ein Grabmal mit einer unbekannten Frauengestalt in faltenreichem Gewand, von einem Schleier umhüllt, einen Rosenkranz in den Händen, ist darunter.

Das Würfelkapitell an der Nahtstelle, ein großartiges Werk eines unbekannten Bildhauers, läßt romanische Größe in ihrer Spätzeit anklingen. Die vier Seiten zeigen figürliche Szenen: Christus als Gärtner erscheint Magdalena, Christi Himmelfahrt, die thronende Madonna zwischen zwei Engeln und die heilige Dreifaltigkeit.

Ein Meisterwerk aus grünem Sandstein, um 1350 geschaffen, ist das gotische Kreuzigungsrelief, der sogenannte Leprosenstein, benannt nach dem Leprosenhaus beim Zeller Tor. Von dort kam der Stein 1881 in die Burkhardskirche. Die Arbeit zeigt Christus sterbend an einem zu einem Kreuz geformten Lebensbaum, darüber, als Abschluß, ein Pelikan, den Kopf eingerollt, den Schnabel an der Brust. Der Pelikan ist eines der frühesten Symbole für Christus, für die aufopfernde Liebe und die Auferstehung. Man glaubte, der Vogel würde sich im Notfall sogar die Brust aufreißen, um mit seinem Blut die durstenden Jungen zu tränken.

Zu den ältesten Kunstwerken des Gotteshauses gehört noch eine gotische Maria, das Werk eines fränkischen Wanderkünstlers, der die verschiedenen Eindrücke seiner Zeit zu einem Meisterstück verarbeitet hat.

Abb. 165

SCHWEINFURT

St. Johannis

Trauungen wurden nicht immer in der Kirche vollzogen. In der Zeit der Romanik war es üblich, Ehen vor einem Seitenportal zu schließen. Um dennoch einen würdigen Rahmen zu haben, waren diese Portale oft aufwendig verziert, gelegentlich auch überdacht oder zu einer Vorhalle erweitert. Eines der schönsten Brauttore hat die St. Johannis-Kirche in Schweinfurt. Es ist spätromanisch, mit Drachen, Fabelwesen und Löwen verziert. Das Portal ist umschlungen von symbolgeladener Ornamentik.

In der zweiten Hälfte des 12. Jahrhunderts begonnen, zogen sich die Bauarbeiten an der Kirche etwa 200 Jahre hin. Als erstes waren der Chor und der Nordturm fertig. Beim Bau des Langhauses – 1225 bis 1240 – flossen bereits frühgotische Elemente ein, verhalten noch, kündigten aber doch den neuen Stil an. Zu dieser Zeit begannen auch die Arbeiten am Südturm.

1325 wurde die dreischiffe Basilika mit einem Querhaus im Osten erstmals als „Pfarrkirche" in einer Urkunde erwähnt. Welche Funktion dem vermutlich vom Würzburger Kollegiatstift Haug gegründeten Gotteshaus ursprünglich zugedacht war, ist nicht bekannt. Es

deutet einiges darauf hin, daß die Reichsstadt Schweinfurt die Kirche vollenden ließ.

Doch kaum fertig, wurden die ersten Bauteile schon wieder abgerissen. 1400 mußte der romanische Chor einem gotischen weichen.

1542 wurde St. Johannis evangelisch, die Reichsstadt war zur Lehre Luthers übergetreten. Ein Umbau 1739 nahm der Kirche den basilikalen Charakter. „Um Raum für Emporen zu gewinnen, erhöhte man die Seitenschiffe an den Innenseiten und überdeckte jene zusammen mit dem Langhaus mit einem großen schweren Satteldach" (Ericht Saffert).

Im Zweiten Weltkrieg trafen Bomben die Kirche. Erst 1951 war der Wiederaufbau abgeschlossen. Wenn auch nicht mehr vollständig, wenn auch einige Figuren ergänzt sind, gibt das in der Mitte der Südfassade des Querschiffes sitzende Brauttor doch noch romanische Formenwelt eindrucksvoll wieder.

Neben phantastischen Ungeheuern tauchen mehrmals Drachen auf, Symbole für das Böse, Schlechte, den Teufel. In Frankreich und Italien zum Beispiel wurden gemalte Drachen durch die Straßen getragen – alle sollten sehen, daß Christus den Feind besiegt hat.

In manchen Orten schleppten Männer sogar große Drachenfiguren in der Bittwoche bei den täglichen Prozessionen mit. An den beiden ersten Tagen nahm das Ungeheuer mit emporgerichtetem, aufgeblähtem Schwanz, den Platz an der Spitze ein, vor dem Kreuz und der Fahne. Am dritten Tag der Bittwoche aber wurde der Drache hinter das Kreuz verbannt und mit dem Kopf nach hinten getragen. „In den zwei ersten Perioden ist er umumschränkter Herrscher der Welt, sein Schwanz ist lang und aufgebläht. Als Besiegter aber folgt er nach Aufhebung seiner Macht zur Zeit der Gnade dem Kreuze" (Joseph Sauer).

Als furchtbarer Geist der Finsternis, der dem irdischen wie ewigen Wohl und Glück des Menschen unablässig nachstellt, ist der Drache im Brautportal zu deuten. Links, im westlichen Teil, hockt er noch unbesiegt über den Säulen. Rechts jedoch, in Richtung Altar, ringt er mit einem Löwen – der Kampf des Teufels mit Christus, dem „Löwen aus Juda".

Neu sind die Hunde und Drachen, die zu beiden Seiten die Konsolen stützen; ebenfalls nicht mehr original auch die beiden Figuren, Johannes der Täufer und Johannes der Evangelist. Schon auf einer Ansicht aus dem Jahre 1648 fehlt das romanische Tympanon. Laubwerk und ein Frauenkopf befinden sich in der Südseite des Chors, ferner Knospenkapitelle, mit Tiergestalten figuriert – im Innern hat sich die Romanik nur in Details erhalten.

Ältestes Ausstattungsstück der Kirche ist der achteckige Taufstein. Er trägt die Inschrift: „Im Jahr des Herrn 1367 an den Kalenden des August wurde dieser Taufstein gestiftet von Konrad Nuzzer und Friedrich Rucker".

Interessant ist auch das Epitaph für den Würzburger hochfürstlichen Rat Valentin von Münster, gestorben 1582. Obwohl adelig, hatte er ausnahmsweise das Bürgerrecht erhalten und durfte in der Reichsstadt wohnen. Er hatte 1574 Schweinfurt 2000 Gulden zum niedrgisten der damals üblichen Zinssätze geliehen.

Abb. 166/167

RIENECK

Burgkapelle und Turmkapelle

„Das Schlößlein Rieneck lieget auf ein felsene Berglein zwischen hohe Bergen, der Eingang hierzu geht von dem Städtlen hinauf . . . die Gebäuden, so schlecht und alt vätterisch, ruhen unten auf stein. . . In dem an der linken Hand gelegenen gebeu an der Erden ist eine Gesindestuben, Kuchel, Holzgewölb und Bachstuben. Ober der Kuchel im Vorsaal, dabey ziemlich saubere zwey stuben und Kammern, worinnen die Grafen von Rieneck gewohnt haben, gegenüber ober den Capellen ein sauber Rundelstüblein samt Kammer und Kamin. . . Die Capellen ist zum Gottesdienst auch noch so gar mangelbar nicht, außer daß der durchs Tach triefende regen das tabulatum in etwas verfaulet und gesenket, daß Altärlein ist schlecht und von Holz, die Capellen ist einer ziemlichen Größe, der Keller ist auch von Quaterstücken aufgewölbt, darinnen wohl etlich und 30 fuder wein liegen können, das waßer aber, so man im Schloß brauchen will, muß hinauf geführet werden. . ."

Gewissenhaft hatte 1669 ein Chronist die St. Fabian und Sebastian geweihte romanische Kapelle im Burghof von Rieneck beschrieben. Doch die Wehranlage, um 1168 von Ludwig von Rieneck erweitert, hat noch eine zweite, in ihrer Art beispiellose Turmkapelle. Das Besondere im nördlichen Bergfried ist aber nicht der Turm, sondern die außergewöhnliche Mauerstärke.

Allein der massige Bergfried ist einzigartig. Er hat den Grundriß eines unregelmäßigen Siebenecks mit auf jeder Seite verschieden starken Mauern, von 3,50 bis 6,80 Meter stark.

Auf den ersten Blick enttäuscht Rieneck. Die Neugotik hat an einigen Fassaden das Originale zerstört. Der Burghof wirkt steril, ohne Atmosphäre, birgt jedoch die erste Überraschung. Gleich rechts im Ostflügel liegt eine vor kurzem renovierte romanische Kapelle mit einigen interessanten Steinarbeiten.

Am Portal, in den beiden Ecken, auf kleinen Konsolen, sitzen fratzenhafte Bestiarien. Das stark verwitterte Relief im Tympanon läßt eine Beschreibung nicht mehr zu.

Über dem Portal prangen an der Fassade zwei Figuren, Hochreliefs, aus Rotsandstein und fast lebensgroß. Beide tragen bis zu den Füßen reichende Gewänder mit primitivem Faltenwurf. Sie konnten bisher weder gedeutet noch konnte ihre Herkunft geklärt werden. Die Kapelle, nicht ganz so alt wie die im Turm, dürfte jedoch kurz vor 1200 entstanden sein. Über einen Gang hatten die Burgherren direkten Zutritt zur Westempore. Jahrzehntelang stand die Kirche leer. 1812 fand darin die letzte katholische Meßfeier statt. Nach Zweckentfremdungen als Holzlege, Abstellkammer und Kohlenlager wurde 1905 in der Kapelle der erste evangelische Gottesdienst abgehalten.

Drei kleine Rundbogenfenster in der Apsis, etwa zwei Meter über dem Boden, werfen Licht auf den Altar. Unverputzt ist der Chorbogen, neben dem links und rechts sich je ein weiteres Fenster befindet.

Von unbeschreiblicher Wirkung, archaisch und fremdartig, ist die ursprünglich der heiligen Maria gewidmete Kapelle im „Dicken Turm". Etwa 20 Meter über dem Boden ist der aus drei Konchen, Apsiden bestehende Raum, kleeblattförmig angelegt, hineingepreßt.

Wer die moderne Wendeltreppe hochsteigt und dann vor dem unauffälligen, nur 0,65 Meter breiten Portal mit dem Kreuz im Tympanon steht, ist – auch wenn er weiß was ihn erwartet – überrascht.

Bewußt haben die Bauherren die Schwächung ihres als letzte Zufluchtsstätte konzipierten Bergfrieds in Kauf genommen. Denn durch den Einbau der Kapelle ist an mehreren Stellen die Mauer nur noch etwa zwei Meter stark.

Die drei Fensterchen, zwei Meter in die Wand hineinreichend, lassen kaum Licht herein, bewirken so eine weihevolle und seltsame Düsternis. In der mittleren der drei Konchen steht ein Altar, hinten in die Wand eingelassen und vorne auf zwei Ecksäulchen ruhend. Jahrhundertelang war der Bergfried ohne Dach. Es hat hineingeregnet und das Wasser gefror im Winter. 3,60 Meter hoch ist der Raum, etwa acht Quadratmeter groß, trotz der Enge großzügig mit Säulen, Eckpfeilern, Diagonalrippen und Quergurten gegliedert. Die Kapitelle, abwechslungsreich gearbeitet, sind teilweise bis zur Unkenntlichkeit von der Witterung abgeschliffen. Das Gewölbe ist, trotz Restaurierung, locker – immer wieder bröckelt Putz und brechen Steine herunter. Kurioserweise befindet sich genau unter der Kapelle, ebenfalls in der vollen Mauerstärke, eine mittelalterliche Abortanlage mit raffinierter „Luftspülung". Im Gegensatz zu den oft primitiv angebauten Abort-Erkern ist die Rienecker Anlage von außen uneinsehbar.

Graf Ludwig von Rieneck (1139 bis 1171), der die Burg seiner Vorfahren ausgebaut hatte, war ein mächtiger Herr. Seine Stellung zeigte sich auch in den Heiratskandidaten seiner Töchter. Imina wurde die Ehefrau von Herzog Gottfried III. von Lothringen und Brabant, Agnes heiratete um 1150 den späteren Wittelsbacher-Herzog Otto I., eine dritte Tochter vermählte sich mit dem Prinzen Alomus von Ungarn.

Sein Nachfolger, Graf Gerhard, zog als Kreuzfahrer ins Heilige Land. „Bei seiner Abreise gab er die Grafschaft und seine Frau in die Obhut seines Bruders. Dieser verführte seine Schwägerin und bei Gerhards Rückkehr mußte er gegen seinen Bruder um die Grafschaft kämpfen" (Richard Elzenbeck).

1559 starb das fränkische Uradelsgeschlecht der Rienekker aus. Die Grafschaft fiel an den Kurfürsten und Erzbischof von Mainz. Für 130 000 Gulden kaufte 1673 Hans Hartwig von Nostitz, ein ursprünglich in der Lausitz begütertes Geschlecht, vom Mainzer Erzbischof Lothar Friedrich die Grafschaft Rieneck. Die neuen Besitzer nannten sich künftig Grafen von Nostitz-Rieneck. 1806 verkauften die Grafen den Besitz an Karl Theodor von Dalberg. Acht Jahre später kam Rieneck an Bayern. Es verfiel zur Ruine. Seitdem wechselte die Burg noch elfmal den Besitzer. Heute gehört sie dem Bildungs- und Erholungswerk Burg Rieneck e.V. und kann von Gruppen bis zu 200 Personen gemietet werden. Abb. 168/169

THULBA

ehem. Benediktinerinnen-Abteikirche hl. Lambert

„Ein Edelmann aus Fulda nahm eines Tages für sein krankes Kind aus der Quelle bei Thulba ein Fläschchen Wasser mit. Kaum hatte das Kind getrunken, wurde es wieder gesund. Aus Dankbarkeit ließ der Adelige neben der Quelle ein Kirchlein erbauen." So schildert eine Sage den Bau der ersten Kirche von Thulba.

Tatsächlich ergaben 1966 durchgeführte Grabungen, daß Thulbas erstes Gotteshaus näher an der Quelle stand als die heutige Kirche. Am 2. Mai 816 wurde das Gotteshaus geweiht, eine Schenkung des Fuldaer Abtes und des Würzburger Bischofs. Gleich neben der Quelle wurden vermutlich die ersten Christen in dieser Gegend getauft.

Einer Schenkung verdankte auch über 300 Jahre später das Kloster Thulba sein Entstehen. Am 6. Juni 1127 vermachten Gerlach von Herlingsberg, ein im Dienste Fuldas stehender Ministeriale, und seine Frau Regilinde dem Fuldaer Abt Heinrich I. ihre Güter – zur Gründung eines Klosters.

Seinen Einfluß voll ausspielend, rief der Abt Benediktinerinnen nach Thulba, ließ parallel zum Kloster auch die romanische Basilika errichten. Papst Innozenz II. bestätigte am 18. März 1141 die Gründung, die auch der Fuldaer Abt Konrad finanziell unterstützte. Der Ort Thulba, der vom germanischen „dulbo", dem Graben, seinen Namen erhielt, blühte mit dem Kloster auf. Um 1160 besaßen die Benediktinerinnen die Orte Reith, Niederlauer, Frankenbrunn, Völkersleier, Fuchsstadt, Wüstensachsen, Leitersbach, Seeshof und Hochheim. Zu Beginn des 16. Jahrhunderts waren die Nonnen Besitzer von Gütern und Rechten in 52 weit verstreuten Orten.

Verwaltet wurde der riesige Besitz von einem Propst, der auch für die Seelsorge im Kloster und den dazugehörigen Pfarreien verantwortlich war. Auf das Amt des Propstes hatten schon früh Adelige aus der Umgebung Anspruch erhoben, als standesgemäßen Posten für nachgeborene Söhne, die nicht mit einem elterlichen Erbe rechnen konnten.

Das Ende der Abtei Thulba kam 1525. Da das Kloster vielen Menschen Arbeit und Brot gab, besetzten es die Bauern im Bauernkrieg erst nur widerwillig. Während ihre Nachbarn im Würzburgischen bereits am Gründonnerstag das Kloster Aura geplündert hatten, dachten die Untertanen im Thulbatal an keinen Aufstand. Erst durch andere Bauernhaufen aufgewiegelt, schlossen sie sich zum Klostersturm zusammen. Äbtissin Barbara Hasenstab floh mit ihren 13 Nonnen und versteckte sich bei ihrem Bruder. Von hier aus wandte sie sich an den Fuldaer Fürstabt, er möge doch das beschädigte Kloster wieder herstellen lassen. Als der Fürstabt nichts unternahm, verfaßte die resolute Äbtissin eine Bittschrift an Kaiser Karl V. Obwohl dieser den Fürstabt anwies, das Kloster in Thulba wieder herzurichten, geschah nichts. Leerstehend verfiel die Baustubstanz und es entstanden irreparable Schäden. Erste Initiativen zum Wiederaufbau ergaben, daß mindestens 12 000 Gulden notwendig gewesen wären. Doch wieder geschah nichts. Auch 1625 zerschlugen sich neue Restaurierungspläne. Ein Jahr später schließlich verlegte Fürstabt Johannes Bernardus das Benediktinerinnenkloster nach Fulda.

Als dreischiffige Basilika war 1127 die Klosterkirche begonnen worden. Die Apsis mit Rundbogenfries, plastischem Schmuck, Köpfen und Ornamentik, läßt auf eine reiche Ausstattung schließen.

Zum Hauptportal, das ursprünglich mit einer Vorhalle überbaut war, führten sieben Stufen ins Innere. Propst Otto Heinrich von Calenberg, der 1629 die schwer beschädigte Basilika aufbauen ließ, gab der Kirche ein neues Gesicht. Über das Hauptportal mußten die Steinmetzen sein Wappen setzen, das Psalmwort darunter: „Auf dich, o Herr, habe ich gehofft und ich werde in Ewigkeit nicht zuschanden werden."

Ebenso schwerwiegend waren die Eingriffe im Innern. Bereits 1511 hatte der Fuldaer Abt Johann II. von Henneberg, der zugleich Propst von Thulba war, die zwölf Säulen herausreißen lassen. Sie wurden durch gotische Spitzbögen ersetzt, die der Basilika eine eigenwillige Atmosphäre geben. Unter der Vierung, wo Haupt- und Querschiff zusammenstoßen, wurden 1629 unter Propst Otto Heinrich von Calenberg ebenfalls Bogen eingezogen. Von den zwölf Säulen ist nur ein wuchtiges Kapitell geblieben, das 1958 zu einem Weihwassergefäß umgestaltet wurde.

Nach Verlegung des Klosters war Thulba Propstei geworden. Es war Sitz eines Verwalters der immer noch vorhandenen Besitzungen. Um die Seelsorge kümmerten sich mehrere Vikare. Der Propst selbst zelebrierte nur an hohen Kirchenfesten die heilige Messe.

Er war seit 1726 unumschränkter Herr mit eigener Gerichtsbarkeit über Thulba, Frankenbrunn, Reith, Münchau, Obergeiersnest, Schönderling, Schondra, Seeshof und Singenrain. Über weitere zwölf Orte stand der Propstei die Lehensvogtei zu. Außerdem bezog der Propst verbriefte Einkünfte aus vier im Bistum Würzburg gelegenen Dörfern.

Bereits 1701 hatte Propst Friedrich von Buttlar eine neue Propstei in Auftrag gegeben. Anton Peyer baute in dem kleinen Dorf ein riesiges, schloßähnliches Gebäude. Ein Terrassengarten mit Steinfiguren kam hinzu. Die Räume wurden zum Teil mit Deckenfresken ausgemalt. Eine päpstliche Bulle vermehrte 1752 die Macht des Propstes. Sie gestand ihm wie einem Abt oder Bischof Mitra und Ring zu.

1802 wurde die Propstei säkularisiert. Für Thulba, das zum Hochstift Fulda gehörte, begann eine turbulente Zeit. 1803 hieß der Besitzer Prinz von Oranien. 1810 gelangte Thulba an das Großherzogtum Frankfurt, 1813 an Österreich und am 14. April 1816 an Bayern. Noch im gleichen Jahr verschleuderte der Staat in Thulba 38 ehemalige Propsteigebäude, Grundstücke, Äcker, Wiesen und Weinberge an private Interessenten. Behalten hatte der bayerische Staat jedoch den riesigen Waldbesitz des ehemaligen Klosters. Durch die Säkularisation kam Thulba zur Diözese Würzburg.   Abb. 170

GELDERSHEIM

St. Nikolaus (Krypta)

Auf den ersten Blick scheint die Kirche von Geldersheim bei Schweinfurt nichts Romanisches zu bieten. Inmitten einer profanen Gaden-Anlage gelegen, außen wie innen total renoviert, wissen selbst viele Einheimische nicht, daß der 1692 veränderte Turm eine tief im Boden liegende spätromanische Krypta hat.

Spärlich sind die Quellen, rätselhaft die Krypta, die in die erste Hälfte des 13. Jahrhunderts zurückreicht, in eine Zeit, da Unterkirchen kaum noch gebaut wurden. Schon die Errichtung einer Krypta in einer kleinen Dorfkirche, noch dazu unter dem Turm, ist die Ausnahme.

Eine enge und steile Spindeltreppe führt in einem 1617

angebauten halbrunden Treppenturm hinunter. Unten ist es feucht und trotz sommerlicher Temperaturen kühl und dunkel. Elektrisches Licht gibt es nicht. Man muß warten, bis sich die Augen an das Dämmrige gewöhnt haben, um den Raum erfassen zu können.

Die Ostseite lockert ein schön gestaltetes, kreisförmiges Fenster mit Sechspaßmaßwerk auf. Daneben sind zwei kleine Nischen im Mauerwerk. Eine dritte, etwas größer, ist an der Nordseite. Sie dienten einst zum Abstellen von sakralen Gegenständen und Altargeräten.

Das Gewölbe wird von Eckpfeilern mit würfelförmigen Kapitellen und profilreichen Kämpfern getragen.

Auch das Rundbogenfenster an der Nordseite ist innen mit Kehle und Wulsten, außen zusätzlich mit Säulchen, attischer Basis und Blätter-Kapitell verziert – wie ein Portal. Das ähnliche Fenster an der Südseite ist zugemauert.

Früher ist die Krypta gelegentlich als Ossarium, als Beinhaus, gedeutet worden. Doch die drei Gerätenischen beweisen, daß in der dämmrig-gruftigen Tiefe einmal ein Altar gestanden haben muß, wo die Gemeinde sich zum Gottesdienst getroffen hat. Wegen ihrer tief in den Mauern sitzenden Feuchtigkeit wird die Krypta seit Generationen nicht mehr sakral genutzt.

1608 hatte sich die Pfarrei endgültig zum Abriß der alten Kirche entschieden und Pläne für den Neubau sowie die Kostenvoranschläge geprüft. Aus Sparsamkeitsgründen ließ man die drei unteren Geschosse des romanischen Turms stehen. 1618 standen die Arbeiten kurz vor dem Abschluß. Der Turm an der Nordseite des Chores, dem zwei neue Geschosse aufgesetzt wurden, scheint nicht die Zustimmung aller gefunden zu haben. 1692 wurde er nochmals verändert und erhielt so seine heutige Kuppelbedachung.

Den Übergang von der Spätromanik zur Frühgotik lassen die beiden Turmstockwerke über der Krypta erkennen. Während das ebenerdige Geschoß der Chor der romanischen Kirche war, ist die Nutzung des darüber liegenden Raumes unklar.

Von 1760 bis 1770 wurde die St. Nikolaus geweihte katholische Pfarrkirche stuckiert und das Langhaus mit Deckengemälden ausgeschmückt. Die zwei großen Darstellungen zeigen die Himmelfahrt Mariens und die von zahlreichen Engeln umgebene Heilige Dreifaltigkeit. 1981 wurde das Schiff im Westen um fünf Meter verlängert. Abb. 171

Die Kirche liegt im Schutz einer mittelalterlichen Gadenanlage. Auf drei Seiten noch vollständig erhalten, erinnern die Gaden an eine Wehrmauer, deren Funktion sie in Kriegszeiten auch übernahmen. Ansonsten dienten die Gaden als Lagerräume und Keller. Einige der Häuser, zum Teil mit schönem Fachwerk, tragen die Jahreszahl 1524, 1535, 1548 und 1575. Fast alle der Gaden sind in Privatbesitz. Doch die Gemeinde Geldersheim hat jetzt unter Bürgermeister Willy Dreßler Kontakt mit den 32 Besitzern aufgenommen, um die Gaden zu kaufen und in Abstimmung mit dem Landesamt für Denkmalpflege zu renovieren. Nach der Restaurierung sollen die eigenwilligen Lager-Wehr-Häuser wie bisher genutzt werden.

NEUSTADT am Main

ehem. Benediktinerabteikirche

Unmittelbar am Main, in einer überreichen Landschaft, zwischen Wertheim und Lohr, windet sich die Uferstraße vorbei am säkularisierten Benediktinerkloster Neustadt. Megingoz, ein Schüler des heiligen Bonifatius, gründete es 785. Bei der Weihe der ersten Kirche soll Kaiser Karl der Große zugegen gewesen sein. Heute ist die Klosterbasilika Pfarrkirche, die übriggebliebenen Klostergebäude sind ein von Missions-Dominikanerinnen geleitetes Rehabilitationszentrum.

Vielversprechend war der Beginn des Klosters. Schon bald nach der Gründung missionierten Mönche aus Neustadt das Gebiet um Bremen und gründeten das Bistum Verden. Drei der ersten Äbte waren in Personalunion auch Bischöfe von Verden an der Aller.

Als im 11. Jahrhundert auch in Neustadt die Klostermoral zu sinken drohte, schickte Hirsau den reformfreudigen Abt Adelgerus (gestorben 1100), um das Mönchsleben zu erneuern.

Schon gegen Ende des 10. Jahrhunderts hatte eine vom Kloster Gorze bei Metz ausgehende Reform mit dem Ziel der Erneuerung des mönchischen Lebens auch Bayern ergriffen. Mit ungeheurem Elan gelang es, das Mutterkloster des Benediktinerordens, Monte Cassino, zu reformieren.

Doch die Gorzer Reform verlor gegen Ende des 11. Jahrhunderts ihren Schwung und wurde von der cluniazensischen Reform abgelöst. Während die Gorzer dem deutschen Herrscher ein Mitspracherecht in kirchlichen Belangen eingeräumt hatten, beharrten die Cluniazenser – nach der 910 gegründeten Abtei Cluny bei Lyon – auf der Unabhängigkeit der Kirche von weltlichen Herrschern. Vom Hauptstützpunkt der Cluniazenser in Deutschland, der Benediktinerabtei Hirsau im Schwarzwald, kommt der Name Hirsauer Reform.

Abt Adelgerus, reform- wie baufreudig, ließ die teilweise bis heute stehende dreischiffige Basilika mit zwei Türmen und einem Querschiff errichten, angelehnt an den in Hirsau geprägten Bautypus. Urkundliche Nachrichten fehlen zwar, aber das Gotteshaus dürfte spätestens um 1150 fertig gewesen sein.

Plündernd zogen im Bauernkrieg Aufständische durch Kloster und Kirche. Sie nahmen mit was ihnen wertvoll erschien und zerstörten die Altäre. Abt Konrad Lieb war während seiner Amtszeit weitgehend damit beschäftigt, die Schäden zu beseitigen und die Altäre reparieren zu lassen bzw. neue in Auftrag zu geben. Am 26. August 1534 wurden feierlich die Altäre geweiht: der Hochaltar zu Ehren der heiligen Dreifaltigkeit, der Jungfrau Maria und St. Martins, St. Benedikts, Karls des Großen, St. Scholastika und St. Gertrud; ein Altar zu Ehren der zehntausend Märtyrer; ein anderer den Heiligen Drei Königen – insgesamt waren es zehn Altäre.

Vom Bauwurm befallen ordnete der Würzburger Fürstbischof Julius Echter einen vollständigen Umbau des Klosters an. Abt Martin weigerte sich, da ein so kostspieliger Bau den Mitteln des Klosters nicht entspreche und außerdem die alten Gebäude noch in gutem Zustand wären. Der Fürstbischof, Widerspruch nicht gewohnt, setzte den Abt kurzerhand ab und bestellte 1615 einen der Patres als Administrator. Schon wenig später zogen in Neustadt die Handwerker ein, bauten ein neues Klostergebäude, erhöhten Kirche und Türme um etwa „neun Fuß", setzten in der Basilika neue Fenster ein und vergrößerten den Ostchor.

Kaum fertig, bezogen die Schweden den Neubau. 1633 beschlagnahmte der schwedische Geheimsekretär Laurentius Grubben von Nabben das Kloster und ließ sich vom Konvent huldigen.

1803 wurde die Abtei vom Staat aufgehoben und als Entschädigung den Fürsten von Löwenstein-Wert-heim-Rosenberg zugewiesen. Die Basilika ist seit 1836 Pfarrkirche.

Bei einem heftigen Gewitter am 26. Mai 1857 schlug ein Blitz in den südlichen Turm, zündete und sprang auf den Nordturm über. Innerhalb von Minuten standen Chor, Quer- und Hauptschiff sowie Konventbau in Flammen. Der Wiederaufbau hat das Gesicht der Basilika mitgeprägt, eine Angleichung im Sinne falsch verstandener Romanik an das Originale gesucht. Damals wurde auch die gesamte Westfassade, der einst ein Paradies vorgebaut war, erneuert.

An den Nahtstellen im Mauerwerk läßt sich die Grenze zwischen Alt und Neu gut ablesen. Bis zum Dachansatz des Querschiffes beispielsweise noch original ist der Nordturm. Die beiden gekuppelten Rundbogenfenster mit Mittelsäule sind romanisch.

In der Basilika verleiht der Stützenwechsel, das Nebeneinander von Säule und Pfeiler, dem Raum romanische Würde. Details im Querschiff – ein Zentaur, ein fischleibiges Ungeheuer – bestechen durch ihre sichere Form. Sie gehörten zum Steinschmuck von kleineren Türen. Ein Bruchstück der romanischen Chorschranken sind die sechs rechts an der Mauer befestigten Reliefs. In einer rundbogigen Nische thront Maria mit dem bekleideten Kind. Die Köpfe sind stark beschädigt. Rechts neben ihr steht Kaiser Karl der Große, der mögliche Mitstifter und Gönner des Klosters. Das dritte Relief zeigt St. Martin in Pontifikaltracht. Weiter St. Martin auf dem Pferd, der Bettler und St. Martin auf der Kathedra. Der „Traum des St. Martin" befindet sich im Mainfränkischen Museum.

Rechts neben dem Querschiff liegt der frühere Kapitelsaal, der nun als Werktagskirche dient. Darüber, in der ehemaligen Bibliothek, hat Pfarrer Rudolf Langhans ein Lapidarium angelegt und zusammengetragen, was bei Grabungen an interessanten Fragmenten von Vorgängerkirchen zutage kam. Das Mini-Museum, liebevoll und mit viel Sachverstand und Einfühlungsvermögen aufgebaut, ist allein schon einen Besuch wert. Neben Bruckstücken von Säulen und Kapitellen hütet der Pfarrherr im Lapidarium den sogenannten Gertrauden-Mantel. Die Heilige, die 659 starb, ist in Nivelles (Frankreich) begraben. Gefertigt aus spanisch-sarazenischem Seidendamast, um 1200. Vom vermauerten Nordportal – zwei Säulen sind noch zu erkennen – führt ein Kreuzgangsrest am aufgelassenen Klosterfriedhof vorbei zur Ruine der karolingischen Kapelle St. Peter und Paul. Vermutlich vom Klostergründer Megingoz als erste Klosterkirche aus rotem Sandstein erbaut, steht nur noch das Untergeschoß der Vierung. 1226 wurde hier Abt Bernhard II. begraben. Im 16. Jahrhundert einsturzgefährdet, ließ Abt Jodokus Steigerwald (1513 bis 1534) sie restaurieren. Unter Abt Placidus Reich (1733 bis 1764) erhielt die Kapelle eine neue Orgel, ein Grab des Herrn und drei Altäre. Sie diente zu dieser Zeit wahrscheinlich als Friedhofskirche. Ursprünglich war die Kapelle vermutlich St. Salvator oder St. Martin geweiht. Petrus und Paulus könnten von Anfang an Nebenpatrone gewesen sein. Es ist keine Seltenheit, daß Nebenpatrone an die erste Stelle vorrücken.

Abb. 172/173

OBERMERZBACH

St. Michael

„Wenn Du beten willst, so setze dich auf eine Bank und schaue zum Altar mit dem Kreuz Jesu Christi . . . die Stille des Gotteshauses wird Dir wohltun. . ." In Obermerzbach bei Lichtenfels gibt der Pfarrer Besuchern in einem Kästchen als einer Art Selbstbedienung eine mit Schreibmaschine getippte Gebetshilfe zur Hand. Dieser Hilfe hätte es gar nicht bedurft. Die spätromanische Anlage in ihrer herb-primitiven Schönheit fordert zum lautlosen Gespräch heraus.

Zu der protestantischen Kirche, der Filiale von Untermerzbach, verirren sich nur ganz selten Fremde. Sie liegt abseits, nur einen Kilometer von Untermerzbach entfernt, in einem winzigen Dorf.

Gastfreundlich geöffnet steht das kleine Gotteshaus neben der Straße. Es ist über eine grün-satte Wiese zu erreichen. Ein Ziegelbau hat sich zwar davorgedrängt, doch kann dies der Kirche nichts von ihrer archaischen Ausstrahlung nehmen.

Der dunkelbraune bis graue Sandstein, in großen Blöcken aufgeschichtet, der Chorvorbau, der Turm, schwarz gedeckt, oben ein spitzer Achteckhelm, die Lage, die Stille – ein größerer Kontrast zu den romanischen Basiliken ist kaum denkbar. Doch Obermerzbach ist nicht nur Kontrast, es ist auch Alternative.

Eine Linde wirft ihren Schatten auf das Portal und belebt durch ihr Schattenspiel den Stein. Das einfache Portal steht in einer Blendwand, die oben von einem Rundbogenfries abgeschlossen wird. Stark verwittert winden sich zwei Schlangen in den Bögen, ornamental ausgestaltet bilden sie je zwei Kreise, bevor sich ihre Köpfe in der Mitte ineinanderschlingen, ein Heils- und Erlösungssymbol.

Ohne elektrischen Strom, ohne Heizung, ohne Bilder, Skulpturen, Schmuck – nur aus sich selbst heraus wirkt die Kirche innen. Es ist düster. Licht kommt nur durch vier Fenster. An den holprig verputzten Wänden hängen einfache Kerzenhalter, die Mauer dahinter ist rußgeschwärzt. Die flache Holzdecke, von halbrunden grob gearbeiteten Balken getragen, drückt den Blick nach unten, zum Altar, der spätgotischen einfachen Steinmensa.

Der Boden im Chor, mit alten Steinplatten belegt, ist um eine Stufe erhöht. Die Eins steht für Gott, die unteilbare Einheit.

Der runde Chorbogen ruht auf Wandpfeilern. Der Pfeiler links ist an der Kämpferschräge durch ein Zickzackmuster aus kerbschnittartig ausgemeißelten Dreiecken in vier Reihen übereinander belebt – spielerisch, aber nicht ohne Symbolik.

Denn die Zahl drei galt als heilige Zahl, voller Bedeutung, nicht nur Symbol des dreieinigen Gottes. Sie erinnert an die drei damals bekannten Erdteile Asien, Afrika und Europa oder an das einmütige und einträchtige Lob Gottes, das aus dem Munde von Christen, Heiden und Juden kam.

Eine Vielzahl von Deutungsvarianten bietet auch die Vier. Zum Beispiel die vier Paradiesesströme, die vier Evangelisten, die vier Himmelsrichtungen, in die das Evangelium vordringen sollte, die vier Ringe, mit denen die Bundeslade getragen worden war, die vier großen Kirchenväter, die vier Arme des Kreuzes, die vier Jahreszeiten, die vier Tageszeiten, die vier Kardinaltugenden.

Vor diesem verzierten Pfeiler hockt aus der Kante gehauen ein Mann, trägt auf seinen Schultern eine zweite Figur, rätselhaft-mystisch, von der Bevölkerung als Germanen-Götter gedeutet.

Die Rippen des Chorgewölbes, schwere halbrunde Wulste, liegen auf zwei Wandpfeilern mit gekehlten Kämpfergesimsen.

Dem völlig schmucklosen Raum paßt sich der Taufstein an, links gegenüber der winzigen Kanzel, der Fuß viereckig, das Becken achteckig mit drei runden Wulsten abgesetzt, die Jahreszahl 1617 eingeritzt.

Obwohl erst 1953 renoviert, bedarf die Kirche wieder der Erneuerung. Spendenaktionen laufen bereits. Vielleicht gelingt es in Obermerzbach, die Technik und das Ablenkende auch weiterhin von der Kirche auszusperren.   Abb. 174/175

GNÖTZHEIM

prot. Pfarrkirche

In Gnötzheim, zwischen Uffenheim und Ochsenfurt, gibt es eine einheitlich romanische Anlage aus der zweiten Hälfte des 12. Jahrhunderts zu entdecken. Zwar verändert durch zu große Fenster und einen eigenwilligen Turmabschluß, sind die romanischen Details aber nicht zu übersehen.

Mitten im Dorf steht das Gotteshaus, umgeben von einer hohen Mauer. Über den aufgelassenen Friedhof führt ein Betonplattenweg zum Südportal. Das Tympanon ist rein ornamental gestaltet, fächerförmig, ein kleines Kreuz in der Mitte, darunter zwei seltsam verzierte Kreise. Eine rechteckige Blende mit zwei Halbsäulen umrahmt das Portal. An den Basen springen je zwei Eckknollen vor. Die Würfelkapitelle zeigen wirkungsvolle Strukturen, symmetrisch angelegt, die meisten Details dreimal wiederholt.

Der quadratische Turm ist im unteren Bereich ungegliedert, erst die beiden oberen Geschosse trennen Gurtgesimse, Ecklisenen und Rundbogenfriese auf einfachen Konsolen. Obwohl von unten mit bloßem Auge nicht mehr zu erkennen, hat der Steinmetz auch beim Teilungssäulchen der Klangarkaden gewissenhaft gearbeitet. Die knapp 1,50 Meter hohe Steinsäule hat im Kapitell zwei Sichelmond-ähnliche Einkerbungen, zum Teil mit sechs Löchern – Spielerei oder Symbolik?

Die Kirche ist aus Bruchsteinen gebaut, der am häufigsten verwendeten Technik des 11. Jahrhunderts. Nur die Ecken werden von Quaderschichten gebildet. Erst im 12. Jahrhundert löste der Quaderbau das einfachere Mauerwerk aus Bruchsteinen ab.

„Hier ruhen die Gebeine der alten Geschlechter von Gnötzheim und Winkelhof". Eine Goldschrift auf einer neuen Tafel links neben dem Südportal erinnert daran, daß im Mittelalter der Bezirk um das Gotteshaus fast immer auch Friedhof war. Denn hier, im Schatten der Kirche, so glaubten die Menschen, wären die Toten sicher vor dämonischen Zudringlichkeiten.

Für Beerdigungen gab es eine eigene Läutordnung. Daß die Glocken bei Todesfällen überhaupt geläutet wurden, sollte das Volk ermahnen, für den Verstorbenen zu beten. Für Frauen wurde zweimal geläutet, für Männer dreimal. „Weil an ihnen zuerst ein Bild der Heiligen Dreifaltigkeit sich zeigte, insofern zunächst Adam aus Erde gebildet wurde, aus Adam dann das Weib und aus beiden der Mensch" (Joseph Sauer).

Die protestantische Pfarrkirche in Gnötzheim gehört zu den vielen Gotteshäusern, die von besorgten Pfarrherrn versperrt werden. Seit sogar am Tage Kirchen geplündert werden, der Marktwert sakraler Antiquitäten enorm gestiegen ist, stehen Besucher immer öfter vor verschlossenen Türen.

Der Münchner Kardinal Joseph Ratzinger hat zu diesem Thema 1978 eindeutig Stellung genommen. „Der versperrte Kirchenbau ist Ausdruck für eine Kirche, die nicht mehr von innen offen sein kann, weil sie dem Ungeist der Zeit nicht mehr gewachsen ist," sagte er damals in einer Sendung des Bayerischen Rundfunks. Unmißverständlich sprach er sich dafür aus, die Kirchen auch außerhalb der Gottesdienste offenzuhalten, auch wenn die starke Zunahme der Kunstdiebstähle diesem Anliegen entgegenstehe.

Kardinal Ratzinger: „Die verschlossene Kirche, hinter der nun das Gemeinsame geschützt werden soll, ist keine Antwort darauf, bei der wir uns wirklich beruhigen können. Denn sie bedeutet, daß die Kirche aufhört zu sein, was sie früher war, und daß uns die heilige Mitte des Lebens verlorengeht, in der wir alle einander offenstehen, in der wir Gott und der Welt der Heiligen offenstehen; sie bedeutet, daß die Kirche vor dem Gesetz dieser Zeit kapituliert, vor der Vermarktung aller Dinge, in der alles nur noch Markt ist und wir selber schließlich auch vermarktet werden."

Interessant wäre das Inventarverzeichnis einer kleinen romanischen Dorfkirche. Doch selbst bei größeren Basiliken in Bayern läßt sich die Ausstattung bis hin zu Altargegenständen, Leuchtern und Tüchern kaum vollständig rekonstruieren.

Heilige Gräber, wie sie heute noch in vielen Kirchen in der Karwoche aufgebaut werden, sind bereits im 11. Jahrhundert erwähnt. Aber auch Kurioses, Monströses hatte im Gotteshaus des Mittelalters seinen Platz, machte es zum Museum, zum Abbild der großen Welt draußen. Dem Gläubigen sollten Gegenstände wie Greifenklauen, Schlangenzähne oder Meteorsteine Anregung und Belehrung sein, der Kirche selbst aber mehr Bedeutung und Zierde bieten.

So wurde noch 1492 im Chor der Kirche von Ensisheim im Elsaß ein drei Zentner schwerer Meteorit aufgehängt. Im Straßburger Münster, in St. Stephan zu Mainz und in St. Maria im Kapitol zu Köln waren beispielsweise Mammutzähne ausgestellt.

Damit dem Priester in größeren Kirchen im Winter bei der Meßfeier die Finger nicht steif wurden, gab es „zylinderartige Gefäße zum Warmmachen", sogenannte Wärmeeier.

Auch scheint es gelegentlich Sitte gewesen zu sein, zwei Straußeneier aufzuhängen. „Eine einheitliche Bestimmung hatten diese Eier in der Kirche nicht. Sie mögen ursprünglich als reine Kuriositäten in den Kirchenschatz des Abendlandes Eingang gefunden haben, zugleich als stumme Zeugen der lebhaften, besonders durch die Kreuzzüge rege gewordenen Beziehungen zwischen Okzident und Orient" (Joseph Sauer).

Die Straußeneier sind auch so gedeutet worden: Der Strauß läßt als vergeßlicher Vogel seine Eier im Sande liegen, und erst, wenn er den Abendstern sieht, erinnert er sich wieder an seine Pflicht, kehrt zurück und brütet sie aus. Das Aufhängen von Straußeneiern kann jedem Menschen zur Mahnung dienen, wie leicht der Einzelne Gott vergißt, wenn er nicht, durch den Stern, das heißt durch die Gnade des Heiligen Geistes, erleuchtet, sich darauf besinnt, durch gute Werke zu ihm zurückzukehren.   Abb. 176

Das acht Kilometer entfernte Marktbreit, auf der Strecke nach Würzburg, gehört zu den vielen Überraschungen in Bayern. Der einstige Besitz der Grafen von Seinsheim ist noch völlig ummauert. Zwei Bautengruppen, die Kirche mit dem ehemaligen Schloß, sowie das Rathaus mit dem Maintor beherrschen das Ortsbild. Als kleiner Mainhafen hatte Marktbreit im 17. und 18. Jahrhundert unter den Fürsten Schwarzenberg eine Blütezeit erlebt.

WÜRZBURG

Neumünster

Über der Grabstätte des heiligen Kilian, der 689 starb, ließ Bischof Bernhard (990 bis 995) eine Kirche bauen. Finanziell unterstützt wurde er dabei von seiner Familie, die aus dem Rheingau stammte. Schon seinem Nachfolger genügte das Werk nicht mehr. Er erweiterte das Kirchlein und baute gegen Osten einen Chor an. Um 1056 war das Gotteshaus so baufällig, daß Bischof Adelbero es fast völlig neu errichten mußte. Mit Königin Richeza von Polen, einer Tochter des Pfalzgrafen Ezo von Lothringen, fand er eine wohlwollende Gönnerin.

Der Abschluß der Arbeiten fiel in die turbulente Zeit des Investiturstreits, dem Machtkampf zwischen Papsttum und Kaiser. Das Wormser Konkordat, das 1122 beiden Parteien Zugeständnisse machte und den Streit endgültig beilegen sollte, war aber noch nicht das Ende der Auseinandersetzungen. Der Papst versuchte sich in den größeren Klöstern in Deutschland Stützpunkte und so Einflußbereiche zu schaffen.

Konrad III. (1138 bis 1152), ein volksnaher Ritter, ein kluger Staatsmann, nahm dieses Vortasten hin. Doch Kaiser Friedrich I., genannt Barbarossa (1152 bis 1190), der sich an der Größe seiner bedeutendsten Vorfahren maß, dachte nicht an Unterwerfung. Den Brauch, dem Papst beim Aufsteigen aufs Pferd die Steigbügel zu halten, lehnte er als unzumutbar ab. Und er versagte Papst Hadrian IV. auch die Hilfe im Kampf gegen die Normannen.

Die bayerischen Bischöfe schwenkten nach und nach auf die Seite des Kaisers über. Nur der Salzburger Oberhirte hielt weiter fest zu Papst Alexander III. Beim Würzburger Reichstag 1165 wurde dafür der Salzburger Bischof geächtet. Weniger aus Demut, sondern eher aus diplomatischen Gründen warf sich Barbarossa 1177 dennoch Papst Alexander III. in Rom zu Füßen. Dadurch söhnte sich der Kaiser mit dem Papst aus.

Nur knapp 70 Jahre nach ihrer Vollendung war die Würzburger Kilianskirche erneut ruinös. Es mußte ein Neubau ins Auge gefaßt werden. Papst Honorius stellte 1223 einen Ablaßbrief zugunsten des Kirchenbaues aus. Weitere päpstliche Ablaßerteilungen folgten 1227 und 1247. Um 1250 war die romanische Anlage, wie sie teilweise heute noch existiert, vollendet.

1710 genehmigte der Würzburger Fürstbischof die Pläne zum Neubau des westlichen Teils der Kirche. Die Arbeiten, die aus dem Neumünster eine Kirche mit zwei zeitlich und stilistisch verschiedenen Teilen machten, zogen sich bis Ende des 18. Jahrhunderts hin.

Wie im Würzburger Dom steckt auch im Neumünster die Romanik im Ostteil mit Apsis und Krypta. Entstellt durch die barocken Fenster, sind aber Details wie Friese, Konsolen, Halbsäulen und das Querschiff geblieben.

Über den Resten einer romanischen Portalanlage hat sich an der südlichen Seite des Querschiffes ein prachtvolles spätromanisches Radfenster erhalten. Die Speichen, als Säulchen mit Würfelkapitellen, sind allerdings erneuert worden.

In großzügigem Abstand zur Tür läuft quer darüber ein Rundbogenfries mit kleinen Konsolen. Drei davon hat der Steinmetz als Tierfratzen und eines als Blattknospe gestaltet. Der übrige Steinschmuck dieses Frieses wurde bei mehreren Umbauten zerstört.

Fast alle Künstler der romanischen Plastik in Bayern, der Portalanlagen, Kapitelle und Apsiden mit ihrem reichen Schmuck, sind namenlos geblieben; ihre Werke blieben unsigniert. Das Fehlen von Signaturen beweist, daß sich im 11. und 12. Jahrhundert in Bayern die Steinmetzkunst völlig der romanischen Architektur untergeordnet hatte, sie sich nur als bescheidener Teil des Ganzen verstand.

Um 1125 verdammte der Benediktiner-Abt Bernhard von Clairvaux die Extravaganz des Kirchenschmucks mit „kostbaren und wunderlichen Nichtigkeiten". In einem Brief schrieb er: „Wozu diese unsauberen Affen, die grimmigen Löwen, die monströsen Zentauren, die Halbmenschen, die gestreiften Katzen, die kämpfenden Ritter, die hornblasenden Jäger? Viele Leiber sieht man unter einem Haupt und viele Köpfe, die einem einzigen Körper zugehören. Hier kommt ein vierfüßiges Tier mit einem Schlangenschwanz daher, dort ein Fisch mit einem Tierkopf ... Kurzum, so mannigfaltig und wunderlich sind die verschiedensten Bildungen, daß man versucht sein könnte, eher den Marmor anzuschauen als in den Heiligen Schriften zu lesen und es könnte einer leicht den Tag damit verbringen, solche Dinge zu bewundern, anstatt über das Gesetz Gottes nachzudenken."

Schön gegliedert hat die Romanik die Apsis am Neumünster. Ein Gurtgesims mit deutschem Band trennt den Bau in zwei Geschosse. An den Ecken sind Lisenen mit Ecksäulchen, die Knospenkapitelle haben. Während der romanische Bau aus Kalkbruchsteinen gemauert ist, wurde bei der Umgestaltung im 18. Jahrhundert grüner und roter Sandstein verwendet.

Der damals konzipierte barocke Kuppelbau beherrscht das Bild im Westen. Die romanische Kirche war hier kürzer als der heutige Rotundenbau.

Im Innern dominiert der Barock, die Rotunde mit ihrem hell erleuchteten Kuppelraum. Die Krypta, zu der es unter der Vierung hinuntergeht, überrascht mit einer Fülle romanischer Einzelformen an den Halbsäulen und Kapitellen, spätromanisch, Blumen und Rankenwerk, Tierfratzen an den Basen. Ein Teil der Krypta stammt noch aus dem frühen 11. Jahrhundert, von der unter Bischof Heinrich (995 bis 1018) errichteten Kirche.

Abb. 177

Mehr als in vielen anderen Städten Bayerns haben die Bombennächte des Zweiten Weltkriegs in Würzburg romanische Bausubstanz unwiderbringlich vernichtet. 1945 brannte die ehemalige Schottenkirche St. Jakobus völlig aus. Um 1150 errichtet, hielten Benediktinermönche irischer Herkunft in dem Gotteshaus ihre Meßfeiern. Im 16. Jahrhundert zogen Schottenmönche aus Regensburg in den Klosterbau ein. Nach dem Brand 1945 stürzte das Langhaus in den folgenden Jahren nach und nach ein. Um möglichen Unfällen vorzubeugen, wurde 1955 die einsturzbedrohte Westfassade gesprengt. Von der alten Kirche stehen nur noch die Türme und die Umfassungsmauern des Chores, die jetzt in die Kirche Don Bosco integriert sind.

Ebenfalls dem Zweiten Weltkrieg zum Opfer fiel die Abteikirche St. Stephan. Nach der Säkularisation hatte eine evangelische Gemeinde das Gotteshaus gemietet, wurde die Krypta als Heizungskeller verwendet. Am 16. März 1945 schlug durch den Westchor eine Sprengbombe, brannte das Langhaus aus. Trotzdem wurde 1951 die Wiederherstellung der Kirche gewagt, entstand aus der Ruine – nur die Krypta war unversehrt – ein neues Gotteshaus.

Würzburg, St. Burkhard

Schweinfurt, Brautportal

Schweinfurt, Detail am Brautportal

Rieneck, Burgkapelle

Rieneck, Turmkapelle

Thulba, romanisches Kapitell

Geldersheim, Krypta

Neustadt, ehemalige Klosterkirche

Neustadt, Kreuzgangsrest

Obermerzbach, Blick zum Chorbogen

Gnötzheim, Portal

Würzburg, Neumünster

REISTINGEN

St. Vitus

Aus dem wenigen an originaler Substanz die Romanik herauszuschälen, das ist in Reistingen bei Dillingen gelungen. Die Reste des ehemaligen Benediktinerklosters, im 13. Jahrhundert in ein weltliches Frauenstift umgewandelt, liegen abgeschieden im einst nördlichsten Besitztum des Hochstifts Augsburg, heute in einem drei Kilometer weit in baden-württembergisches Gebiet hineinragenden Grenzzipfel. Etwa 200 Jahre bestand das Kloster, einen raschen Wechsel von Reichtum und Mißwirtschaft erlebend. Geblieben vom Kloster selbst ist nichts.

Wann und von wem das Kloster gestiftet wurde ist unbekannt. Die Urkunden sind verschollen, die Licht in die Frühzeit bringen könnten. Einiges spricht dafür, daß die Grafen von Dillingen die Gründer waren. Auf einen genauen Zeitpunkt wollen sich die Historiker jedoch nicht festlegen – „auf jeden Fall vor 1250". Auch der Kirchenbau wird in diese Zeit datiert.

Mit Urkunde vom 5. Juli 1259 übernahm der Augsburger Bischof Hartmann, der letzte Graf von Dillingen, die Vogtei über das Kloster. Gegen Bezahlung – oft in Naturalien – verpflichtete sich der Graf und Bischof, die Besitzungen des Klosters vor Übergriffen weltlicher Territorialherren zu schützen. Für die Rittergeschlechter, von denen einige gleich den Schutz mehrerer Klöster übernommen hatten, waren die Vogteien einträgliche Nebenposten.

Am 1. Februar 1279 übertrug der Augsburger Bischof die Vogtei an den Ritter Rudolf von Hürnheim – unter Vorbehalt. Das Domkapitel war zu der Auffassung gekommen, daß die weit entfernt von Augsburg liegenden Güter des Klosters eines „starken Armes" in nächster Umgebung bedürften. Rudolf von Hürnheim saß nicht weit weg von Reistingen, auf der Burg Katzenstein. Keine 40 Jahre später machten die Bischöfe von ihrem „Vortrittsrecht" Gebrauch und rissen erneut die Vogtei an sich. „40 Malter Getreide, halb Korn, halb Hafer," so steht es im bischöflichen Salbuch von 1316, ließen sie sich dafür jährlich in ihren „Kasten zu Dillingen" fahren.

Eine besonders glückliche Hand scheinen die Äbtissinnen bei der Verwaltung des Klostergutes nicht gehabt zu haben. Unter der ersten erwähnten Äbtissin, Hedewig von Hürgerstein (1264), wurde noch ordentlich verwaltet. Unter ihren Nachfolgerinnen begann der Niedergang. 1334 wird in einer Urkunde eine Äbtissin Katharina erwähnt. Es ist nur von sechs adeligen Stiftsfräulein die Rede, die den Konvent bildeten.

Am 11. November 1359 diktierte Bischof Marquard von Randegg seinem Schreiber, daß er mit allem Ernste und unter Androhung schwerer Strafen der Äbtissin und den Frauen des Klosters irgendein Gut ihres Klosters zu verkaufen verbot. Sollten sie sich über seine Anordnung hinwegsetzen, wäre der Verkauf als nichtig zu betrachten.

Trotz aller Drohungen schwanden Besitz und Disziplin. 1434 bestand der Konvent aus einer einzigen Kanonissin, die aber nicht mehr im Kloster lebte. Der Augsburger Bischof Peter von Schaumberg wandte sich daher an den päpstlichen Legaten, um den Klosterbesitz einziehen und damit künftigen Priestern das Theologiestudium finanzieren zu können. Der Legat, Kardinal Julian, übertrug am 3. November 1434 dem Eichstätter Bischof Albert II. von Hohenrechberg die Untersuchung des Antrages. Ein Ergebnis ist nicht bekannt. Offenbar wurde versucht, das Kloster zu erhalten.

Eine päpstliche Bulle vom 28. Juli 1450, unterzeichnet von Papst Nikolaus, beendete das Klosterleben. „Wegen der Nachlässigkeit und des schlechten Regiments der letzten Äbtissin sowie des Lebenswandels und der nicht sehr lobenswerten Aufführung einiger Kanonissinnen", heißt es in der Begründung. Das Stift ging in den Besitz des Bistums über.

Im Dreißigjährigen Krieg wurde die Kirche, vermutlich eine dreischiffige Basilika beschädigt und 1682 renoviert. Die Seitenschiffe wurden dabei abgebrochen, die Arkaden zugemauert und zugleich als Außenwände verwendet. Ein Großbrand vernichtete 1737 im Ort 23 Gebäude. 1764 wurde der Innenraum, das verbliebene Hauptschiff mit der Apsis, neugestaltet. Beim zweiten großen Umbau zwischen 1845 und 1852 wurden der Turm und die Südwand abgetragen und ein neuer Turm auf der Westseite gebaut.

Eine seltsame Ruhe liegt über Reistingen, die Nähe zu einem anderen Bundesland ist irgendwie spürbar. Mitten im Dorf, auf einer nach Süden steil abfallenden Höhe steht die Kirche. Auf der Nordseite, dem Friedhof zu, heben sich noch die Pfeiler in der Außenwand ab, die vier Arkaden sind in Umrissen sichtbar.

Der Chor ist aus Quadern erbaut und bildet ein

Quadrat. Die vorgelegte Apsis, unverputzt, wird von fünf Rundbogenblenden aufgelockert, die von schmalen Halbsäulen mit Würfelkapitellen getragen werden. 1953 wurde das ursprünglich St. Peter geweihte Gotteshaus innen reromanisiert und alles entfernt, was diesem Charakter nicht entsprach. Auf den Altar konzentrieren sich nun wieder die Blicke. Ganz schlicht aus Stein gehauen, steht er in der Apsis unter dem Ostfenster, das außen mit einem Rundstab verziert ist. Anknüpfend an die romanische Kunst malte der Münchner Professor Franz Nagel in die Apsis ein Band, die zwölf Apostel beim Abendmahl, im eigenen Stil zwar, aber sich am mittelalterlichen Vorbild orientierend.

Überschwenglich zitierte nach der Renovierung die Lokalpresse einen ungenannten Kunstsachverständigen: „Wer käme je nach Reistingen? Aber es lohnt sich eine große Reise zu der restaurierten Frauenstiftskirche. Hier hat der uralte Raum, befreit vom Kitsch der Unkultur, eine reine Auferstehung feiern dürfen. . .“

Abb. 191

Nur einige Kilometer weiter, auf baden-württembergischem Gebiet, steht die berühmte Benediktiner-Abtei Neresheim. 1095 als Chorherrenstift gegründet, ist es seit 1106 Benediktinerkloster. Die romanische, dem heiligen Ulrich geweihte Kirche, wurde durch einen 1745 begonnenen Neubau ersetzt. Die Pläne lieferte der geniale Barockbaumeister Balthasar Neumann. Nach seinem Tod 1753 vollendeten Dominikus Wiedemann, J. G. Conradi und Johann Baptist Wiedemann.

Georg Dehio schrieb 1954 über Neresheim: „Die Barock-Architektur, nicht nur Deutschlands, sondern Europas, hat weniges, was sich mit ihm messen kann. Der Vater des Barock, Michelangelo, hat in Neumann einen kongenialen Enkel gefunden, sowohl in der Größe der Konzeption wie in der Nichtbeachtung der gewohnten Harmoniegesetze.“

Bei seinen Kunstreisen durch Deutschland kam Udo von Alvensleben im Oktober 1934 nach Neresheim: „Wir begeben uns mit Pilgern und Schwestern in die Kirche. Nur ein paar Lichter in der Zone der Altäre erleuchten schwach die ungeheure Muschel des dunklen Raumes, der sich, von hohen Säulenpaaren getragen, in triumphierenden Dimensionen aufwölbt, um sich in einer himmlischen Welt von Kuppelfresken, einer Wolke des heiligen Geheimnisses, aufzulösen. Gerade in der Dunkelheit treten die Absichten Balthasar Neumanns auf besondere Weise in Erscheinung.“

WITTISLINGEN

St. Ulrich und Martin

Ein romanischer Bergfried, oben gotisiert, freistehend neben dem barocken Kirchenschiff, kontrastierend: In Wittislingen, auf halber Strecke zwischen Dillingen und Neresheim, überrascht der riesige Turm, letzter Rest einer mittelalterlichen Wehranlage. Zu Verteidigungszwecken gedacht, letzte Zufluchtsstätte im Eroberungsfall, trägt er heute die Glocken der anstelle einer romanischen Basilika errichteten Ulrichskirche.

Die Geschichte des 1955 zum Markt erhobenen Ortes ist alt. Alemannen hatten den Platz an dem Flüßchen Ergau, vor den Ausläufern des Jura zur Siedlung ausgebaut. Der berühmte, in einem Steinbruch 1881 gefundene Wittislinger Fiebelschatz beweist, daß hier bereits im 6./7. Jahrhundert ein Hochadelsgeschlecht residierte, vergleichbar in seiner Stellung etwa den mittelalterlichen Fürstenhäusern. Der prachtvolle, aus einem Frauengrab stammende Schmuck umfaßt goldene Gewandnadeln, silberne Schuhschnallen und verschiedene Fiebeln. Im 10. Jahrhundert hießen die Herren des Ortes Hupaldinger, die späteren Grafen von Dillingen, deren Geschlecht der berühmte Augsburger Bischof Ulrich (gestorben 973) entstammte. Schon um 950 gaben die Hupaldinger ihren Stammsitz auf und setzten in der Wehranlage einen niederen Adeligen als Verwalter ein. Sie selbst bauten sich in Dillingen eine neue Burg.

Die Sorge Ulrichs um die in Wittislingen zurückgebliebenen Gräber seiner Eltern führte bereits um 990 zur ersten Erwähnung des Ortes. Als damals Domprobst Gerhard die Lebensgeschichte des heiligen Ulrich niederschrieb, hielt er auch den Namen „Witegislinga“ fest. Denn Ulrich traf sich 973 dort mit einem Neffen. Bei dem Gespräch ging es um die Erweiterung der Burgkapelle, die vermutlich in einer Art Gruft die Gebeine von Ulrichs Eltern sowie anderer Verwandter aufnehmen sollte.

Im 13./14. Jahrhundert wurde die Burg in Wittislingen aufgegeben. Der sich schon früh um die Wehranlage entwickelnde Ort legte innerhalb der Ringmauern einen Friedhof an. Außerdem wurde im Burgbereich eine kleine Basilika erbaut, der mächtige Bergfried als Kirchturm somit integriert.

Von der romanischen Basilika steht nichts mehr. 1719

sollte sie vergrößert werden. Der Dillinger Stadtmaurermeister Andreas Moospurger kam nach Wittislingen, nahm die Maße, zeichnete einen Plan und schrieb dazu: „Weillen dise Kürch glaublich noch vom Heidenthumb her und auf eine ganz alte Manier gebauet ist, mithin selbe ganz dunckhl und finster ist, theils wegen der innwendtigen Pfeileren und einfallenden Liechte, auch dermalen zu klein und ohnbequem ist, und ein gar schlechter Chor und sacristey vorhanden ist . . .“

Durch Moospurgers Plan sind die Maße der dreischiffigen Basilika genau bekannt. Das Mittelschiff war 22 Fuß (6,42 Meter) breit, die Seitenschiffe je 11 Fuß (3,21 Meter). Ein Fuß entspricht 0,29 Meter. Im südlichen Schiff befand sich das Grabmal für Thietpurga, die Mutter des heiligen Ulrich. Der Sarkophag stand auf dem Fußboden, von einem schmiedeeisernen Gitter umgrenzt. Umstritten ist bis heute, aus welcher Zeit die von Moospurger vermessene Basilika stammte. Hans Karlinger datierte den Bau in die Zeit um 1240.

Die Pläne des Dillinger Stadtmaurermeisters zur Erweiterung des Gotteshauses wurden 1719 nicht realisiert. Dafür riß man 1750 die gesamte Basilika ab und errichtete an ihrer Stelle einen Barockbau. 1752 wurden die Gebeine von Thietpurga feierlich in der neuen Kirche beigesetzt. Eine Kommission des Landesamtes für Denkmalpflege öffnete 1938 den im Mittelgang, knapp vor dem Aufgang zum Altar versenkten Sarg. Er barg die Überreste von „mindestens vier Erwachsenen und einem Kind“. Abb. 197

Germaringen

St. Georg

Es staubt und kracht, Putzbrocken fallen von der Wand. Die Männer schwitzen, der feine Mörtelstaub brennt in den Augen. Bis zu einer Höhe von fast drei Meter haben sie den feuchten, grünbemoosten Putz in der St. Georgskirche von Germaringen bei Kaufbeuren schon abgeschlagen, nicht ahnend, daß sich unter sieben Tünchschichten wertvollste romanische Malereien verbergen.

Da stoppte das Bayerische Landesamt für Denkmalpflege die Trockenlegung des Gotteshauses und schaltete den erfahrenen Kirchenmaler Toni Mayer aus Mindelheim ein. Bereits nach ersten Kratzversuchen stieß der Fachmann in der Apsis auf einen Christuskopf, vorzüglich erhalten. Das war 1966. Seitdem zählt die Kirche zu den größten romanischen Sehenswürdigkeiten Bayerns.

„Und siehe ein Stuhl war gesetzt im Himmel und auf dem Stuhl saß einer. Und der da saß, war gleich anzusehen wie der Stein Jaspis und Sarder; und ein Regenbogen war um den Stuhl, gleich anzusehen wie ein Samaragd. . . Und ich sah in der Hand des, der auf dem Stuhle saß ein Buch, beschrieben inwendig und auswendig.“

Den Text der Apokalypse 4,2–7 hat der unbekannte Künstler in der Apsis der Georgikirche bildhaft werden lassen, hat den Herrn mit eindrucksvollem Blick gemalt, bärtig nach syrischer Tradition, die rechte Hand zum griechischen Segensgestus mit zwei Fingern erhoben, klar unterscheidend den lateinischen Segen, bei dem die drei Hauptfinger ausgestreckt sind.

Barfuß sitzt Christus Pantokrator auf einem Stuhl, lapislazuliblau sein Gewand, in der Farbe der Mächtigen und Herrschenden. Farben, damals nur äußerst schwer und aufwendig zu gewinnen, hatten einen für uns kaum vorstellbaren Stellenwert. Sie waren Privileg des Adels. Rot beispielsweise, heute chemisch in unzähligen Nuancen herstellbar, wurde als Färbstoff für Kleider aus Purpurschnecken gewonnen. Lapislazuliblau wird auch heute noch aus dem vor allem in Afrika vorkommenden Halbedelstein Lapislazuli gewonnen. Der Stein wurde fein zermahlen und mit einem Bindemittel gemischt.

Die Lehrerin und Heimatforscherin Lore Heckelsmüller hat aus den Gesichtszügen des Pantokrators eine „möglicherweise beabsichtigte Ähnlichkeit“ mit dem Stauferkaiser Friedrich I. Barbarossa herausgelesen. Barbarossa, 1152 bis 1190, trug wie das Germaringer Christusbild rotblondes Haar sowie einen ähnlichen Bart. Zudem regierte er zu der Zeit, da das Fresko vermutlich entstand, das Heilige Römische Reich, den Mittelpunkt der damaligen Welt.

Unnahbar und doch greifbar, erhaben aber nicht erstarrt, Gott und Mensch zugleich, ruhen die Füße des Allherrschers auf Mauern und Gebäuden des himmlischen Jerusalem. Um die Mandorla schweben, ebenfalls in den Hauptfarben Lapislazuliblau mit erdfarbenem Umbra, untermischt mit Gelb- und Grautönen, die

Evangelistensymbole Mensch, Löwe, Stier und Adler. Der Künstler hält sich auch hier genau an den Text der Apokalypse: „Und mitten am Stuhl und um den Stuhl vier Tiere voll Augen vorn und hinten. Und das erste Tier gleich einem Löwen und das andere Tier war gleich einem Kalbe und das dritte hatte ein Antlitz wie ein Mensch und das vierte Tier war gleich einem fliegenden Adler. Und ein jegliches der vier Tiere hatte sechs Flügel und sie waren außenherum und inwendig voll Augen." Den Raum um die Mandorla füllen außerdem zwei Gerichtsengel, an den Jüngsten Tag mahnend, gefolgt von je einem Heiligen. Im Zyklus darunter, eingerahmt von rundbogigen Arkaden, erinnern die fünf klugen und die fünf törichten Jungfrauen an das Kommen des Herrn. Schlicht, mit gescheiteltem Haar, ihre vollen Öl-Lämpchen hochhaltend, malte der Künstler die klugen Jungfrauen. Die törichten dagegen putzte er heraus, stellte sie als Modenarren hin, die mit ihrem Kopf-schmuck, dem „Gebende", jede Verrücktheit mitmach-ten. Zunächst ein Privileg adeliger Frauen, kam das „Gebende" schließlich so in Mode, daß es sogar von Bürgerlichen, Nonnen und auch von Männern getragen wurde.

Doppelt so groß, durch ein Namensband getrennt, reihen sich darunter die zwölf Apostel aneinander – nur bis zur Gürtellinie sichtbar. Der untere Teil ist abge-schlagen. Möglicherweise war er mit den Bildern von Bestien, Zentauren, Fischweibchen und doppelköpfi-gen Ungetümen ausgemalt. Die Inspiration dazu könnte sich der Künstler aus einem im Mittelalter verbreiteten Buch, dem Physiologus, geholt haben. Da die Maler an kein Schema mehr gebunden waren, konnten sie im unteren Bereich der Apsiden ihre Phantasie austoben, ohne Zwänge, mit intensivster Liebe zum Detail. Die Sockelzone wurde gelegentlich während der Liturgiefeier mit einem Vorhang verdeckt – um die Gläubigen nicht allzusehr von der heiligen Handlung abzulenken. Möglich aber auch, daß in Germaring der untere Raum nur gemalte Ziersteine trug.

Das fünfeckige Fensterchen, eingepaßt in die Apostel-Reihe, mit Alabaster geschlossen, wurde erst bei der letzten Renovierung wiederhergestellt. Das wenige Licht – die übrigen Fenster sind barock vergrößert – und die Kerzen, die den Kirchenraum in der Romanik erhellten, haben die Fresken sicher ganz anders wirken lassen.

Aus der Zeit um 1250 stammen die Szenen aus der Georgslegende an der Nordwand des Chorraumes, Rest eines Zyklus: Georg wird durch einen königlichen Richter verurteilt. Sie gilt als die älteste Georgsdarstel-lung nördlich der Alpen. Die übrigen Malereien gehö-ren der Gotik bzw. Renaissance an.

Es war nicht die reine Freude am Darstellen und Gestalten, die in der Romanik die Kirchen mit Fresken ausschmückte. Selbst im späten Mittelalter galt noch der Spruch: „Die Bilder sind der Armen Pücher". Richard Zasche schreibt dazu: „Die Bilder sind das einzige Evangelium, das den Analphabeten zugänglich und verständlich bleibt, eine wahre Biblia Pauperum, die sich später in die bunten Kirchenfenster und in das Schnitzwerk der Hochaltäre flüchtet. Die Kirchen nämlich werden zu weiträumig, als daß die gemalten Bilder noch ‚gelesen' werden könnten. Das ist auch der Grund dafür, daß sich der Höhepunkt in der Fortset-zung romanischer Wandmalerei, Giottos Fresken-kunst, in überschaubaren Kapellen findet."

Germaringen wurde schon im fünften Jahrhundert gegründet und war eine Urpfarrei. Zu der nahe der neuen Bundesstraße 12 zwischen Buchloe und Kauf-beuren auf einem Moränenhügel gelegenen Georgskirche, weit außerhalb des Ortes, gehörte noch bis 1766 das elf Kilometer entfernte Oggenried. Das Gotteshaus wurde um 1180 erbaut, vermutlich vom Ortsadel (ein Ortolf von Germaringen wird 1183 urkundlich genannt). Wenn auch das meiste kaum je geklärt werden kann, eines ist sicher: der Bauherr muß ungeheuer reich gewesen sein. Allein die Farben für die Fresken und der eigens dafür aus Italien importierte feine Quarzsand kosteten ein Vermögen. Später kam der Ort an das Kloster Irsee, dann an die Staufer und so an das Reich. Für die Menschen änderte sich nicht viel. Sie verehrten weiterhin den heiligen Georg, pilgerten vor allem im 17. und 18. Jahrhundert aus weitem Umkreis zu ihm. „. . . für die übergroße Gnad und guetthat, durch welche die Liebe stimlein Ross und Viech von der hogst schädlichen sucht fall ohnverletzt, frisch und gesundt mildreichst erhalten und beschützt worden," heißt es auf einer Votivtafel, 1756 gestiftet, eine naiv-eindringli-che Darstellung der Wallfahrts-Epoche von Germarin-gen. Der Maler hat die am Wege der Prozession hinauf zur Georgikirche stehenden Kühe und Pferde dreimal so groß wie Menschen abgebildet, den Wert des Viehs für die Bevölkerung damals gewollt deutlich machend.

Der massive, unverputzte Tuffsteinquaderbau ist außen schmucklos und nur geringfügig verändert. An der Südseite des Langhauses sind drei romanische Rundbogenfensterchen zugemauert. Das alte Südportal, bis 1969 vermauert, ist jetzt von einer Vorhalle überbaut. Die Apsis gliedern Blendbogen und schlanke Halbsäulen mit Würfelkapitellen. Schwer zu finden ist auf der nördlichen Seite die romanische Tuffsteinfigur eines Ritters.

Nicht romanisch ist der massive, weithin den Wald überragende 36 Meter hohe Turm. Im 15. Jahrhundert zunächst fünfgeschossig aus Ziegeln errichtet, wurde ihm schon bald ein weiteres Stockwerk aufgesetzt.

Zur originalen Ausstattung im Innern gehört auch der Altarstein, der 1970 wieder geweiht wurde. Zu den größten Schätzen des Bayerischen Nationalmuseums zählt seit etwa 200 Jahren das romanische Kruzifix, das um 1170 entstanden ist und das Christus lebensgroß darstellt. Im Leid noch ganz Majestät, die Rippen stark ausgebildet, die Hände auffällig breit, von der Hüfte bis knapp zu den Knien ein rotes Tuch, zweimal zusammengeknüpft, so zeigte sich Jesus den Gläubigen. Trotz zahlreicher Versuche gelang es nicht, die kostbare Figur nach Germaringen zurückzuholen. Finanziert durch Spenden hängt nun am alten Platz eine Kopie, geschaffen vom Bildhauer Otto Kobel.

In der Romanik ist Christus auch am Kreuz der stehende, aufrechte Sieger, seine Füße sind nebeneinander ans Holz genagelt. Erst in der Gotik wird Jesus am Kreuz Mensch, leidend, einen Fuß auf den anderen gelegt. Meist liegt der rechte Fuß auf dem linken, Symbol der Herrschaft des Geistigen über das Sinnliche.

Abb. 193

Thierhaupten

St. Peter und Paul (ehem. Benediktinerabteikirche)

Wer in der säkularisierten Klosterkirche von Thierhaupten die Kraft der Romanik sucht, wird – zunächst – enttäuscht. Vor der Westfassade bestimmt der Barock das Bild, innen jedoch das Rokoko. Und doch ist Thierhaupten einer der ältesten romanischen Ziegelsteinbauten Bayerns, als dreischiffige Basilika unter Abt Heinrich I. (gestorben 1170) errichtet. Diese Kirche hat sich bis heute erhalten. Sie ist in der Substanz unangetastet, hat aber einen Barock-Rokoko-Überzug.

Vom Friedhof aus, auf einem Hügel gegenüber der Klosterkirche, läßt sich das romanische Bauschema am besten ablesen: das stark erhöhte Hauptschiff, die beiden Seitenschiffe, die alte Hauptapsis im Osten. Ein Gang durch den früheren Klostergarten führt dann näher heran an die Romanik. Vermutlich bei Umbauarbeiten 1590 abgerissen, konnten die beiden Seitenapsiden durch Grabungen nachgewiesen werden. Von der nördlichen Apsis ist noch der Öffnungsbogen zu sehen. Die Hauptapsis, oben mit Zahnschnitt- und Rundbogenfries, entstellt ein großes Fenster. Noch erkennbar sind am Hauptschiff die zugemauerten romanischen Öffnungen, neben den Baßgeigenfenstern, die dem Äußeren die alte Kraft nehmen.

Die Pfeiler im Innern, aus Ziegelsteinen gemauert, tragen barocken Putz, Kämpferprofile, Pilaster mit Gesims. Bei der letzten Renovierung 1947/48 wurden zahlreiche gestempelte Ziegel gefunden. Einige von ihnen sind an Pfeilern im nördlichen Schiff noch sichtbar, der schönste ist links beim Beichtstuhl. Die romanischen Backsteine, aus verschiedenen Ziegeleien stammend, könnten wie die früher kaum vorkommenden Steinmetzzeichen die Abrechnung der Bauarbeiten erleichtert haben. Es handelt sich um eine Art Endkontrolle, wer wieviel geliefert und vermauert hat.

Von den beiden der Westfassade vorgelagerten Türmen steht nur noch der nördliche. Die Mauern sind 1,18 Meter dick. Oben im vierten Geschoß befindet sich die alte Glockenstube. Vom alten Geläut geblieben ist nur die sogenannte Wetterglocke, die 1543 gegossen wurde und die früher vor Gewittern warnte. „Ain sueßen Klang gib ich, die vest der heiligen offenpar ich, die doten pewain ich, die lebendigen foder ich, die wetter prich ich", lautet die Umschrift.

Thierhaupten – älteste Schreibweisen Tierhoubeton, Dierhapten, Thierhobbten – könnte eine keltische Kultstätte gewesen sein, bei der Tierköpfe auf Stangen steckten. Um 770 soll der Bayernherzog Tassilo III. das Kloster gegründet haben. Der Sage nach verirrte sich der 742 geborene Herzog in den damals noch undurchdringlichen Wäldern. In seiner Verzweiflung, weitab jeder menschlichen Siedlung, gelobte er, ein Kloster zu gründen, sollte er je wieder zurückfinden. Da tauchte aus dem Dickicht eine Hirschkuh auf und wies Tassilo den Weg zu seinem Gefolge.

Bis 1803 lasen die Mönche jedes Jahr für den Herzog eine Messe. Sie verehrten ihn als den Stifter – wenngleich schriftliche Beweise fehlen. Tassilo III. stattete das Benediktinerkloster gerade mit dem Notwendigsten aus. Die erste aus Holz errichtete Anlage wurde bei den Ungarneinfällen 995 zerstört und wahrscheinlich erst nach der Jahrtausendwende wieder aufgebaut, initiiert vom Regensburger Bischof Gebhard I., unterstützt von den Wittelsbachern.

Nur wenige Gönner hatte das Kloster. Bischof Hartwig von Augsburg (gestorben 1170) schenkte den Mönchen mehrere Grundstücke. Doch die Stiftungen umliegender Adelshäuser fehlten in Thierhaupten. So blieb es von seiner Gründung bis zu Säkularisation eines der ärmsten Benediktinerklöster Bayerns.

Trotzdem war Thierhaupten, was Zucht und Ordnung anbelangte, jahrhundertelang ein Musterkloster. Abt Johann II. wurde 1403 sogar zum Hofkaplan von Herzog Ludwig, Pfalzgraf bei Rhein, ernannt. Doch durch Kriege, Unglücksfälle, vor allem zwischen 1450 und 1460, stiegen die Schulden und sank die Moral.

Im Landshuter Erbfolgekrieg (1504) verheerte ein Brand die Kirche, das Kloster und das Dorf. Der erst zwei Jahre zuvor zum Abt ernannte Augsburger Pfarrer Peter Wagner war nahe daran zu verzagen. Dazu kam, daß der in Landshut residierende Herzog Georg der Reiche das Kloster aufheben und sein Nachfolger Herzog Albrecht IV. es nach Ingolstadt verlegen wollte. Doch Rom verweigerte die Zustimmung.

Zwei Jahre nach dem verheerenden Krieg, der Thierhaupten so schweren Schaden zufügte und das Kloster an den Rand des Ruins brachte, einigten sich die streitenden Parteien. Albrecht und sein Bruder erließen am 8. Juli 1506 das Primogeniturgesetz. Es bestimmte, daß im bayerischen Herzogtum künftig „nit mehr dann ain regirnder herczog lanndsfürst und herr sein soll und möge". Diese Erbfolge-Regelung behielt 400 Jahre, bis zum Ende der Monarchie, ihre Gültigkeit. Sie definierte auch: die Regierung fällt immer an den ältesten Sohn. Nachgeborene Prinzen erhalten den Grafentitel und jährlich 4000 Gulden.

Im selben Jahr, in dem dieses Erbfolgegesetz erlassen wurde, begann Abt Peter, willenstark und unnachgiebig, den Wiederaufbau des Klosters, der sich bis 1511 hinzog. Am 12. April 1512 wurde die Kirche wieder geweiht.

Nahe an Altbayern gelegen, entging Thierhaupten nur wenig später im Bauernkrieg der Zerstörung. Als 1525 aufrührerische Bauernhaufen überall Kirchen und Klöster brandschatzten, kam es im katholischen Altbayern nur zu einigen unbedeutenden Unruhen. „Das hat mehrere, von der Religion unabhängige Ursachen: die Geschlossenheit des bayerischen Territoriums gegenüber den in viele kleine Herrschaften zerfallenden Gebieten Schwabens oder Frankens, die unrevolutionäre Gesinnung der Bayern und die geringere Zahl der leibeigenen Bauern" (Ludwig Schrott).

Dagegen wurde das Kloster 1546 im Schmalkaldischen Krieg, der Auseinandersetzung zwischen Kaiser Karl V. und den von Kurfürst Moritz von Sachsen geführten Truppen der protestantischen Fürsten, geplündert. Die Pest drohte das Klosterleben erneut zu beenden. Nur mehr vier Patres zählte der Konvent.

Wieder schafften die Äbte einen Neubeginn, wurde Thierhaupten, wenn auch nur für kurze Zeit, eine wichtige Bastion im Kampf gegen die Lehre Luthers. 1591 war im Kloster eine Druckerei mit eigener Papierherstellung eingerichtet worden. Es wurde neben Kontroversliteratur auch ein Katechismus gedruckt. Acht Patres und vier Novizen lebten im Kloster, als Papst Klemens VIII. 1593 Benedikt Gaugenrieder die Pontifikalien gewährte. Im Dreißigjährigen Krieg, wurde 1632 die Abtei erneut verwüstet. Schwedenkönig Gustav Adolf zog nach dem geglückten Lechübergang in das Kloster ein.

Es fehlte an Geld, nur die allerdringlichsten Reparaturen konnten ausgeführt werden. Aber der mittlerweile auf 16 Patres angewachsene Konvent hielt zusammen. Papsttreu führte er 1658 sogar das mitternächtliche Chorgebet wieder ein. Mit Mühe und Not gelang es den Äbten Korbinian Cherle (1658 bis 1670) und Benedikt Sartorius (1677 bis 1700), die gröbsten Schulden zu tilgen.

Kaum hatte sich das Kloster erholt, traf es der nächste Schlag. Im spanischen Erbfolgekrieg 1704 plünderten die englisch-österreichischen Truppen das Kloster. Die Mönche flohen. Es folgten schlechte Ernten sowie der Brand des Klosterbräuhauses – die Rückschläge nahmen kein Ende und forderten den Konvent immer wieder aufs neue heraus.

Schon lange wollten die Patres ihre Basilika modernisieren. Die 1714 begonnenen Arbeiten mußten bald wieder eingestellt werden. Erst 1762, unter Abt Georg Dorner, kamen wieder Zimmerleute, Maurermeister, Schmiede,

Maler und Stukkateure nach Thierhaupten. Der Augsburger Josef Maucher malte auf die Decke Herzog Tassilo, verirrt im Wald, einer Hirschkuh nachreitend. Zwei Bildhauer schnitzten aus Eiche ein neues Chorgestühl, Franz Xaver oder Johann Michael Feichtmair formten Blumengirlanden, Muschelwerk und Putten. Neu entstehen sollten auch die Klosterbauten. 1776 wurde damit begonnen. 1796 und 1799 plünderten die Franzosen und brachten den Konvent in eine finanziell aussichtslose Lage. Die Säkularisation beendete 1803 das Auf und Ab. Der Staat versteigerte die Klostertrakte an Privatleute und bestimmte 1812 die Basilika zur Pfarrkirche. Die Dorfkirche von Thierhaupten wurde 1819 abgebrochen.   Abb. 192

AUGSBURG

Dom St. Maria

Zwei Türflügel, 422 cm hoch, 133 und 108 cm breit, bestehend aus 35 Metallplatten mit Reliefs, ein plastisches Gegenüber von Gut und Böse, dramatisch, fast 900 Jahre alt: mit der romanischen Doppeltüre am südlichen Seitenschiff besitzt der Augsburger Dom etwas in Bayern Einmaliges. Zwei unbekannte Künstler formten um 1100 die Wachsmodelle und ließen sie mit einer Legierung aus Kupfer, Blei, Zinn und Zink ausgießen. Die Platten zeigen einen Bilder-Zyklus von der Erschaffung des Menschen, vom Sündenfall im Paradies bis zum Sieg Christi. Vieles ist verschlüsselt und nicht sicher deutbar.

Eine der wenigen zweifelsfrei zu deutenden Platten zeigt im Relief Samson, einen an ihm hochspringenden Löwen bekämpfend, wie er mit kräftigen Händen das Maul des Raubtieres aufreißt. Der löwentötende Samson gilt als vorausdeutende Darstellung des Erlösungswerkes Christi.

Mit der Deutung der romanischen Domtüre beschäftigten sich schon seit langem Kunsthistoriker und Theologen. Es wurden konträre Lösungsversuche veröffentlicht. Als einer der ersten verfaßte Franz Joseph von Allioli 1853 eine Abhandlung über die „Bronze-Türe des Domes". Johannes Merz fügte 1885 und Adolph Goldschmidt 1926 weitere Erkenntnisse hinzu. Die neueste wissenschaftliche Arbeit, 160 Seiten lang, über

„Kunstgeschichte und Technologie" der Tür stammt von Thorsten Droste.

Rätselhaft ist immer noch die Platte auf dem linken Flügel: ein Bär steht auf den Hinterbeinen neben einem Baum, über ihm fliegen zwei Vögel auf. Nach Goldschmidt suchte der Bär Honig, der die christliche Lehre symbolisieren soll. Thorsten Droste 1980 dazu: „Es gibt in der mittelalterlichen Kunst kein mir bekanntes Beispiel, das dieselbe Zusammenstellung von Baum, Bär und Vögeln zeigt." Seinen Deutungsversuch gliedert er auf in die drei dargestellten Tiergruppen: „Schon seit der spätantiken/frühchristlichen Kunst figurierten Vögel in Verbindung mit Pflanzen als Symbol für die menschliche Seele und als Verkörperung der Gläubigen. Es ist gut möglich, daß in den Vögeln auf dem Augsburger Türrelief gleichfalls die Seelen der Gläubigen symbolisiert sind. Darstellungen von Bären sind in der Kunst des Mittelalters recht selten. Er kann als Beispiel für bösartige und gefährliche Kraft, aber auch für Gutmütigkeit stehen. Biblische Grundlage für die bedrohliche Bedeutung des Bären findet sich an vier Stellen. König David bezwang Bär und Löwe (1. Kge. 17, 34–35); die bösen Knaben, die den kahlköpfigen Elischa verspotteten, wurden von zwei Bären zerrissen (4. Kge. 2, 24); in den Strafgerichten, die dem Tage des Herrn vorausgehen, fallen Löwe und Bär über Israel her, und der Prophet Hosea gebraucht das Bild der zornigen Bärenmutter, um den Zorn Gottes gegen sein ungetreues Volk zum Ausdruck zu bringen. Augustinus und Hrabanus Maurus setzen den Bären sogar mit dem Teufel gleich."

„Angesichts der überwiegend negativen Bedeutung des Bären in der christlichen Symbolik wird man auch für das Augsburger Bild eine ähnliche Bedeutung annehmen müssen und sich der Deutung Goldschmidts anschließen können, wonach es sich bei diesem Bild um eine symbolische Illustration der Verfolgung des Guten durch das Böse handelt. Entgegen Goldschmidt ist jedoch davon auszugehen, daß der Bär nicht auf der Suche nach Honig ist, sondern eine Bedrohung für die Gläubigen darstellen soll, die in den Vögeln symbolisiert ist. Eine Parellele findet sich im Physiologus. In den Zweigen des ‚Peridexion' genannten Wunderstrauchs, der Lebensbaum-Charakter hat, nisten Tauben. Sie werden von einem Drachen bedroht, der ihnen am Fuße des Baumes auflauert, um sie zu verschlingen" (Thorsten Droste).

Wie ein modernes Tierkreiszeichen wirkt das Relief

eines bogenschießenden Zentauren, dem jahrhundertealten Symbol für die dämonische Macht. Der Pfeil des Mensch-Tier-Wesens zielt nach rechts, wo in der übernächsten Platte ein Löwe reliefiert ist. In der mittelalterlichen Kunst steht der Löwe entweder für das Böse, den Teufel, oder für Christus. Der Löwe erscheint, wie auch einige andere Figuren, gleich zweimal auf der Tür. Auch Samson taucht nochmal auf. Auf der linken Seite, in der vierten Reihe von oben, bezwingt er im Kampf die Philister, vor einer Stadtmauer mit einem Erker, aus dem vier Krieger mit Helmen das Geschehen verfolgen. Der Künstler hat Samson überdimensional abgebildet, einen Philister, zwergenhaft, erschlagen zu seinen Füßen. Und auch hier, eine Variante des Kampfes mit dem Löwen, ist Samson Bezwinger des Bösen, ist er Vorausbild für Christus.

Der Augsburger Dom hat eine lange, wechselvolle Geschichte. Bereits um 700 standen an seiner Stelle hölzerne Vorläuferkirchen. 994 stürzte der westliche Teil des bereits steinernen Domes ein, wurde bis 1006 wieder hergestellt. Im Jahre 1065 fand die Weihe des neuen romanischen Langhauses statt. 1075 waren die Türme fertig, etwa um dieselbe Zeit auch der Ostteil der Krypta. Doch auch in den folgenden Jahrzehnten blieb der Dom eine Baustelle, wurde ständig hinzugefügt, vergrößert, erneuert und ausgebessert. Um 1170 wurden den Türmen neue Geschosse aufgesetzt, um 1200 die Giebel. 1326 begann dann die durchgreifende gotische Umgestaltung, die erst mit einer erneuten Erhöhung des Südturmes 1489 abgeschlossen war.

Erst seit März 1981 zugänglich sind die ältesten Teile des imposanten Bauwerkes: die Krypta mit dem romanischen Teil im Osten und dem älteren Westteil, der vermutlich unter Bischof Ulrich (923 bis 973) St. Petrus geweiht war. In diesem stimmungsvollen, ohne künstliches Licht fast völlig dunklen Raum, haben die deutschen Könige auf ihrem Weg nach Rom haltgemacht und eine heilige Messe lesen lassen.

Ein schlichter Altar in einer kleinen Apsis mit einfachen Säulen, das ist die von Bischof Dr. Josef Stimpfle an seinem 65. Geburtstag 1981 neu geweihte West-Krypta. Davor, etwas höhergelegen, vierschiffig, das Gewölbe niedriger, gegliederte Säulenbasen, von erhabener Würde, die Ostkrypta. Jeder Stein strahlt hier Atmosphäre aus, Stille, Ruhe, Weltabgewandtheit.

Zu den glanzvollsten Leistungen der deutschen Hochromanik zählen die Glasgemälde in den fünf Fenstern des Mittelschiffes. Sie entstanden um 1140 und zeigen fünf Propheten. Die Farben sind vorherrschend Grün und Rot. Streng, feierlich, farbkräftig leuchten sie auf, vermutlich der Rest eines umfangreichen Zyklus: Jonas, Daniel, Hosea, Moses und David.

Ebenfalls noch zur romanischen Ausstattung gehört der Bischofsthron aus Stein im Westchor, von zwei Löwen getragen. Abb. 194/195

AUGSBURG

ehem. Stiftskirche St. Peter

Wo Augsburg am hektischsten, lautesten, lebendigsten ist, zwischen Rathaus und Dom, gegenüber dem Augustusbrunnen, steht die ehemalige Stiftskirche St. Peter, hingebaut an den Perlachturm. Gestiftet 1064, nach einem Einsturz 1182 völlig neu errichtet, im 17. und 18. Jahrhundert verändert, in den Bombennächten des Zweiten Weltkriegs schwer beschädigt, blieb die Romanik vor allem im Westteil sichtbar. Eine auf mächtigen Pfeilern ruhende Empore, Halbsäulen vorgelegt, könnte sogar als Kaiserloge gedacht gewesen sein.

Über die Gründe, die schon knapp 120 Jahre nach dem Bau der ersten romanischen Kirche zum Einsturz führten, ist nichts überliefert. Möglicherweise hatten die Bauleute die Statik falsch berechnet, die Arbeiter geschlampt oder schlechtes Material verwendet. Inmitten des alten Bürgerviertels, im Zentrum von Augsburg, wurde St. Peter als dreischiffige Halle mit drei Apsiden neu ausgeführt, eine der ersten romanischen Hallenkirchen im süddeutschen Raum.

Charakteristisch für diesen Bau-Typus war, daß das Mittelschiff kein eigenes Licht erhielt. Die Gotteshäuser wirkten tagsüber dämmrig, leuchteten aber am Morgen auf, wenn im Chor die aufgehende Sonne durchbrach. Das Abendlicht, durch die Öffnungen im Westen eindringend, verlieh dem Innern eine fast intime, warme Atmosphäre.

Typisch für Hallenkirchen ist außerdem, daß sich Haupt- und Seitenschiffe gegenseitig verstreben. Die Pfeiler müssen deshalb nicht mehr so dick, plump ausgeprägt sein. Sie tragen nur Lasten, aber keine Schübe drücken auf sie. Einziger Nachteil: Die Widerlager der Gewölbe müssen nach außen an die Seitenschiffmauern als Art Strebepfeiler angebracht werden. Nicht zuletzt wegen der großen Brandgefahr hatten die Bauleute schon frühzeitig versucht, durch eine Fortentwicklung ihrer Techniken die flache Holzdecke durch Gewölbe zu ersetzen.

Wie die Stiftskirche zwischen Dom und St. Ulrich einst wirkte, wissen wir nicht, zuwenig ist über das Stadtbild der Romanik, nicht nur in Augsburg, bekannt. Denn an profanen Bauten aus dieser Zeit haben sich nur ganz wenige Einzelwerke erhalten, es existieren weder romanische Stadtpläne noch Stadtmodelle. Unbekannt ist damit auch die städtebauliche Funktion von St. Peter, die gerade in einer Stadt wie Augsburg sicher nicht dem Zufall überlassen blieb.

Versteckt liegt nach all den Umbauten der Zugang zu der Stiftskirche, genau gegenüber dem Aufgang zum Perlachturm. Das Gotteshaus, heute eine Stätte der Meditation, bedarf des Hineinhorchens. Dann formen sich die romanischen Reste zu einem Ganzen, wird auch Sinn und Zweck der Westempore mit den Fragmenten einer Dreierarkade und den dekorativen Säulchen deutlich. Diese Herrschafts-Emporen trennten bei der Meßfeier das einfache Volk vom Adel, eine Selbstverständlichkeit, abgeleitet vom gottgewollten Herrschaftsanspruch der Mächtigen. „Von Gottes Gnaden . . ." beginnen im Mittelalter Briefe und Urkunden, will allein die Eingangsformel überdeutlich machen, daß Gott ein Zwei-Klassen-System gewünscht hat, unabänderlich festgelegt ist, ob einer durch Geburt zum Herrschen oder Dienen bestimmt ist. Nicht nur Kaiser und Könige, auch Herzöge, Pfalzgrafen, Fürstbischöfe hielten sich an diese Formel.

Ältestes Kunstwerk von St. Peter, an dessen Umbau 1626 auch der Augsburger Stadtbaumeister Elias Holl mitgewirkt hat, ist das kleine romanische Relief eines thronenden Christus aus Terrakotta am südwestlichen Langhauspfeiler. Vermutlich zum Bau von 1182 gehörend, war es früher außen am Ostgiebel angebracht. Von Gläubigen in der tagsüber bis 18 Uhr geöffneten Kirche verehrt wird eine lebensgroße, stehende Ton-Madonna, um 1430 geschaffen, eine bedeutende schwäbische Arbeit.   Abb. 196

MINDEROFFINGEN

St. Lorenz

Schwermütig und schwerfällig, umgeben von einer leeren Weite liegt die katholische Pfarrkirche Minderoffingen inmitten des Dorfes. Sie wird auf keiner Seite von Häusern bedrängt. Hart am Ort verläuft die neuausgebaute Straße von Nördlingen nach Dinkelsbühl. Sie läßt das Dorf mit der ältesten Kirche im Ries rechts liegen. Die Hanglage scheinen die Erbauer auch aus strategischen Gründen gewählt zu haben. Denn das 1143 erstmals erwähnte Gotteshaus war als Wehrkirche konzipiert. Abwehrbereit, unförmig, ungegliedert hockt der Bau auch heute noch in einem riesig-leeren Friedhof.

Wer durch das Friedhofstor kommt, steht vor der abwehrenden, fensterlosen Westfassade. Man spürt nur die Wirkung des nackten Steins, den Tuffquader.

Wie ein Bergfried, der zu dick geraten ist, ragt im Osten der Turm hoch. Original ist er nur noch im unteren Teil. Der Abschluß ist vieleckig und wurde im Dreißigjährigen Krieg mit einem gedrungenen Zwiebelhelm versehen.

Dem Turm vorgelagert sind wie Bastionen die romanische Apsis und die Sakristei. Ungewöhnlich stark angelegt wurden die Außenmauern – an einer Stelle vier Meter dick.

Im wesentlichen unverändert, vermittelt der Bau ein charakteristisches Bild einer romanischen Wehrkirche. Jeder figurale Schmuck fehlt. Auch das Süd-Portal – das Gegenstück auf der Nordseite ist vermauert – kommt ohne großen Schmuck aus. In den Rundbogen ist lediglich in Majuskeln eine längere lateinische Inschrift eingemeißelt. Später schwarz nachgezogen sind einige Buchstaben mittlerweile stark verwittert.

Weitere in Stein gemeißelte Inschriften birgt das Innere: über dem Ostfenster der Apsis, um den Chorbogen zwischen Chor und Apsis und über der Tür zur Sakristei.

Von einem Mittelpfeiler gestützt, sitzt die Empore breit im Westteil. Zu ihr hinauf führt eine seltene, originelle Treppenanlage in der nördlichen Außenmauer. Der Eingang, rundbogig und aus Natursteinen, belebt die verputzte Wand. Drei kleine Durchbrüche ins Kirchenschiff geben dem Aufgang etwas Licht.

Während das Langhaus flachgedeckt ist, hat der Chor

ein sternförmiges Rippengewölbe. Unter den Konsolen sind noch die Ansätze eines älteren Gewölbes erhalten.

Abb. 198

Ebenfalls zu den ältesten Pfarreien im Bezirk gehört das nur zwei Kilometer entfernte Marktoffingen. Von der romanischen Kirche blieb jedoch nur der Chor stehen, das alte Schiff mußte 1605 einem Neubau weichen. Überraschend reich sind die im Chor erhaltenen Eck-Säulen gestaltet: Basen mit Krabben, Kapitelle mit stilisierten Pflanzen und Tieren. Das Gotteshaus war unter geschickter Ausnutzung des abfallenden Geländes als Befestigungsanlage gebaut worden. Mit Torbauten stark geschützt war auch die Friedhofsmauer, die einen Wehrgang trug.

Vier Kilometer von Minderoffingen entfernt steht das säkularisierte Minoritenkloster Maihingen. 1437 hatten die Brigitten an Ulrichsberg und der Mauch ein Kloster mit Kirche bauen lassen. Erst 1481 waren die letzten Arbeiten beendet. Der Komplex konnte geweiht werden. Nicht einmal 50 Jahre danach überfielen aufständische Bauern 1525 das Kloster, zerschlugen Kunstwerke und vernichteten die Bibliothek. Um 1580 wurde das Brigittenkloster aufgelöst.

Am 15. Mai 1607 zogen Minoriten in die Gebäude ein. 1703 ließ der Orden von seinem Burder Ulrich Beer Pläne für einen neuen Konventbau zeichnen, der 1706 fertig war. Die Grundsteinlegung zu einer neuen Kirche war am 7. Juni 1712. Der Konventbau, dreigeschossig, bildet mit dem Gotteshaus einen nach vier Seiten geschlossenen Hof. So sparsam die Fassade gestaltet wurde, so sparsam ist auch die Innenausstattung. Die Zellen der Mönche erhielten ein Minimum an Größe und Mobiliar. Nur ganz wenige Räume wurden geräumig konzipiert und mit Laub- und Fruchtwerk-Stuck ausgeschmückt.

Im westlichen Flügel des Kreuzgangs wurde 1670 eine Gruftkapelle eingebaut. Den Zugang von der Kirche aus, unter der Orgelempore, verschließt ein schmiedeeisernes Gitter.

1803 wurde das Kloster säkularisiert. Es ging in den Besitz des Fürsten von Öttingen-Wallerstein über.

GRAISBACH

Burgkapelle St. Pankratius

Eine der landschaftlich schönsten, auch kunsthistorisch interessanten Strecken Bayerns ist zugleich eine der unbekanntesten. Sie ist etwa 40 Kilometer lang und führt von Neuburg nach Donauwörth. Der Weg geht am linken Ufer der Donau entlang, vorbei an Altwässern, Biotopen, immer in Tuchfühlung mit dem Fluß. Die Straße wird nur deshalb kaum befahren, weil die Bundesstraße 16 von Ulm nach Regensburg auf der gegenüberliegenden Seite der Donau verläuft.

Hinter Donauwörth, Richtung Leitheim, liegt in einer Talsenke Graisbach, ehemaliger Sitz eines Harnit de Graifesbach, der als erster seines Geschlechts 1130 in einer Urkunde des Augsburger Bischofs Hartmann erwähnt wird. Dem Stand der Ministerialen, dem niederen Dienstadel angehörend, starb das Geschlecht bereits 1246 aus. Die Burg gelangte an die Grafen von Lechsgmünd-Graisbach. Als auch dieses Geschlecht 1327 erlosch, wechselten die Besitzer häufig. 1793 kaufte der Monheimer Landrichter Graf Johann Adam von Reisach, ein begeisterter Altertumssammler, die Burg und legte auf ihr ein Lapidarium an. Vorletzte Besitzer waren die Freiherren von Tucher zu Leitheim, bevor die Burg 1931 an den damaligen Landkreis Donauwörth gelangte.

Auf einem nach Westen zur Donau hin steil abfallenden Hügel präsentieren sich die grauen Reste, aus verschiedenen Jahrhunderten stammend. Ältester und besterhaltener Teil der Ruine ist die Burgkapelle, St. Pankratius geweiht, um 1150 erbaut.

Rechteckig im Grundriß und eine Apsis im Osten, steht die Kapelle innerhalb der Kernburg auf der südlichen Umfassungsmauer. Von gotischen Steinteilen befreit, die Graf Reisach irgendwo entdeckt und in Graisbach hatte einbauen lassen, zeigt sich die Kapelle wieder in dem Zustand, wie er für die Erbauungszeit vermutet wurde.

Am interessantesten ist das Portal, schmal, unauffällig, in der aus unverputzten Jura-Blendquadern errichteten Nordfassade. Das Tympanon, eigenartig aus einem Block gehauen, rahmenlos, verwittert und ein flaches Relief, sind schwer zu deuten.

An den halbrunden Sturz schmiegt sich ein ineinander verschlungenes Schmuckband aus Kreisen an. Es ist einfachste aber wirkungsvollste Ornamentik. Der Kreis hatte für den Künstler Zauberkraft, er sollte nicht nur Schmuck sein, sondern die darüber eingemeißelten Tier-Dämonen bannen, isolieren und ihnen das Eindringen in den geweihten Kirchenraum verwehren.

Ein Kreuz, senkrechter und Quer-Balken gleich lang, steht in der Mitte über dem Kreisband, daneben eine Hand, zwei Finger zum Schwur erhoben. Im Halbbogen rechts und links nähern sich zwei Drachen dem Kreuz.

Das Kreuz steht für Christus, die Schwurhand hat 1928 Pfarrer Richard Wiebel aus Irsee bei Kaufbeuren als Rednergeste gedeutet, die Drachen als Hinweis auf das Ende der Welt.

Am Beispiel Graisbach gibt Wiebel zu bedenken, daß bei einer Beschreibung romanischer Bildwerke die Bezeichnung „links" oder „rechts" nicht immer genügt, daß mehr dahinterstecken kann. „Wir müssen die Himmelsrichtung beachten. An einer Reihe von Bildwerken hat sich ergeben, daß die Orientierung die Darstellungen beherrscht und daß Rätsel, die unlösbar schienen, durch Beachtung der Himmelsrichtung ihr Geheimnis offenbaren. Nach Osten, Aufgang, Auferstehung, sind meistens die Kirchen gerichtet. Westen bedeutet Untergang, Weltgericht, Weltende. Süden ist Hochstand der Sonne, Licht, Himmel, Leben. Norden ist Nacht, Sünde, Heidentum, Tod und Hölle. Je nach der Orientierung eines Portals ist die Gruppierung der Bildwerke verschieden" (Richard Wiebel).

Das Graisbacher Portal beschreibt Wiebel so: „Östlich vom Kreuz ist ein flügelloses Untier, mit weit geöffnetem Rachen, mit Ohren, vierfüßig (wenn auch nur drei Füße sichtbar sind), die Füße sind kurz. Der Schwanz oder Hinterleib ist molchartig, lang, stumpf. Ein darüber angesetzter Löwenschwanz ist nach oben gerichtet. Westlich ist ein geflügelter Drache, mit vogelartigem Kopf, ohne Ohren, nur zweifüßig, der einmal geringelte lange Schwanz endigt wie ein Vogelschwanz. Die zwei Drachen sind also sehr augenfällig unterschieden, so daß darin die Bedeutung gesucht werden muß, daß sie gegensätzlich gegenüberstehen."

Ausführlich und etwas umständlich, aber leidenschaftlich interpretiert Wiebel das Portal: „Am Graisbacher Torbildwerk erscheint das Zeichen des Menschensohnes, das Kreuz; es bedeutet Christus selbst. Die Hand daneben ist im Sinne einer Bilderschrift zu verstehen: ‚Christus spricht.' Sein Wort ist ein gültiger Schwur,

seine Worte werden nicht vergehen. Was spricht er? Das sagen die Drachengestalten. Westlich ist die Erde. Der geflügelte Drache, Luftdrache, einem Vogel ähnlich, bedeutet Blitz und Feuer, wodurch die Erde zerstört wird. Östlich ist Sonne und Himmel zu denken. Die Sonne geht unter, verfällt dem Unterweltsdrachen, dem flügellosen Lindwurm, dem hier unnötig, wohl aus Mißverstand, ein Löwenschwanz auf den molochartigen Schwanz ungeschickt aufgesetzt ist. Möglich ist, daß an einen löwenartigen Wolfsdrachen, Fanris, gedacht wurde. Der Inhalt ist demnach: ‚Himmel und Erde vergehen.' Was am Schottentor zu Regensburg ausführlich, das ist hier in engster Fassung dargestellt. Hier sind nur die Ungeheuer gegeben, welche Himmel und Erde bedrohen, die Schrecknisse und Gewalten, die das Ende der Welt bereiten."

Bei seiner Deutung nicht entsprechend gewürdigt hat Wiebel das seltene Patrozinium. Pankratius, der Legende nach als Waise mit seinem Vormund Dionysius nach Rom gekommen, soll von Papst Marcellinus selbst getauft worden sein. Kaiser Diokletian, ein Christenhasser, ließ den 14jährigen am 12. Mai 304 gemeinsam mit seinem Vormund Dionysius an der Via Aurelia enthaupten. Bis zuletzt war der Bub standhaft geblieben, hatte treu zu seinem neuen Glauben gehalten.

Schon aus dem 6. Jahrhundert sind Pilgerfahrten zu der über seinem Grab an der Via Aurelia errichteten Kirche überliefert, berührten die Menschen die Gebeine des Heiligen, verehrten sie ihn als Schützer des Eides und Rächer des Meineides.

Im frühen Mittelalter galt Pankratius in Deutschland als Patron der Ritter, in Frankreich als Patron der Kinder, als Schützer der jungen Saat und der Blüten. Er ist heute noch einer der drei Eisheiligen.

Das Rittergeschlecht derer von Graisbach hat sicher völlig bewußt dem Patron seines Standes die Burgkapelle geweiht, das Symbol des Heiligen und Schützer des Eides, die Schwurhand, als deutliches Zeichen des Patroziniums, einmeißeln lassen.   Abb. 199

Die einstige Sommerresidenz der Äbte von Kaisheim, um 1685 in Leitheim errichtet, ist heute ein kulturelles Zentrum. Besitzer Baron Tucher veranstaltet regelmäßig Schloßkonzerte in dem renovierten Baukomplex. So heiter und elegant wie außen gibt sich das um 1740 erweiterte Schloß auch innen: Fresken, Rokokostuck, kunstvolle schmiedeeiserne Gitter, prächtige Türen.

Überraschend groß ist die dazugehörige Kirche, die 1696 fertiggestellt wurde. Heinrich von Graisbach hatte 1134 das Zisterzienser-Kloster Kaisheim gegründet und den Mönchen auch seinen Besitz Leitheim geschenkt. Jahrhundertelang ließen die Äbte hier Wein anbauen. Nach Donauwörth, der früheren freien Reichsstadt, sind es nur wenige Kilometer.

AUHAUSEN
ehem. Benediktinerabteikirche

Es lag in der Luft. Es kam nicht unerwartet. Als Rieser Bauern am 6. Mai 1525 das reiche Benediktinerkloster Auhausen plünderten, mit Hacken und Äxten das kunstvoll geschnitzte Chorgestühl zertrümmerten, Epitaphien zerschlugen und Feuer legen wollten, trat Prior Johann Gumpeius den Wütenden entgegen. Abt Georg Truchseß von Wetzhausen und die Mönche waren nach Neuenmuhr geflüchtet, zu einem Freund des Abtes.

Erschüttert stand Georg Truchseß nach seiner Rückkehr vor dem verwüsteten Kloster. Er sagte nur einen Satz: „Hat alles der luterisch teufel fressen. . ."

27 Jahre später, am 11. Februar 1552, starb der Abt, 87jährig im Eichstätter Predigerkloster. Bischof Gabriel war er die letzten Jahre ein „angenehmer Gesprächspartner", was der Oberhirte dem Abt mit auffallender Fürsorge und „vil hirscheß wiltpret" und Rebhühnern dankte.

Bis zuletzt hatte Georg Truchseß gehofft in sein vom Ansbacher Markgrafen beschlagnahmtes Kloster heimkehren zu können, er hatte Briefe geschrieben, untertänige, anklagend-fordernde, persönlich vorgesprochen und Dritte bemüht.

Erst ganz zum Schluß, kurz vor dem Ende, resignierte der letzte Abt von Auhausen. Er erklärte, er „hett sein sach dem Allmechtigen ergeben, sein kurtze beschwerliche tag vollends zu Eystet zu beschliessen". Großzügig hatte Georg Truchseß vorher noch für seine Eltern Messen gestiftet und sein ganzes Vermögen verschiedenen Klöstern und den Armen geopfert. Auch ans eigene Seelenheil dachte der Abt, er stiftete für sich selbst bei den Nonnen von St. Walburga in Eichstätt einen Jahrtag, gab dafür 150 Gulden von seiner Pension, ein

„Tefelein mit 3 silbernen Bildlein und 8 silbernen Engeln samt einem schönen Pacem mit einen Kreuzespartikel". Jeden Freitag stimmten die Nonnen dafür die Antiphon „o crux gloriosa, o crux adornada" an.

„Da lig ich und ruo
schick dich
du muost auch herzuo"

Das ließen die Ansbacher Markgrafen 1542, eingemeißelt in ein von ihnen in Auftrag gegebenes Denkmal für den Gründer des Klosters Auhausen, den 958 verstorbenen Ritter Hartmut von Lobdeburg der Nachwelt mitteilen. Ob Hartmut der Gründer war, bleibt unbelegbar. Authentisch dagegen ist, daß 1102 und 1156 dem Kloster „Ahuse" päpstliche Schutzbriefe ausgestellt worden sind. Vermutlich im 13. Jahrhundert dürfte die jetzt noch stehende dreischiffige Pfeilerbasilika erbaut worden sein.

Stille Dörfer, kaum belebte Straßen, schon die Fahrt durch den Hahnenkamm, touristisch unerschlossen, abseits der großen Ziele, ist ein Erlebnis. Dann die beiden mächtigen Türme, romanisch der nördliche, gotisch der südliche, aufragend aus einem 500-Einwohner-Dorf, das riesige Schiff, alles über das gewohnte Maß geraten, ohne Rücksicht auf dörfliche Normen, eine einzigartige Wirkung erzeugend. Doch erst wenn man um die Bauernhäuser herum fährt, und auf dem freien Platz vor der Kirche steht, wird die Dimension, in der die Benediktiner vor knapp 800 Jahren in Auhausen gedacht und gebaut haben, voll sichtbar.

Alles was vom Kloster noch blieb, ist das Abthaus, das rechts neben der Kirche steht und vernachlässigt wirkt. Es ist in Privatbesitz. Andere Reste sind einbezogen in Bauernhöfe. Deutlich steckt eine Bruchsteinmauer den alten Klosterbezirk noch ab. Die meisten Gebäude waren erst zwischen 1818 und 1826 abgebrochen worden – einschließlich dem Kreuzgang. Nur noch in Windberg habe ich den Niedergang eines Klosters ähnlich intensiv empfunden und die Vergangenheit so stark als etwas Atmosphärisches gespürt.

Knapp zehn Jahre dauerte die 1980 abgeschlossene Renovierung. In dieser Zeit wurden Veränderungen rückgängig gemacht, Zugemauertes wieder geöffnet, Übertünchtes freigekratzt. Dadurch erhielt die seit 1531 als evangelisches Gotteshaus dienende Klosterkirche ihr romanisches Gesicht wieder.

Nüchtern, kühl, aber nicht abweisend ist die romanische Vorhalle zwischen und unter den beiden Türmen, die ein eigenwilliger Bau verbindet. Eine Zirbelnuß, einst Giebelabschluß eines der Klostertrakte, in einer Nische ein Altar, über dem Tympanon ein romanisches Fresko, Christus als Weltenrichter, assistiert von zwei Engeln.

Schon beim Eintritt wird der Besucher mit Georg Truchseß konfrontiert, dem letzten und bedeutendsten Abt. Er gab 1519 den Auftrag zum Abbruch der romanischen Apsis und dem Bau des gotischen Chors, dessen große Fenster die Lichtverhältnisse bestimmen. Dort, wo die Kirche am hellsten ist, steht das größte Kunstwerk von Auhausen: der Hochaltar, ein Werk des Nördlinger Dürer-Schülers Hans Schäuffelin, aufklappbar, 1513 vollendet, auf 16 Tafeln mit 291 Köpfen die Leidensgeschichte des Herrn zeigend. Der Auftraggeber: Georg Truchseß.

Vor dem Chor beeindruckt der romanische Gewölbebogen, noch ursprünglich bemalt. Bis zur Renovierung von einer Putzschicht verborgen war die herrliche Renaissance-Holzdecke im Mittelschiff, die Jahreszahl 1542 einbezogen in die farbige Figurenpracht.

Aber auch große Geschichte ging von Auhausen aus. Am 14. Mai 1608 schlossen hier die evangelischen Fürsten die „Prostestantische Union", eine Antwort auf die gewaltsame Rekatholisierung von Donauwörth durch den bayerischen Herzog Maximilian I. Diesem Schutzbündnis folgte 1609 die „Katholische Liga" – und der Dreißigjährige Krieg. Er hatte sich schon lange angekündigt. Die Störung einer katholischen Prozession in der freien Reichsstadt Donauwörth, die Ächtung der ganzen Stadt durch Kaiser Karl V., die Vollstreckung der Reichsacht durch den Bayernherzog, waren nur die letzten Stationen einer Entwicklung, die nicht mehr zu bremsen war. In jüngster Zeit hat Auhausen wieder Kirchengeschichte gemacht. Im Mai 1975 feierten hier der evangelische Landesbischof D. Dr. Johannes Hanselmann und der Augsburger Diözesanbischof Dr. Josef Stimpfle einen ökumenischen Gottesdienst. Etwas Einmaliges ist in Auhausen nur noch als Bruchstück erhalten: die vermutlich größte gotische Tonfigur Deutschlands. Sie stellte einmal den heiligen Christophorus dar. Wahrscheinlich beim Einbau der Orgel wurde sie zerschlagen. Ihre Reste überraschen im Hauptschiff, rechts neben dem Portal. Das Bild des Riesen fehlte in keiner mittelalterlichen Kirche. Generationen von Menschen galt Christophorus als Heiliger der Reisenden, der Pilger und Kaufleute. Ein Blick am

Morgen vor Antritt einer Reise auf sein Bild sollte Gewähr sein für glückliche Einkehr am Abend. „Qui mane videt, vespere ridet" (Wer ihn am Morgen sieht, lacht noch am Abend). Christophorus, einer der 14 Nothelfer, Bewahrer vor plötzlichem Tod, wurde oft auch deshalb so riesig gemalt, damit ihn jeder erblicken konnte. Abb. 200/201

Reistingen, Apsis

Thierhaupten, romanische Ziegel-Stempel

Germaringen, Fresko in der Georgikirche

193

Augsburger Dom, Westkrypta

194

Augsburger Dom,
Bronzetür

Wittislingen,
romanischer Kirchturm

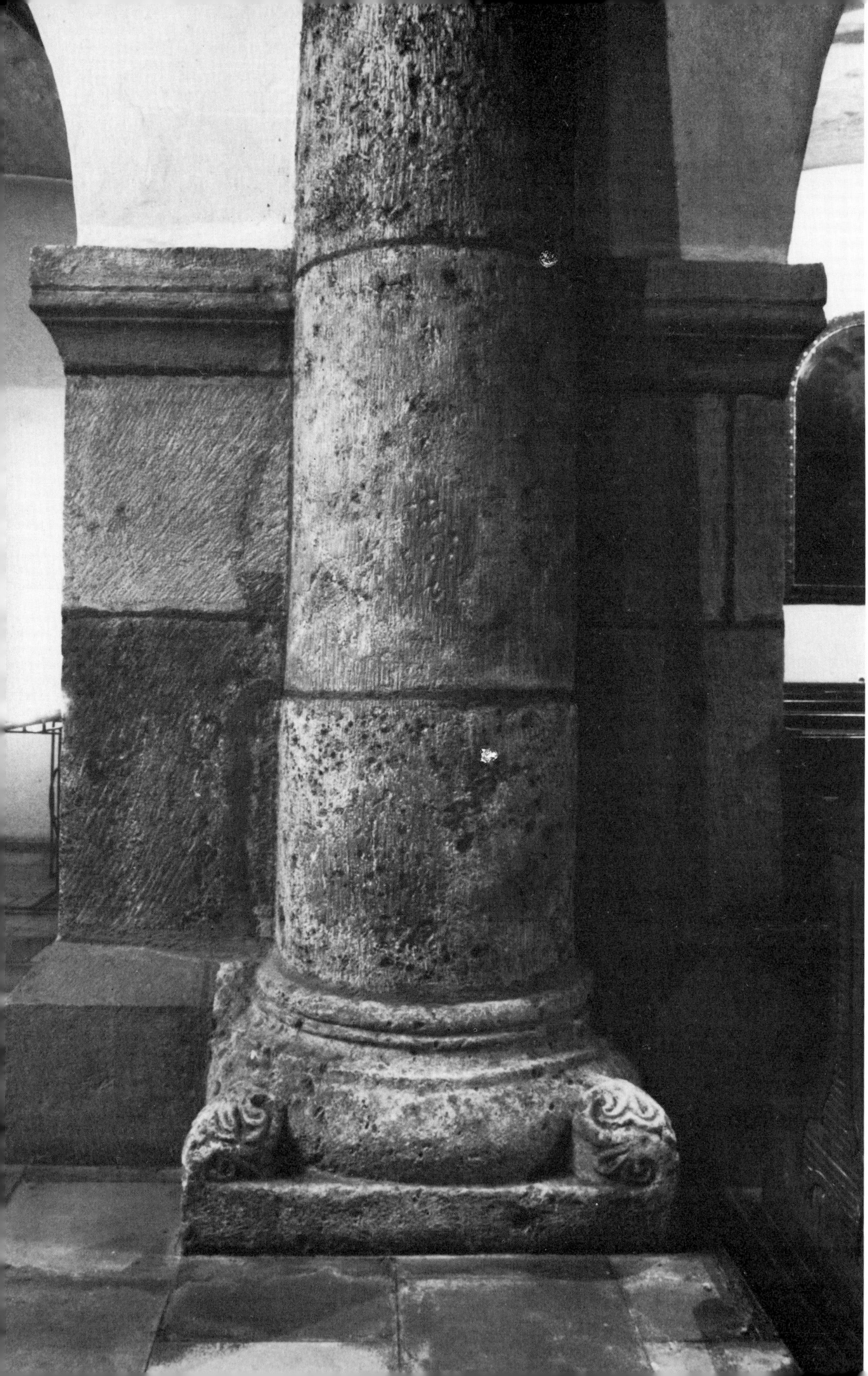

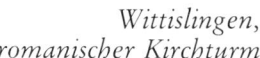

Augsburg, Stiftskirche
am Perlachberg

Minderoffingen, Chorbogen

Graisbach, Burgkapelle

Auhausen, Doppeltürme

Auhausen, romanische Pfeiler

Weitere romanische Kirchen

FREISING: Der Dom ist eine der bedeutendsten romanischen Kirchen Bayerns. 1159 war das Gotteshaus niedergebrannt, mit Unterstützung von Kaiser Barbarossa wurde es wiederaufgebaut. Unter dem Chor eine romanische vierschiffige Krypta.

MOOSBURG: Das Münster St. Kastulus besitzt ein imposantes Hauptportal im Westen, angeregt durch das Freisinger Portal. Figürlich reich geschmückt ist das Tympanon.

FRÖTTMANING: In der nördlich des Müllberges Großlappen bei München gelegenen Kirche wurden 1981 interessante Malereien aus dem 12. Jahrhundert freigelegt. Direkt auf Ziegel aufgetragen sind es vor allem Ornamente, u. a. ist auch ein Baum mit Zweigen und Früchten zu sehen.

ISEN: Schon 752 wird ein Kloster an der Isen – südöstlich von Freising – mit einer Zenokirche erwähnt. Das Portal ist der bedeutendste Teil der dreischiffigen Pfeilerbasilika.

GUNDELSHAUSEN: In dem Dorfkirchlein St. Valentin und Martin (Kreis Pfaffenhofen a. d. Ilm) kamen bei einer Restaurierung interessante Funde aus der romanischen Bauzeit des Gotteshauses zutage.

UNTERSCHONDORF: Die doppelgeschossige St. Jakobskirche (Kreis Landsberg) mit halbrunder Apsis, ein sorgfältig gemauerter Tuffquaderbau, stammt aus der ersten Hälfte des 12. Jahrhunderts.

AITERHOFEN: Die dreischiffige Basilika bei Bogen entstand im Typus von St. Peter in Straubing. Trotz mehrerer Umbauten – zuletzt 1883 – hat sich einiges an romanischer Bausubstanz erhalten.

PLATTLING: Romanische Pfeilerbasilika mit gotischem Chor und Taufstein aus dem 12. Jahrhundert.

LANDSHUT: Romanisch sind noch die Kapelle auf der Burg Trausnitz und die Afra-Kapelle vom Kloster Seligenthal.

HERRNWAHLTHANN: Die katholische Pfarrkirche in der Gemeinde Hausen (Kreis Kelheim) ist eine romanische Anlage des späten 12. Jahrhunderts. An der Südseite befindet sich ein interessantes Portal mit zwei Halbfiguren.

TÜRKENFELD: Als Schloßkapelle im Talgrund der Kleinen Laaber errichtet, hat sich die Kirche in Türkenfeld, Gemeinde Hohenthann (bei Pfeffenhausen), bis heute fast unverändert erhalten. Über dem Apsidengewölbe liegt ein Geschoß, das möglicherweise als „Asylraum" gedient hat.

PASSAU: Die ehemalige Reichsabtei Niedernburg (Heilig-Kreuzkirche) birgt den einzigen romanischen Baldachin-Altar Bayerns und das Grab der heiligen Gisela von Ungarn.

RODING: Die Josephikapelle, ein doppelgeschossiger romanischer Rundbau, wurde im 17./18. Jahrhundert verändert.

SCHÖNFELD: Die Kirche St. Ägidius (bei Cham) ist als Burgkapelle erbaut worden. Der einschiffige Gewölbebau über einem Wehrgeschoß (1160/70) wurde im 18. Jahrhundert umgestaltet.

REGENSBURG: Die Allerheiligenkapelle am Domkreuzgang, ein kleiner Zentralbau, wurde vermutlich von Bischof Hartwich II. (1155 bis 1164) errichtet. Die Original-Ausmalung überspannt noch alle Wände. Auch außen durch Lisenen reich gegliedert.

SCHÖNKIRCH: Die Schloßkapelle in Schönkirch, Gemeinde Plößberg, Kreis Tirschenreuth, besitzt ein profanes Obergeschoß.

SEUSSLING: Die interessante Pfarrkirche St. Sigismund in Seußling (Kreis Bamberg) ist als eine der 14 Slavenkirchen Karls des Großen so gut wie gesichert. Bei der Überführung der Reliquien des hl. Sigismund (gestorben 524) von St. Maurice nach Prag unter Karl IV. 1354 wurde in Seußling der Schrein niedergestellt und ein Arm des Heiligen zurückgelassen. Vor dem Altar, unter einem Läufer, ist der mit einem Brett verschlossene Eingang zur romanischen Krypta, die später gotisiert wurde. Der stimmungsvolle, fast unbekannte Raum, birgt eine mittlerweile versiegte Heilquelle.

LISBERG: Die gleichnamige Burg bei Bamberg besitzt eine romanische Kapelle (Privatbesitz).

JOBSTGREUTH: Die evangelisch-lutherische Pfarrkirche im ehemaligen Landkreis Neustadt a. d. Aisch wurde um 1250 errichtet und im 14./15. Jahrhundert umgebaut. Das Portal ziert ein reliefiertes Stabkreuz.

BURGBERNHEIM: Die Stadtpfarrkirche St. Johannes d. T. geht auf einen 1102 erfolgten Bau zurück. Vermutlich diesem Bau gehört das romanische Langhausportal an.

NÜRNBERG: An der ältesten Stadtpfarrkirche Nürnbergs, der Sebalduskirche, existieren noch wesentliche Elemente der ursprünglichen Pfeilerbasilika (Baubeginn 1230/40). Die nach einem Brand 1696 barockisierte Egidienkirche, bis 1525 Mittelpunkt eines Benediktinerklosters, ist im Kern die älteste Nürnberger Kirche. Die doppelstöckige Burgkapelle aus der zweiten Hälfte des 12. Jahrhunderts verkörpert den Typus der fränkischen Chorturmkirche.

FEUCHTWANGEN: Die Stiftskirche, mitten in der Stadt, mit angebautem romanischem Kreuzgang an der Südseite, hat ein dreischiffiges Langhaus. Im Westen ist eine Portalvorhalle mit Fresken um 1450.

HERRNSHEIM: Der Turm stammt aus der Zeit der Wende vom 12. zum 13. Jahrhundert; der Chor ist frühgotisch. Bemerkenswert ist bei dieser Kirche im Kreis Kitzingen die ehemalige Friedhofsbefestigung mit Kellern und Gaden.

JUNKERSDORF: Die spätromanische Anlage, 1797 restauriert, im Kreis Hassberge, ist eine Chorturm-Kirche. Auf der rechten Seite des vermauerten originalen Portals sind drei Kreuze eingetieft.

POPPENHAUSEN: Die Kreuzkirche bei Schweinfurt, spätromanisch, birgt außen an der Nordseite in geringer Höhe über dem Chorgewölbe einen urtümlich gebildeten Männerkopf.

TROSSENFURT: Die Pfarrkirche St. Jakob bei Haßfurt, Pfarrei Oberschleichach, ist spätromanisch. Interessanter Chor im Ostturm mit halbrunder Altarapsis.

ASCHAFFENBURG: Die Stiftskirche wurde Ende des 13. und im 14. Jahrhundert als dreischiffige Pfeilerbasilika in spätromanischen und frühgotischen Stilelementen erbaut.

FÜSSEN: Die Krypta von St. Mang wurde vermutlich über der Zelle des hl. Magnus, Ende des 10. Jahrhunderts erbaut, 1950 renoviert. Sehenswert ist der Fresko-Zyklus, die Legende des hl. Magnus darstellend, aus der Zeit um 980.

GRÖNENBACH: Von der ehemaligen Kollegiatsstiftkirche bei Memmingen, jetzt katholische Pfarrkirche St. Philipp und Jakob, 1136 geweiht, hat sich die Krypta mit Tuffsteinsäulen erhalten.

TAITING: Bei Friedberg gelegen, wurde die romanische Kapelle St. Emmeram nach zehnjährigem Kampf 1981 renoviert. Der einfache Bau mit Apsis steht auf ansteigendem Gelände zwischen Bauernhöfen.

HEIMERTINGEN: Die um 1200 errichtete Kirche St. Martin (bei Memmingen) besitzt eine Chorapsis mit noch sehr deutlicher romanischer Ausformung.

Literaturhinweise

Romanik allgemein

Hans Karlinger, „Die romanische Steinplastik in Altbayern und Salzburg 1050 bis 126", Augsburg 1924.

Ingeborg Wiegand-Uhl, „Figurale und ornamentale Bauskulptur der Romanik in Bayern und der Lombardei", Dissertation, München 1975.

Anna Landsberg, „Die romanische Bau-Ornamentik in Südbayern", München 1917.

Andreas Trapp, „Romanische Kapellen mit profanem Obergeschoß in Oberpfalz und Niederbayern", Dissertation, Erlangen 1953, gekürzt gedruckt in Baufach. Nachrichten von Niederbayern und Oberpfalz, 19./20. Heft, 1953.

Georg Dehio und Ernst Gall, „Handbuch der Deutschen Kunstdenkmäler", 1954.

Berthold Riehl, „Kunstgeschichtliche Wanderungen durch Bayern", München 1888.

Georg Hager, „Zur Charakterisierung der Hirsauer Bauschule", München 1909.

Georg Hager, „Die romanische Kirchenbaukunst Schwabens", Dissertation, ca. 1887.

„Wörterbuch der Kunst", Alfred Kröner Verlag, 1979.

M. Weikmann, „Mehrgeschossige Kirchen", in Deutsche Gaue, Kaufbeuren, 48. Band, 1956.

Hans Holländer, „Kunst des frühen Mittelalters", Belser Verlag Stuttgart und Zürich, 1969.

George Zanecki, „Romanik", Belser Verlag Stuttgart und Zürich, 1970.

Flavio Conti, „Wie erkenne ich romanische Kunst?", Belser Verlag, 1979.

Erich Kubach und Peter Bloch, „Früh- und Hochromanik", Holle Verlag Baden-Baden, 1980.

Richard Bernheimer, „Romanische Tierplastik und die Ursprünge ihrer Motive", München 1931.

Verschiedene Verfasser, „Die Kunstdenkmäler von Bayern".

Klementin Lipfert, „Symbol-Fibel", 6. Auflage, Johannes Stauda-Verlag Kassel, 1976.

Joseph Sauer, „Symbolik des Kirchengebäudes und seiner Ausstattung in der Auffassung des Mittelalters", Freiburg i.B. 1924.

Udo von Alvensleben und Harald von Koenigswald (Herausgeber), „Schlösser und Schicksale, Herrensitze und Burgen zwischen Donau und Rhein", Verlag Ullstein Frankfurt-Berlin, 1970.

Ludwig Schrott, „Herrscher Bayerns", Süddeutscher Verlag München, 1974.

Emmi Böck und Helmut Münch, „Die Hallertau", Pinsker Verlag Mainburg, 1973.

Hans Roser, „Der Hahnenkamm in Franken", Verlag Albert Hofmann Nürnberg, 1980.

Herbert Schindler, „Reisen in Niederbayern", Prestel Verlag München, 1975.

August Sieghardt und Wilhelm Malter, „Eichstätt und Altmühltal", 3. Auflage, Glock und Lutz Verlag Heroldsberg, 1979.

Franz Prinz zu Sayn-Wittgenstein, „Schlösser in Bayern", Verlag C.H. Beck München, 1975.

Die einzelnen Orte

Dr. Alois Hämmerle, „Die ehemalige Klosterkirche zu Bergen", Sammelblatt des Historischen Vereins für Eichstätt, Jahrgang 1906.

Klemens Bigler, Pfarrer, „Pfarr- und Wallfahrtskiche zum Heiligen Kreuz in Bergen", Hannes Oefele Verlag Ottobeuren, 3. Auflage 1978.

P. Hugolin Landvogt OSA, „Die romanische Basilika auf dem Petersberg bei Dachau", Verlag Schnell und Steiner, 5. Auflage 1980.

Walter Brugger, „Urschalling", Pannonia-Verlag Freilassing, 1972.

Anton Ohnesorg, „Die Kirchen der Pfarrei Steingaden", herausgegeben vom katholischen Pfarramt Steingaden, 1967.

Peter Pfister, „ Das Kollegiatstift Ilmmünster", W. Ludwig Verlag Pfaffenhofen, 1981.

Franz Xaver Matok, „St. Leonhard Pförring", Verlag Schnell und Steiner, 1. Auflage 1980.

Franz Dietheuer, „Der romanische Schmuck der Pförringer Pfarrkirche", Ingolstädter Heimatblätter, 35. Jahrgang, Nummer 4–7, 1972.

Josef Reichart, „Apsisfries und Portalschmuck der Kirche von Ainau", Sammelblatt des Historischen Vereins Ingolstadt.

Walter Haas, „Der Bautypus der Kirche in Ainau", 24. Bericht des Bayerischen Landesamtes für Denkmalpflege, 1966.

Josef Reichart, „Von romanischen Kirchen unserer Gegend", Sammelblatt des Historischen Vereins Ingolstadt.

Franz Dietheuer, „Die romanische Sonnenuhr an der Kirche zu Tholbat", Ingolstädter Heimatblätter, 42. Jahrgang, Nummer 3, 1979.

Franz Dietheuer, „Die romanische Kirche zu Tholbat mit ihren Steinmetzeichen", Ingolstädter Heimatblätter, 22. Jahrgang, Nummer 7–10, 1959.

Friedrich Weiler, „Mitterhausen bei Alzgern", aus „Heimatland", Beilage zum Altöttinger und Burghauser Anzeiger, 7. Jahrgang, Nummer 8, 1956

Hans Bleibrunner, „Kirche und Kloster Biburg bei Abensberg", 2. Auflage Landshut, 1978.

Josef Reichart, „Zum Tympanon der Kirche von Geibenstetten", Sammelblatt des Historischen Vereins Ingolstadt.

Helmut Stadtlthanner, „Damenstiftskirche Osterhofen-Altenmarkt", Verlag Schnell und Steiner, 9. Auflage 1980.

Dr. Hugo Schnell und Dr. Hans J. Utz, „Pfarrkirche St. Peter Straubing", Verlag Schnell und Steiner, 2. Auflage, 1979.

Hans Ulrich Nuber, „Ausgrabungen in Bad Gögging", herausgegeben vom Bezirk Niederbayern, 1980.

Ottmar Schuberth, „Romanische Burgkapelle in Göttersdorf", 24. Bericht des Bayerischen Landesamtes für Denkmalpflege, 1966.

Dr. Karl Wild, „Sankt Georg in Göttersdorf", herausgegeben vom Bezirk Niederbayern, Landshut 1963.

Matthias von der Sitt, „Mallersdorf", Verlag Schnell und Steiner, 4. Auflage 1980.

P. Dr. Norbert Backmund, „Kloster Windberg, Studien zu seiner Geschichte", Poppe Verlag Windberg, 1977.

P. Petrus Bauer, „Die Benediktinerabtei Plankstetten in Geschichte und Gegenwart", Plankstetten 1979.

Dr.-Ing. Walter Haas, „Das Nikolauskirchlein in Nabburg-Venedig", aus „Oberpfälzer Heimat", 13. Band, Weiden 1969.

Fritz Metz, „Die Burgkapelle auf dem Breitenstein", aus „Die Oberpfalz", Heimatzeitschrift für den ehemaligen Nordgau, 63. Jahrgang, Heft 4, 1975.

Franz Busl und Wolfgang Hummer, „Gloria Dei, Unterwegs zu oberpfälzer Kirchen", Oberfränkische Verlagsanstalt Hof, 1979.

Ewald Stark, „Aus der Geschichte von Walderbach/Kreis Cham", 1979.

Ewald Stark, „Pfarrkirche Walderbach", Hannes Oefele Verlag Ottobeuren, 2. Auflage, 1978.

Dr. Hugo Schnell, „Reichenbach am Regen", Dreifaltigkeitsverlag München.

Dr. Heribert Batzl, „Kloster Reichenbach als Kulturzentrum im Regental", aus „Der Regenkreis", heimatkundliche Blätter für das mittlere Regen- und Schwarzachtalgebiet.

Hugo Schnell und Ludwig Krauß, „Kastl im Lauterbachtal", Verlag Schnell und Steiner, 6. Auflage, 1980.

Franz Hiltl, „Prüfening, Kirchen und Kapellen", Verlag Friedrich Pustet Regensburg, 1968.

Hans Schlemmer, „St. Emmeram in Regensburg, Kirche und Kloster im Wandel der Zeit", Verlag Michael Lassleben Kallmünz.

Prof. Dr. Max Piendl, „St. Emmeram zu Regensburg", Verlag Schnell und Steiner, 6. Auflage 1979.

Max Piendl, „Das fürstliche Haus Thurn und Taxis", Verlag Friedrich Pustet Regensburg, 1980.

Andreas Kraus und Wolfgang Pfeiffer, „Regensburg, Geschichte in Bilddokumenten", Verlag C.H. Beck München, 1979.

Hugo Graf von Walderdorff, „Regensburg in seiner Vergangenheit und Gegenwart", Verlag Friedrich Pustet Regensburg, Reprint (1979) der 1896 erschienenen Originalausgabe.

Dr. H. Mayer, „Bamberger Residenzen", I. Band, Kösel Verlag München, 1951.

Hans Brütting, „Zur Baugeschichte der Kapellen in der Alten Hofhaltung zu Bamberg", 95. Berichts-Jahrbuch des Historischen Vereins Bamberg, 1956.

Prof. Dr. Wolfgang Wiemer, „Die Pfarrkirche in Ebrach", Verlag Schnell und Steiner, 14. Auflage, 1979.

„1150 Jahre Pfarrei Thulba 816 bis 1966", herausgegeben im Auftrag des kath. Pfarramtes Thulba, 1966.

J.B. Deuber, Pfarrer, „Geschichte der Pfarrein Seußling, Pautzfeld, Hallerndorf, Hirschaid und Buttenheim", Forchheim, 1872.

Th. Schmidt, „Münster zu Heilsbronn", herausgegeben vom Evang.-Luth. Pfarramt Heilsbronn.

Hans Küfner, Pfarrer, „Abriß einer Pfarrbeschreibung der Evang.-Luth. Pfarrei Aurachtal", Manuskript.

Anna Birgitta zu Münster OSB und Prof. Dr. Andreas Bauch, „Heilige Walburga, Leben und Wirken", herausgegeben von der Abtei St. Walburg, Eichstätt, 1979.

Hans-Kurt Franz, Dekan, „Heidenheim, liebenswertes Kloster im fränkischen Hahnenkamm", Heidenheim 1979.

Karl Friedrich Zink, „Die romanische Choranlage der Klosterkirche in Heidenheim am Hahnenkamm", aus „Frankenland", 22. Jahrgang, Heft 10, 1970.

Helmut Mahr, „Kirche und Krypta in Roßtal", Sonderdruck aus „Fürther Heimatblätter", Nummer 2, 1975.

Dieter Koerber, „Roßtal, Ihre Kirchengemeinde stellt sich vor", aus dem Band „Dekanat Fürth in Bayern", Verlag der Ev.-Luth. Mission Erlangen.

Walter Haas, „Die Kirche und das ehemalige Benediktinerkloster in Münchsteinach", Große Baudenkmäler, Heft 248, Deutscher Kunstverlag München-Berlin 1974.

Dr. Fritz Traugott Schulz, „Die Rundkapelle zu Altenfurt", Studien zur Deutschen Kunstgeschichte, 94. Heft, Straßburg 1908.

„Unser Windsheimer Kirchen-Bezirk", herausgegeben vom Evang.-Luth. Dekanat Windsheim 1953.

Johann Adolph Kraus, Pfarrer, „Die Benediktiner-Abtei Neustadt am Main", Würzburg, 1856.

Richard Elzenbeck, „Rieneck – Aufzeichnungen zur Geschichte der Stadt, ihrer Pfarrei und der Burg", Gemünden a. Main, o.J.

Friedrich Oswald, „Würzburger Kirchenbauten des 11. und 12. Jahrhunderts", Mainfränkische Hefte, Nummer 45.

Dr. Erich Saffert, „Die St.-Johannis Kirche zu Schweinfurt", herausgegeben vom Evang.-Luth. Pfarramt Schweinfurt St. Johannis, 1971.

Reinhard Worschech, „St. Burkhard zu Würzburg", herausgegeben vom Kath. Pfarramt St. Burkhard.

Thorsten Droste, „Die Bronzetüre des Ausburger Domes – Kunstgeschichte und Technologie", im Jahrbuch des Vereins für Ausburger Bistumsgeschichte e.V., 14. Jahrgang.

Dr. Tilman Breuer, „Die Stadt Augsburg", Deutscher Kunstverlag München, 1957.

Norbert Lieb, „Der Dom zu Augsburg", Verlag Schnell und Steiner, 20. Auflage, 1980.

Klaus Sturm, „Geschichte des Klosters Auhausen an der Wörnitz", Sammelblatt des Historischen Vereins Eichstätt, 63. Jahrgang, 1969/70.

Siegward Kleeßen, „Auhausen", aus „Evangelische Gemeinden im Ries", Verlag der Ev.-Luth. Mission Erlangen, 1981.

Hugo Schnell, „Pfarrkirche Thierhaupten", Verlag Schnell und Steiner, 1. Auflage, 1966.

Richard Wiebel, Pfarrer, „Das Nordportal der Burgkapelle Graisbach bei Donauwörth", aus „Der Heimatfreund" zum Donauwörther Anzeigeblatt und Rieser Volkszeitung, Nummer 5, 1928.

Maria Lorenze Heckelsmüller, „800 Jahre Georgibergkirche 1180–1980", aus „Kaufbeurer Geschichtsblätter", Band 8, Nummer 9, 1980.

Hans Krieger, „Majestas Domini auf dem Georgenberg", aus „Kaufbeurer Geschichtsblätter", Band 5, Nummer 3, 1966.

Richard Zasche, „Die romanischen Fresken in der Georgikirche bei Untergermaringen", aus „Allgäuer Geschichtsfreund", Nummer 73, 1973.

„St. Georg auf dem Georgiberg zu Untergermaringen", herausgegeben vom Kath. Pfarramt St. Georg Untergermaringen, 1980.